匠人哲学

日本四大商圣的商道法则

江 伟 著

中国华侨出版社

图书在版编目（CIP）数据

匠人哲学：日本四大商圣的商道法则 / 江伟著 .—北京：
中国华侨出版社，2016.12（2017.8 重印）
ISBN 978-7-5113-6476-0

Ⅰ . ①匠… Ⅱ . ①江… Ⅲ . ①企业管理 – 经验 – 日本 – 现代
Ⅳ . ① F279.313.3

中国版本图书馆 CIP 数据核字（2016）第 290041 号

匠人哲学：日本四大商圣的商道法则

著　　者 / 江　伟
责任编辑 / 桑梦娟
责任校对 / 高晓华
经　　销 / 新华书店
开　　本 / 787 毫米 ×1092 毫米　1/16　印张 /20　字数 /318 千字
印　　刷 / 北京建泰印刷有限公司
版　　次 / 2017 年 1 月第 1 版　2017 年 8 月第 2 次印刷
书　　号 / ISBN 978-7-5113-6476-0
定　　价 / 38.00 元

中国华侨出版社　北京市朝阳区静安里 26 号通成达大厦 3 层　邮编：100028
法律顾问：陈鹰律师事务所
编辑部：（010）64443056　　64443979
发行部：（010）64443051　　传真：（010）64439708
网　址：www.oveaschin.com
E-mail：oveaschin@sina.com

前言

日本匠人对技艺的极致追求形成了工匠精神。工匠精神在日本制造业根深蒂固，自明治维新时代以来，“工匠精神”一直备受推崇。正是因为工匠精神的存在，日本实现了“二战”后的经济崛起，日本制造被世界肯定。时至今日，工匠精神已经发展为一种积淀深厚的职业文化，它代表着一个时代的气质，并且这一气质并未因时代的变迁而褪色。

“终其一生，只为打造一件传世的作品。”这是现代人对匠人的浪漫解读。美国社会学家理查德·桑内特认为，“工匠精神”就是为了把事情做好而把事情做好的欲望。日本匠人对自己的产品有着近乎苛刻的要求，“完成就要极致”，为了达成这一目标，他们可以一遍遍不厌其烦地尝试与修改，并坚持不懈。这是当今浮躁时代下最为缺少的职业气质，不仅限于制造业，任何行业皆是如此。

作为日本四大“经营之圣”，稻盛和夫、松下幸之助、盛田昭夫和本田宗一郎是日本工业精神的最佳代表，也是各自行业的“时代匠人”。他们凭借各自的匠人之道，实现了人生的不断进阶。本书以匠人角度提炼和阐述他们各自最为成功的经营法则：

法则一 匠人的理念——最突出的经营理念；

法则二 匠人的发展哲学——如何从企业实际出发，将企业做大做强；

法则三 匠人的经营哲学——如何做稳变幻莫测的市场；

法则四 匠人的产品哲学——什么样的产品才是匠人手下的极品之作；

法则五 匠人的管理哲学——对人才培养、对人才管理与企业制度的解读；

法则六 匠人的心性哲学——任何时候都不能忘记的心性的修行。

这本书力求为当今的企业经营者和职场人，传达一种精益求精、创新突破的匠心精神和职业信仰。日本著名实业家稻盛和夫曾说："能够在风雨中岿然不动的，或者风雨过后看到彩虹的，永远是那些坚持自我、坚守'工匠精神'的人。"在这个追求短平快的时代，一颗匠心比所谓的利润与营收更具价值。

目录
Contents

第一篇　稻盛和夫的商道法则

法则三 让干的人喜欢，卖的人喜欢，用的人喜欢
——匠人的经营哲学

法则四 向顾客提供世界水平的产品
——匠人的产品哲学

法则五 尊重个人精神
——匠人的管理哲学

第一篇

稻盛和夫的商道法则

2010年，稻盛和夫应日本政府请求，零薪酬出任已经破产了的日航，日本首相鸠山由纪夫在回答记者提问时说:“只要日航员工能够领悟到稻盛哲学的奥秘，日航就可以再也不必依赖于政府了。”在所有人都将经营战略奉为圭臬时，稻盛先生却持有不同的观点，他认为世界上最高明的经营诀窍就在于拼命地努力工作。

法则一 敬天爱人是经营的原点
——匠人的理念

对创业以及在创业中应该具备的经营理念，稻盛和夫阐述了自己独到的看法和观点。稻盛先生认为，在创业之前，首先应该思考创办企业的目的和意义，继而明确经营管理的原则和体系。他将对自己独创的"阿米巴"经营理念进行了具体的分析，并强调了实践的重要性，而且，稻盛和夫还一贯主张"敬天爱人"。他将"敬天爱人"作为经营哲学的原点，这也是其经营理念的闪光点之一。

1. 明确创办事业的目的及意义

创业的目的是什么？这是每一个创业者首先应该思考的问题。只有将这个问题解决，才能在遇到重大的挫折、困难的时候，仍然怀有远大的目标、坚定必胜的信心、始终保持高昂的斗志、把握住正确的人生方向，在顺境中居安思危，在逆境中奋力搏杀，才能一次次攀到事业的顶峰。

创办一个企业的目的是什么？这个企业之所以存在，有什么理由？当然，其中的理由可能很多，但是对于自己创办事业的目的及意义，必须要有一个明确的态度。

其中，有的人将创业当作是追求财富、过上富裕优渥生活的途径，他们就像以前的小地主那样，默默地守着自己的一亩三分地，既不觊觎他人的东西，也不允许别人侵入自己的地盘。许多人将创业当作是一种生活方式，每一个人都有慈祥的父母需要孝敬，每一个人都有知心的爱人需要体贴。既然自己有这样一个愿望，有这个能力和机会，那么为什么不去创业呢？

这些理由都是可以的，但是如果这就是你创业的根本目的，那就无法在员工之中形成凝聚力，想要跟员工齐心协力地办好企业，还是远远不够的。一般的创业者，他们的创业动机永远是为了自己，考虑的只是他个人的幸福、个人将来怎样；若想成为一个卓越企业的缔造者，那么他创业的目的首先是如何可以帮助更多的人，帮助他们取得成功，或者获取财富。

1961 年 4 月末，那时京都陶瓷创办仅有三年的时间。一年前刚进公司的 11 名年轻的员工忽然来到稻盛和夫的办公桌前，向他递交了一份“要求书”，要求稻盛先生定期给他们加薪水和奖金，承诺给他们一些未来的福利和保障。

这些员工中的领头人反复强调：“不答应我们的要求，我们就集体辞职。”他们如果说不满足他们的要求就罢工的话，稻盛和夫肯定会不留情面地回敬他们“那就试试看”，最终必然会招来一场争吵。而辞职总比罢工好一些，兼之稻盛和夫本人在进松风工业后不久，也曾有过想辞职的痛苦经历，所以他认真地听完了他们的解释。

当时公司的规模非常小，稻盛和夫知道他们对待工作很认真负责，基本上他们每天都要工作到深夜。从松风出来的这批人都是些满腔热忱的工作狂，根本没有时间的概念。

不过，初中学历的员工由于要读夜校，因此都准时下班了，这样一来，高中学历的员工当然就得跟着领导一起加班好几个小时，有时候甚至不得不放弃宝贵的休息日。也许是因为对这种情况已经产生出了不满情绪，所以他们才提出了那样的要求，然而那时的京都陶瓷刚刚成立，根本无法对他们的未来作出保证。不管稻盛和夫怎样解释，他们都丝毫不为所动，提出每年应该加薪百分之几，必须给他们发放多少个月的奖金等条件，不答应的话他们就集体辞职。

后来稻盛和夫听说他们为了防止内部出现叛徒，还特意立下了血誓，这种血气方刚的模样颇有稻盛年轻时的风范。由于在公司里的谈判得不到任何进展，所以稻盛和夫只好将他们带到家里，稻盛对他们说："承诺你们明年加薪百分之多少，只不过动动嘴皮子就可以，但倘若不能实现作出的承诺的话，那岂不是在欺骗你们吗？不负责任的话，我是说不出口的。倘若你们信不过我的话，我也无能为力。但是，你们既然敢提出辞职，为什么就不敢承担被骗的勇气呢？"

稻盛和夫在家里和这帮年轻人促膝谈判了三天，终于将他们都说服了，当剩下最后一名员工的时候，他声称这是"要有男人的骨气"，依然听不进稻盛和夫的话。于是稻盛和夫严肃地对他说："如果你将来觉得自己受到了欺骗，你就拿刀捅死我。"那名员工听了他的话后，情不自禁地拉住稻盛和夫的手哭了起来。

这次谈判结束以后，稻盛和夫感觉身心疲惫。一想到京都陶瓷虽然是一家小公司，然而年轻的员工们却对他充满期望，他就感到心情非常沉重。他连照顾乡下的家人的能力都没有，就已经先将照顾员工们的重担肩负起来了。虽然创业的最初目的是为了向世人展示自己的技术，然而经营公司难道就一定要背上这么沉重的包袱吗？稻盛和夫在那一时期，经常陷入这种痛苦和烦恼之中。

几个星期以后，为了摆脱这种烦恼，他努力说服自己："如果自己经营一家公司的目的，只是为了实现自己的个人梦想的话，即便是成功了，那也是以牺牲员工的利益为代价的。因此那不是经营公司的真正目的，公司经营最基本的目的应该是为员工及其家属的生活着想，应该是给大家寻求幸福的出路。"想到这些，稻盛和夫终于释怀了。从这段经历中，他总结出了京都陶瓷的经营理念，那就是"既要为全体员工追求物质生活，又要给予员工精神的幸福"。京都陶瓷因而从一个只为实现稻盛一人理想的公司，转变成全体员工为了自己的幸福而同心协力的公司。

然而稻盛和夫认为这个经营理念似乎还不够全面，自己的人生似乎并不只是为了照顾员工的生活吧？自己应该有一个更加崇高的使命，那就是将毕生的精力谋福于社会。于是他在京都陶瓷的经营理念里加上了"为人类社会的进步和发展做出自己的贡献”，作为自己毕生追求的目标。倘若自己的经营理念得不到全体员工的支持，倘若不能令大家心悦诚服的话，那就只能变成一句空洞的口号。这一经营理念得以确立之后，就成为了京都陶瓷公司经营的坚实基础，在稻盛和夫以后的人生观中也占据了不可估量的位置。

企业的经营就如同是要攀登一座什么样的山峰。京都陶瓷实力还处于非常弱小的时期，就将“世界第一”的伟大目标确立下来，为了达到这一目标，必须有这样的思维方式和经营方式，将这种思考归纳到哲学范畴，这种哲学就成为了京都陶瓷的经营哲学。“要攀登一座什么样的山峰？你创办的公司是怎么样的？因为目标的不同，规范公司所需要的哲学思想因而也就不同。远大的目标一旦确立，那么必须要有与之相适应的思维方式以及方法论提供理论支持。”稻盛和夫说。

2. 企业创立之初就需要完善的管理体系

企业跟人一样的，取得成功的首要要素就是要充满激情。然而，企业要想取得长期持续的发展却是任重而道远的。很多企业开始都富有创业激情，但是由于缺乏及时建立完善的管理体系，结果导致企业和经营者发生了质变，企业的弊端开始出现，员工的创新能力也丧失了，官僚主义流行等现象全部都显露出来了。

京都陶瓷公司是稻盛和夫 27 岁的时候创办的，迄今已有 50 多年的历史了。50 年中京都陶瓷从未出现过在运营上的“赤字”，这一切都依赖他从创业开始就确立了科学的经营管理的原则和体系，其中就有非常重要的 7 条原则。

第一，现金基础经营的原则。做企业要针对事物本质来进行操作，有许多企业在财务上获得了利润，然而实际上现金却很少，原因就在于它们有大量的应收款和库存。因而企业中有一定现金，坚决不能向外借贷，会计账面上有利润，未必就能说明万事大吉。以现金为基础的经营才是最为稳妥的。

第二，一对一的对应原则。在企业的运作过程中，一定要使物品和钱一对一，也就是说，如果有物品和钱一旦发生改变，就应该建立相关的票据。这样将票据积累下来，就可以反映出企业的运营状况究竟是什么样的了。有些企业对于产生的虚假账目采取放任态度，其结果是经营者对于企业的实际运营状况完全不了解。要避免这一点，就应该从企业的最高管理层那里自上而下地贯彻这种一一对应的原则，只有这样，员工才会自觉办事，并且对企业产生信赖感。

第三，肌肉性质的经营原则。企业就如同人体一样，只有血脉通达、肌肉发达，才能身体健康。企业要时时想着怎样减去多余的脂肪，比如应该及时将那些销路不畅的库存卖掉转换为有效资产。京都陶瓷公司常用的采购原则就是即时即用的采购原则，很多企业认为，集中大量采购原材料可以降低成本，其实这是一个误区，集中大量采购原材料不但增加了管理成本，而且还可能因为原材料过时而造成浪费，而即时即用的采购原则不但可以促使大家节约使用，而且也大大方便了管理。在固定资产投资方面，京都陶瓷公司 50 年来一直坚持谨慎的态度。稻盛和夫反对投机行为，他认为只有通过付出自己的劳动，才能为企业和社会谋取福利、创造价值。

第四，完美主义原则。在企业的研发和生产环节上，只要稍微出现失误就会导致产品完全失败。管理和营销是同样的道理，必须做到完美，不能得过且过、浑水摸鱼，这不仅仅关系到员工对工作的态度问题，还关系到公司的前景。

第五，双重确认原则。在京都陶瓷公司，所有票据都应该经过双方的确认，并将这种风气形成为工作习惯。谁都有犯糊涂的时候，但企业就应该设法将员工身上的弱点克服。

第六，提高核算的原则。“阿米巴”是自然界单细胞动物的一类，京都陶瓷公司奉行“阿米巴”经营，成立了无数个“阿米巴”组织，就是在公司下施行小集体核算经营，每一个小组织都能得到充分的授权，这种全员参与型的企业管理使大家为了自己的奋斗目标而不断努力争取。一般来说，企业营业收入增加的同时，费用也会随之而增加，因此就应该想方设法控制费用，这就是京都陶瓷公司为什么能一直保持高收益的原因。

第七，透明经营原则。要让公司的每一位成员都能了解到公司的运营状况，以及经营层的想法，因为只有这样，才可以让员工产生信赖感。

要使一个企业保持长治久安，“法制”固然重要，但“德治”更为重要。在京都陶瓷公司，稻盛先生一直笃守诚实、正义、谦虚等品质，公司才没有被一时的胜利冲昏头脑，保持了稳步发展。

3. 经营企业就是在经营哲学

稻盛和夫接受了日本政府的请求，从 2010 年开始出任了日航 CEO。虽然稻盛和夫对航空运输事业几乎完全没有了解，对于是否有能力使日航振作起来，他也没有太大的把握，可是他还是毅然投入了日航的重建工作。

在稻盛和夫领导日航重建工作时，他将自己的经营哲学和经营管理体制——“阿米巴经营”带入了日航。

引入“阿米巴经营”事先应该作一些必要的准备。因此，稻盛和夫一出任 CEO，就抓住一切机会，向日航的员工们传授他的经营哲学，努力获得他们的理解。

逐渐地，日航员工们被他的这种经营哲学所吸引，他们的思想意识也发生了根本性的变化，而且行动也由被动变为主动。随着员工们意识上的变化，公司的利润额也有了飞跃性的发展。

到 2011 年 3 月底，日航进行破产后的首次年度决算，稻盛和夫经营下的日航业绩销售额高达 13622 亿日元，营业利润达到 1884 亿日元，这是日航自从创建以来取得的最高业绩。而且在全世界众多的航空公司中，日航的营业利润也名列第一。

只要员工们的意识发生了彻底而明确的改变，公司的业绩自然就会随之上扬。日航的重建就是一个很好的例子，它证明了稻盛和夫一贯强调的“提高心性、拓展经营”这一著名论断的正确性，这种观点如今已经成为“盛和塾”的信条。同时，能够使日航员工的思想意识得到翻天覆地的改变，令日航的业绩扭亏为盈的重要原因，实际上就是稻盛和夫的经营哲学。

稻盛和夫认为，要将一家企业经营好，企业的全体员工就应该都具备企业特有的经营哲学。首先，经营者自己首先应该对这种经营哲学充分地了解、掌握和实践，这一点固然很重要，同时，也要将这种哲学传授给全体员工，并使他们在各自的岗位上实践这种哲学，这是最为重要的事情。

如果你想让自己的员工们有一个幸福美满的人生，让你的企业长久地发展下去，那么，你就得付出努力，让这种正确的哲学思想被全体员工接受和共有，并付诸实践。

稻盛和夫哲学包含了四大要素。

第一个要素是：“应该当成企业规范的规则和应该遵守的事项。”经营企业必须要有某一种规范，这其中就包含了企业内部一些必不可少的规定和道德伦理。

第二个要素是：“为了达到企业应该确定的目标、达到目标应该具备的思维方式。”比如京都陶瓷一开始确立的目标就是：在陶瓷行业中成为“世界第一”“最完美的企业”，为了实现这样的高目标，员工们应该具备与企业一致的思维方式，应该采取必要的行动。

第三个要素是：“什么样的思维方式能让企业具备优秀的品格。”就像人有人格一样，企业自然也有它的人格。所谓的企业人格，其实就是企业能够受到全世界的信任和尊重。

上述的三个要素，有利于促进企业的持续发展。然而在稻盛和夫的哲学里，还有一个最为重要的要素——第四个要素，它是上述三个要素的基础。这个要素就是：“作为人应该具备怎样的人生观，作为人本来就应该具备怎样的人生态度。”它表明了我们每一个人“为了享受更加美好的人生所需要的人生的真理”。

“应该当成企业规范的规则和应该遵守的事项”“为了达到企业应该确定的目标、达到目标应该具备的思维方式”“什么样的思维方式能让企业具备优秀的品格”“为了享受更加美好的人生所需要的人生的真理”，以上这四个要素，不管是对于实现企业员工的幸福，还是对于企业的进一步成长，都是必不可少的。

上述四要素所构成的稻盛和夫哲学，不应该只当成是一种理论，而是应该在每一天的工作和生活中进行实践。不懈地努力践行这种哲学，就可以提升每个员工的人格，磨砺他们的心性。同时，企业如果将优秀的人才招揽进来，这个企业就会有无限光明的前途和未来。

4. 敬天爱人是经营的原点

2010 年 10 月 30 日、31 日，“稻盛和夫经营哲学青岛国际论坛”在青岛举办。论坛结束后，日本京都陶瓷公司创始人稻盛和夫先生对青岛海尔集团本部进行了专程访问，并在海尔 CEO 张瑞敏先生的陪同下，在海尔展览厅仔细地参观了海尔产品，之后稻盛和夫又与海尔集团领导层进行了热烈而深具启发意义的谈话。

在参观的过程中，稻盛先生无意中看到了一张海尔集团刚起步时旧址的照片，也想起自己当初创办京都陶瓷时的艰辛，嘴角流露出一丝深沉而会心的微笑。继而，他对海尔在如此之短的时间内取得了举世瞩目的成就，表示了高度的钦佩和惊叹。对此，张瑞敏回应道：“倘若我们能早一天认识您，海尔的发展会更加迅速！”

的确，有一个事实让张瑞敏对稻盛和夫折服不已，那就是对于航空完全不懂的稻盛和夫，却在不到半年的时间内，就让已经破产的日航扭亏为盈。这充分表明了稻盛和夫的经营哲学具有普适性，他的经营哲学是不分行业和国界的。

谈到稻盛先生的经营哲学，张瑞敏说："稻盛先生的经营哲学里有两条对海尔有极其重要的启发意义：一个是对社会、对人类的关爱；另外一个就是稻盛先生独创的阿米巴经营理念。"

稻盛先生则很快意识到了双方存在的共性："我从刚刚参观的海尔产品中，就已经深切地感觉到海尔的经营理念中也有'敬天爱人'的思想，这就是时刻关注客户的需求变化，海尔极其认真和细致的态度，应对客户的需求，针对不同国家、不同民族和不同地区的实际情况，设计制造出针对性很强的、精准的产品，在这些方面就充分体现了海尔集团'敬天爱人'的经营理念。"

在谈及阿米巴经营时，稻盛先生道："前几天软银总裁孙正义先生前来拜访我。大约在25年前，那时我刚刚创办盛和塾，孙正义是东京的塾生，他每次都积极参加盛和塾的活动，而且他总是喜欢坐在第一排，认真听讲，认真记笔记。这次孙先生来拜访我的时候，也恰巧谈到了'敬天爱人'和阿米巴经营。"

孙正义对稻盛和夫说："我可能算不上是盛和塾的优秀学员，但我在创业伊始，就贯彻落实您的阿米巴经营。倘若没有稻盛先生'敬天爱人'的思想和阿米巴经营模式，软银也就不会走到今天。"

在现场，海尔集团的杨绵绵总裁对于稻盛先生拯救日航表示出了浓厚的兴趣："稻盛先生去日航仅仅几个月，日航的员工居然跪着为淋湿了的乘客擦干行李包。在这么短的时间内，您是如何做到这一点的？"

杨总裁是在问稻盛和夫如何转变员工的意识问题，稻盛先生说："我接受日本政府的邀请，出任日航的会长以后，去日航一看才发现，公司已经破产了，情况很糟糕，然而日航中无论是干部，还是员工，他们的危机感都非常淡薄。我和在座的各位一样，所从事的是制造业的，对航空运输业我是个地道的门外汉，去了之后感觉颇为失望。由于我没有任何经验，因此我就到现场去调查。当到了羽田机场、成田机场等各个现场以后，我就跟工作在基层的员工交谈，将公司破产的现实如实地告诉他们，使他们真切地感受到情况的严重性。要重建日航，关键就在于乘客是否满意于工作人员的服务态度。在各个现场，我将空姐和机务人员都召集了起来，跟他们讲这些道理。当他们看到我一个风烛残年的老人，不索取任何报酬，为了日航的重建工作，还在拼命说服他们的样子，空姐们都感动得哭出来了。因此，不管是空姐，还是地勤人员，他们的态度也就在不知不觉中发生了根本的变化，他们开始意识到若想将日航挽救出来，就必须依靠自己的力量。同时，我也将所有的干部员工召集起来开会，动员他们改变意识，不断地给干部讲课，一个月达 17 次之多，而对他们传授的思想就是‘敬天爱人’。”

在现实社会中，各企业之间的竞争是非常现实的，竞争环境日益尖锐，甚至可以说残酷。在这样一个“敬己爱钱”的环境里，“敬天爱人”是否能行得通呢？

为此，张瑞敏向稻盛先生提出了疑问：“我聆听了先生在中国的演讲，其中讲到资本主义精神最早的源头是基督教的新教。基督教新教的宗旨就是劝人要勤俭和简朴，多为社会谋求福利，而对自己则比较苛刻。您同时也指出，在当代的资本主义社会，这种精神已经不复存在了。那么，假如一个企业处于一种异化的环境之中，而周围的企业都在疯狂地追求利润，甚至不惜采取一些卑劣的手段，那您这个企业应该如何走下去？也就是说，假如您是‘敬天爱人’，而其他企业则都是‘敬己爱钱’，那您所说这个精神应该如何发扬光大呢？”

稻盛先生回答道：“你是指周围的人都贪图金钱利益，只有自己要独善其身，这样的话，自己能否还可以继续生存下去？这的确非常困难，不过我认为，我们不能因此而降低自己的层次，去与那些被利益驱使的人同流合污。降低自己的境界，可能日子能过得好一些，但是我觉得还是应该坚持‘敬天爱人’的思想，为社会和员工尽自己的一份力。这里有一点非常重要，同那些一心追名逐利的人相比，我远比他们更加勤奋和刻苦。只要付出加倍的努力，我想我们就可以生存下去，事实上，我过去也是这么做的。绩效主义在当今的资本主义社会非常流行，大家都有金钱崇拜的思想，只要付出努力就可以赚钱。因此，会赚钱的人和不会赚钱的人之间的差距也逐渐拉大，导致贫富悬殊非常严重。我绝对不会采取这样的方法，我对企业里的每一个人都平等相待，没有高低上下之分，因为我注重的是团队精神。我对认真工作的每一位员工都非常敬佩。只要一个团队中上下一心、团结一致、奋发努力，我想这个团队一定是所有同业中的最强者。”

5. 经营是实践的活动，本质是行

管理学大师德鲁克在谈及管理的时候说过一句话："管理是一种实践活动。管理的本质是行，而不是知。"德鲁克注重和强调的是结果，不管白猫还是黑猫，只要能抓到老鼠，就是好猫。

很多企业家在学习了 EMBA 后，自己在创业的时候将管理当作学问来研究。这些人纸上谈兵很在行，但具体到管理实践上时却束手无策。

京都陶瓷成立后不久，稻盛和夫参加了一个关于经营方面的讲座，讲座的讲师名单中有本田技研工业的创始人本田宗一郎先生。该讲座将温泉旅馆租了下来，租期是三日两晚，租费大约是数万日元，这在当时是一笔不小的数目。稻盛和夫对本田先生倾慕已久，所以他不顾周围人的反对，也报名参加了。

当天，所有前来听讲座的学员泡过温泉后，都穿着睡衣坐在大会场，等待本田先生的到来。过了不久，本田先生出现了，好像是从本田公司的滨松工厂直接赶来，工作服上都沾满了油污。而且，一开口就是一番训斥。

"大家来这里是做什么的？似乎是来学习经营的，可是倘若有这个时间，那就请早点返回公司干活。泡泡温泉、吃吃喝喝是学不好经营的。我从未向任何人学习过经营，可是我照样能搞好经营。其实，你们唯一要去做的事情，就是赶快回到公司，积极投身于工作中去。"

见此情景，稻盛和夫对本田先生的魅力更为倾倒，同时也暗自点头："好的，我这就回公司去工作。"

本田先生告诉我们在榻榻米上学习游泳是愚蠢之极的可笑行为。在榻榻米上怎么可能学会游泳呢？与其在榻榻米上学游泳，还不如即刻跳进水中，拼尽全身力气挥动手脚。倘若不在现场挥洒汗水，是不可能做好经营的——本田先生就是证据，想要成就一番伟业，只能通过自己亲身实践，然后累积经验取得。

稻盛和夫总结说，“重视书本的同时，更应该躬身实践”，这也是人生最为重要的原理原则。换句话说，“知”并不等于“行”。它告诫人们仅仅知晓是远远不够的，必须是有把握通过实践去实现自己的目标。

有关陶瓷的合成，阅读相关书籍便可明白两种原材料混合后烧制几次就可以得到怎样的陶瓷。然而，在更多的时候，理论是根本行不通的。只有在亲身实践中积累经验才能逐步掌握精髓，知识与经验相结合才能使之成功。

现在的信息社会是一个偏重知识的时代，很多人觉得“如果知晓了其中的道理，就一定能办到”，这种观念其实是很荒谬的。“知晓”与“办得到”之间的距离太遥远了，亲身实践的经验才能拉近这两者之间的距离。

就企业的管理者而言，可以通过管理理论来指导具体的工作，但那些理论往往是行不通的，他们大多只是前人经验的总结罢了，作为一个管理者，你只能依赖你自己。因此，经营者应该在理论的指导下，不断地开展实践活动，不断地尝试新方法，进行新实验，只有这样，才能发明出适合自己和企业管理的经营模式。

法则二

阿米巴模式的成功运作

——匠人的发展哲学

稻盛和夫善于用明确的数字来要求自己和员工完成目标，他认为，目标不需要设立得太遥远，先达到眼前的目标，然后将目标一步步地提高。作为工作中成功的领导者，他相信身先士卒的作用，并善于将热情传递给员工。而他自创的“阿米巴”经营，更是被无数管理者推崇为成功的典范。

1. 人人都是经营者

1964 年 4 月，正是京都陶瓷创业 5 周年纪念日。创业伊始，京都陶瓷成员仅仅 28 人，如今已经壮大到 150 多人了。京都陶瓷全体人员为了庆祝公司 5 岁生日，举办了隆重的庆祝会。与此同时，青山政次被正式任命为公司第二任社长，专务一职由稻盛和夫接任。

由于京都陶瓷公司的规模日益扩大，原来的宫木电视工厂也显得日渐局促，公司上层开始商量选择新的厂址，最终他们将新址定在了一直在招商引资的滋贺县蒲生町。

1963 年，京都陶瓷公司的第一栋楼竣工，1966 年，公司总部搬迁完毕。

京都陶瓷由一家默默无闻的小企业，发展到现在这种规模，可说是战绩辉煌，但是稻盛和夫的忧虑也随之产生了。京都陶瓷凭借着全体员工的顽强拼搏，以及对工作的满腔热忱，才取得了如此迅速的发展，但是如果有一天这种激情不在了，公司终将会沉沦下去。

于是他在思索如何能最大限度地发挥员工的积极性，使公司上下形成一股强大的合力。最终他寻求到了答案，那就是回归到创业阶段，具体而言，就是将整个公司按照不同的分工划分为各个不同的组织，各自独立的集体，放权给员工，给他们充足的自主权，通过独立核算的方式运作，那时人人都是京都陶瓷的经营者，生产积极性自然就会大大提高。

这些小集体并不是固定的，它们会根据环境的变化随时进行自我调整和自我繁殖，因此将其命名为阿米巴。

这种建立在哲学基础上的阿米巴经营理念，一直支撑着京都陶瓷公司的发展，而京都陶瓷能取得今日的成就，也离不开稻盛和夫的这个经营理念。

在实践阿米巴经营理念的同时，稻盛和夫还经常举办一些“联谊会”，通过这种方式增强员工凝聚力。这种联谊不同于一般的宴会，大家围坐在一起，在相互敬酒的时候，也可以畅谈人生、工作、生活等等，无所不谈。稻盛先生是一位雄辩家，因此他总是跟同事辩论到很晚很晚，经常是到了天明才放下手中的酒杯。

不管是在京都陶瓷总公司，还是在任何一家京都陶瓷的普通工厂，都设有一间专门为举办联谊会而设立的日本式房间。

稻盛先生认为，最好的沟通方式莫过于促膝长谈。因为只有这样，才能消除上下身份等级，所有员工都能无拘无束地、坦率地表达出自己的意见，甚至可以进行激烈的争论，这就是京都陶瓷经营哲学的精髓。

2. 阿米巴是一个完整的管理系统

稻盛和夫多次说过，阿米巴经营并非人人都在追寻的“经营诀窍”。如果仅仅效法阿米巴经营的做法，并不能取得很好的效果。究其原因，就是阿米巴经营中渗透着一种经营哲学，阿米巴是一个经营管理系统，而这个经营管理系统是与公司运作的各项制度息息相关的。

京都陶瓷创办之后，开发出了许多以往市场上从来没有出现过的各种精密陶瓷产品，并不断地发展自己的品牌优势。因此公司的规模也得以迅速地扩大，最初京都陶瓷只有 28 名员工，在短短 5 年时间里，就达到了 150 名之多，之后员工数量又不断地增加。即便如此，当时从产品的研发到后来的生产和销售，都是稻盛和夫一个人在奔波忙碌。成年累月的日夜操劳导致稻盛和夫的身体状况严重透支，工作也不能顺利开展。人们经常说“中小企业就跟肿瘤似的，企业变大之后就会破”。倘若中小企业规模不断扩大，而经营仍然一塌糊涂的话，最终就会面临破产的结局。当时的京都陶瓷就面临着这样一种情况。

当时的稻盛和夫如果对经营学或组织论很精通的话，就会懂得怎么控制在不断发展着的组织，面临的问题也就会很容易解决了。但是他最初没有太多经验不懂怎么去管理企业，而且每天昼夜不停地工作，也没有多少闲暇去学习这些知识。因此，对经营没有任何经验的他，每天都在思考如何将一个正在成长壮大的企业进行有效的管理。

在这种状态下，有一天他的脑海中突然闪现出一个念头：“既然我能管理公司 100 名员工，那为什么不将公司平均分为几个小集体呢？可能京都陶瓷的干部没有能力管理 100 名员工，但是有些干部可以管理二三十名员工是没有问题的，那么完全可以让这些人担任小集体的领导，给他们放权，由他们来管理。”

稻盛和夫同时又想到，既然可以将公司平均分成若干个小集体，那同样可以由这些组织进行独立核算啊。将公司分成若干个独立的小集体，每一个小集体的运作制度如同整个公司，然后在每个阿米巴集体中设立各自的领导，让他们各自拥有一定的自主权，这样就可以大大提高员工们的生产积极性。

为了采用独立核算制对每一个阿米巴进行有效的管理，损益结算是必不可少的，然而外行人对专业的结算表很不好理解。因此，为了使损益表简单易懂，即使没有会计知识的人也能一目了然，稻盛和夫就反复研究损益表，制作了浅显明了的“单位时间核算表”。经营的原则通过核算表的形式表示出来，因而销售额最大化和经费最小化的目标也就实现了，从而使中间的利润取得最大化。“单位时间核算表”中设立了一些关于销售额的项目和所需的经费支出项目，这样只需对差额进行统计就可以完全掌握核算情况了。

这种“单位时间核算表”可以使每个阿米巴组织的领导对现场的核算情况更便于管理，“为了使本部门的核算情况得到提高，必须尽可能地节省经费上的支出”，阿米巴的干部可以向成员发出这样的要求。此外，集体内部的成员也可以通过这一核算表对集体的运营情况有一个清晰的掌握，大家一起参与经营。也就是说，在培养企业领导的同时，也在普及公司员工的经营意识。

当时劳资对立是相当严重的，每一个企业中都存在劳动纠纷，当时企业的经营者与员工之间普遍存在一种极端对立的状态，因此经营者一般不会给员工可乘之机，也不会将公司运营的真实状况告诉员工。即便是现在这样的社会，京都陶瓷还是采用了在经营政策上实现透明化，使员工对公司的情况尽可能多地进行了解。

当稻盛和夫了解到通过公开公司情况这种经营方式，可以激发员工的经营意识，更好地发挥员工的积极性时，他决定在京都陶瓷的经营管理上推行阿米巴经营理念。也正是由于阿米巴理念作为京都陶瓷经营的基础，才使得京都陶瓷能够迅速地成长，不断地壮大。

阿米巴经营有三个目的，使员工对于公司构建的经营体系更加明确。阿米巴经营第一个目的就是“确立有利于公司获取利润率的部门核算制度”；第二个目的是“努力培养和挖掘具有经营意识的管理人才”；第三个目的是“使所有的京都陶瓷员工都能参与到经营中来”。

京都陶瓷公司就是由3000多个“阿米巴小组”的小集体构成的。为此，稻盛和夫还专门制定了一套独立核算体制。“阿米巴”就是指在工厂或车间中形成的最小基层团体，是一个最小的工作单位，每一个部门、每一条生产线、每一个班组甚至落实到每一个员工。每人都是一个阿米巴小组的成员，每个阿米巴小组的成员大约有十几个人。每个阿米巴都是一个独立的管理系统，跟中小企业类似，虽然需要通过上司的同意，但是所有经营上的事情都由他们自己作决定。每个阿米巴都自主生产、进行会计核算、自主经营，兼之各个阿米巴小组之间可以随意分拆和组合，这样就可以对市场上的变化迅速作出反应和决策。

3. 单位时间核算制度——经营指标

2009年11月初，京都陶瓷的名誉会长稻盛和夫先生与海尔集团总裁张瑞敏先生在中外管理恳谈会上进行了一次对话。两个人的讲话都有一个共同的主题，稻盛和夫谈论他的阿米巴经营，张瑞敏讲话的内容是自主经济体。但是有人发现两人的侧重点有所不同。关于“自主经营体”是怎样考核的这个问题，张瑞敏说，标准利润归公司所有，超额利润则由自主经济体进行分配。

1963年，稻盛和夫和青山正道联合推出了制订并施行了“单位时间核算制度”方案。1965年，京都陶瓷公司正式将“阿米巴经营”作为公司的经营制度，“单位时间核算制度”作为一项衡量经营状况的重要指标成为了阿米巴经营体系的一部分。

在阿米巴经营中，阿米巴设定的目标并非成本，而是公司的生产量和附加值。重点就是以最少的投入换取最大的利润，这种经营模式的焦点在于阿米巴团队创造的附加值。

一般来说，大公司的员工对自己的工作成果很难有实实在在的感觉，相对于公司这样的一个庞大系统来说，他们往往只是一个小小的齿轮。从这点上看，单位时间的附加价值能够激发员工的动力。因此，阿米巴经营是一种使全体员工都能受到鼓舞作用的经营体系，每位员工都对自己所属的阿米巴组织目标很明确，都为了实现这个目标而努力不止，并在这其中实现自我。公司会将各小组每单位时间内的附加价值情况在每个月的月底公布出来，因此各阿米巴组织当月的经营状况、每个阿米巴成员及小组所创造出的利润额，以及在公司总利润所占的比例等等，都一目了然。

每个小组的成绩都是不一样的，但公司并不因成绩的不同而在工资或者奖金上有任何差别待遇。对于成绩比较出色的小组，公司只是对他们进行一些表扬，向他们颁赠纪念品而已。对经营业绩欠佳的阿米巴小组，公司会严格追究他们的责任，但所谓“经营业绩不善”并不是只看附加值，也会从附加值来对经营内容进行考察。有时在一定单位时间的情况下，附加价值较高的阿米巴干部得到的评价反而是比较低的，因为他可能只是为了自身利益，而对其他阿米巴组织采取不管不问的态度，因而被认定为“经营业绩欠佳”。这样做的目的就是为了防止各个阿米巴之间出现恶性竞争的现象。

可以说，京都陶瓷公司倡导的阿米巴经营理念，就是一种基于现场的管理会计体系。它将公司组织分为许许多多个“小集体”，然而各个小集体的规模就像是一个一个的中小企业，这样既可以使员工保持活力，又能以“单位时间核算”这种独特的经营指标为基础，彻底追求附加价值的最大化。

4. 日核算制度——确保经营透明化

经营并非根据月末统计出的单位时间核算表进行展开的。月度核算是每天发生的各种细小数据一天一天地累积，因此，对每天的日常核算绝对不能出现任何松懈，应该每天进行统计，并将统计结果迅速反馈给市场。

每个阿米巴组织在月初之时，都要对单位时间核算表的所有管理项目拟订出计划数据。只有将每天的业绩数据准确地掌握了，才可以时刻掌握计划的进度。如果接单、销售额和生产计划等一旦被拖延了，那么就能迅速采取应对措施，从而保证计划顺利完成。另外，倘若经费开支超出了预订计划的时候，也可以迅速地采取严格控制支出的措施。

通过对每个阿米巴组织的核算情况的检查，从而能够迅速地作出经营战略。这种每天进行的核算管理确保了计划的顺利完成和迅速的经营判断。

在阿米巴经营体制下，各阿米巴组织为了提高效率，紧抓着总时间，并且在不断钻研和创新中使生产率得到进一步提高。

例如，一个部门的单位时间劳务费平均大约需要 3600 日元，那么“每分钟的劳务费就是 60 日元”，如果再精确下去，那就是“每秒 1 日元”。因此我们在工作的时候，努力使自己创造出高于劳务费成本的附加价值，而且必须让所有成员都能认识到这一事实，增强时间观念，令员工人人心中都有一种紧迫感。

虽说要使总时间减少，但这并不是说要削减就业规章制度所规定的正常工作时间。即便是员工不加班，在正常工作时间里仍然不能擅离职守，哪怕定单减少，每天的工作量仅有 5 个小时，但剩余的时间仍然要被计入成本。因此，怎样有效地使用时间，对相关部门经营非常重要。

如果某一个阿米巴组织的工作已经完成，没事可做，而旁边的阿米巴组织又缺乏人手，就可以派空闲的人手前去支援。通过对这部分工作时间调拨，也就使提供支援的部门总时间减少，接受支援的部门总时间增加，从而在整体上有效地使用了时间。

京都陶瓷将这类调拨的时间精确到了 30 分钟，通过对各部门耗时准确的把握来尽量缩短总时间，从而实现提高“单位时间核算”的目的。

现代的企业经营特别注重的是速度，将怎样提高时间效率作为在竞争中取胜的关键。阿米巴经营中的单位时间核算制通过将“时间”概念引进来，并将其作为现场的一项重要指标，使每一位员工都珍惜时间，努力提高工作生产率。这不但能够提高本部门的核算，而且还可以提高整个公司的生产率，进而进一步增强了市场竞争力。

各个阿米巴组织的领导和成员将单位时间核算表当作掌握总体规划、计划以及业绩的管理资料，而且各阿米巴数据的累积也将会成为公司上层组织的数据，最后将整体的数据进行汇总。因此，这就形成了通过对各阿米巴组织的单位时间核算的统计来掌握公司经营情况的机制。另外，统计的不光是业绩数据，还有对总体规划、月度计划核算表的统计，从而使公司整体的计划数据得以计算出来。

如此一来，不管多么小的阿米巴组织都能对出现的问题看得透彻，经营者们也能够把握正确的经营方向。而且，通过晨会等场合进行对各阿米巴组织和公司的业绩的通报，可以让全体员工比较全面客观而且准确地了解各部门和公司的经营状况，从而使员工们参与经营的意识得到增强，使整个公司的经营也越来越透明化。

5. 如何对阿米巴之间的售价作出决定

在制造业，假如通过各道工序建立一个阿米巴组织，那么就能够在阿米巴组织之间形成半成品的购销关系，这时自然就需要有一个售价，因此必须要在阿米巴组织之间设定一个售价。

如何在各道工序之间设定一个合理的售价，首先应该做的就是从销售给客户的最终售价着手。比如，一项陶瓷产品的生产完成，要经过原料部门、成型部门、烧结部门和加工部门等各道工序，各阿米巴组织之间的售价应该是以订单金额作为基础，从最终工序的加工部门到烧结部门、成型部门、原料部门进行依次分配。但是，因为只有订单价格才是判断各道工序之间买卖价格唯一的客观标准，因此在价格设定的时候需要特别注意。

应该怎样来决定各阿米巴组织之间的售价呢？首先，原则是从最终售价倒推来对各道工序的价格作出决定，倘若在决定了某项产品的售价之后，那么就通过生产该产品所需要各道工序的“单位时间”对阿米巴之间的售价作决定。这项产品销售给客户的价格定下来以后，就从最终的加工部门到烧结部门、成型部门，再到原料部门，倒过来依次对各阿米巴之间的购销价格作出决定。

这时候，某个部门因为设置了较高的售价而有较高的核算，反之，另一部门因为售价低廉，不管怎样努力也没办法实现核算上的平衡，所以会使阿米巴组织之间产生不公平的现象，容易引起矛盾。为防止这种现象的发生，在决定价格的时候，企业的经营者们必须制定使双方都能信服的相对公平的价格。在对阿米巴之间售价作出评判的时候，必须充分考虑究竟是哪一个部门产生的经费支出、劳动力、产品在技术上存在的难度、跟同类产品在市场上定价比较等因素，最终作出公平的裁决。也就是说，判断阿米巴组织之间售价的经营者必须以公正和公平进行裁决，而且要言之有据，令大家能够信服。

另外，为了作出比较公平的判断，决定价格的经营者还应该清晰地了解关于劳动价值的一些社会性常识。社会性常识就是关于劳动价值的常识，举例来说，一项电子设备如果销售出去，需要有百分之几的毛利；从事这一领域的员工的工资每个小时要支出多少；倘若是外包，则需要多少工钱等等，对于这些情况必须要全面掌握和了解。

为什么需要这些知识呢？我们可以用一个具体的事例来证明。如果本公司生产的科技产品具有很高的附加值，因此每一道生产工序技术含量都非常高，但其中有一道生产工序相对简单，是由阿米巴 A 负责的。公司内部购销的定价是通过原则依据生产该产品的各道工序的阿米巴组织的相同“单位时间”来决定的，由于它本来就属于高附加值产品，因此所有工序都是根据高的“单位时间”进行定价的。

因此，单纯作业较多的阿米巴 A 也是根据高的“单位时间”进行定价的，跟外包费用作比较，阿米巴 A 应得的份额就会很高。假如阿米巴 A 的工作是一般市场行情的好几倍，那么即便是不努力也是稳赚不赔的。其他工序的阿米巴 B 因为要付出高技术能力，而且在设备投资上还要增加各种费用，因此应该根据更高的附加价值进行合理分配。在这种情况下，为了防止阿米巴 A 不贪图暴利，具有社会常识的经营者就应该将阿米巴 A 的售价调整在一定的市场行情范围之内。

这种阿米巴组织之间的定价，应该由深刻了解各阿米巴工作的经营管理者，以社会常识为根据准确地判断阿米巴所需的经费支出和劳动力，并相应作出公平的售价。

在对一件事物进行判断时，最重要的就是经常要追根溯源，不失做人的基本道德和社会良知，以正确的做事方法作为判断标准。稻盛和夫自从 27 岁开始创业，直至现在都坚持以这种思想去经营。

我们常说正确做人，小的时候，父母就说过的“不可以这样做”“可以这样做”，上学的时候，老师会教导我们什么是善，什么是恶，这都是些非常朴素的伦理观。

简单来说，可以用公平、公正、正义、努力、勇气、博爱、谦虚、诚实等词汇表达。

在经营过程中，在考虑经营策略之前，稻盛和夫首先考虑的是“应该怎么做人”，并且以此作为判断的基础。

假若对任何事物都不去追根溯源，只是一味地跟风盲从，觉得自己没必要负责任进行思考和判断。也许有人认为，不管如何，只要是跟着别人做，就会万无一失，认为不是什么大不了的事情，不需要深入考虑。但是，经营者即使只有一点点这样的想法，很可能就会使企业走进谷底的深渊。无论多么细微的事，都应该追溯到原理原则，以此为基础进行彻底的考虑，那样做可能会非常辛苦，但是，稻盛和夫就是这样一直做下去的，他始终都是以普遍正确的原则作为判断基准，因此他才能取得如此之大的成就。

在经营中一个不可或缺的环节——会计也完全一样，不应该跟着会计常识和习惯做法作出判断，而是重新问什么是本质，根据会计的原理原则判断。因此，稻盛和夫一般都不盲信所谓的“适当的会计基准”，而是从经营角度出发，关注为什么要这么做，其本质又是什么？

针对在会计领域根据原理原则判断，稻盛和夫举了一个固定资产折中的使用寿命作为案例分析。

有一次，他问财务部的负责人员：“为何要折旧买这些机器？”

他们回答稻盛先生：“机器虽然经常使用，但也不会改变它的形态，不像原材料那样，如果使用的话就会改变其原来的形态，甚至会消失，而且买来的机器可以一直用上好几年都没问题，假如一次性扣除所有的费用是不合情理的。可是，不停地使用，到最后要报废时才对其费用进行一次性扣除，显然也是不合理的。因此，正确做法是估计那机器可以好好运转多长时间、生产出多少产品，把费用划归到整个使用寿命期间。”稻盛和夫对这个回答非常满意。

关键是在财务常识上，使用寿命是根据所谓“法定使用寿命”来进行计算的，即参照日本大藏省颁布的一览表对折旧年限作出决定。

根据那张一览表，瓷粉成型设备应该归在“陶瓷黏土制品，耐火物品等的制造设备”一项，使用寿命被判定为 12 年。倘若依据这个规定，用于将硬度非常高的瓷粉成型因而造成磨损很严重的机器设备也要折旧 12 年。可是，磨砂糖和面粉用于做糕点的机器，磨损没有太过严重却归“面包或糕点类制造设备”，使用寿命仅有几年，甚至比陶瓷类的制造设备使用寿命还要短很多。

这是难以接受的，根据不同机器的正常使用寿命摊分费用是理所当然的，但是实际上却要被迫按“法定使用寿命”分类，经营者怎么能够随便接受呢？

这个所谓的“法定使用寿命”，是为重视“公半课税”制定的，没有对不同企业的不同情况进行具体的分析，就一律折旧。根据稻盛和夫的经验，如果一整天都开动设备磨瓷粉的话，即便是再小心的养护，机器最多可以支撑五六年时间，那么，折旧就应该根据设备实际使用寿命进行。

然而，财务、税务专家们会说：“尽管在结算处理时按 6 年折旧，但在税法上必须按 12 年折旧。”所以，假如那样做。前面 6 年的折旧费增加了，而利润却减少了。可是计算税的时候，又要根据法定使用寿命 12 年折旧，利润减少可是税不减少。

还有的专家觉得：“机器的使用寿命是由税法规定的，大家都应该遵循，特意做不同的事并不聪明。在实务上为不同折旧法做两本账也会遇到很多麻烦。”

很多经营者就是在这些所谓的专家们的意见面前屈服了：“是这样啊，那就这样吧。”

稻盛和夫认为即便实务常识如此，依照经营和会计的原理原则，即使同时要交税也应该折旧。假如用了 6 年就不能再用的东西要按 12 年折旧，那就是为不能用的东西不断折旧，也就是说在实际使用的 6 年期间少算的折旧费，其实要在之后的 6 年折旧。

“不将产生的费用计算在内，只看到眼前的利润”，这种做法，严重违反了经营原则和会计原则。公司若是一直这样经营下去，是不会有前途的，他们紧紧跟随着使用“法定使用寿命”的惯例，忘记了“什么是折旧”，“应该在经营上作出怎样的判断”这两个本质问题。

所以稻盛和夫决定，京都陶瓷不遵循法定的使用寿命折旧，而是以设备的物理寿命、经济寿命作为标准来进行判断，定出“自主使用寿命”折旧。更新换代特别快的通信设备，税法上规定是 10 年的使用寿命，稻盛和夫也把它大幅缩短。此后，京都陶瓷在会计上实行“有税折旧”，在税务上另按税法规定的使用寿命计算折旧。

6. 用具体的数字表示所设立的目标

一个企业将今年的目标确定为 1 亿日元的年销售额，明年的目标是要达到 2 亿日元，将所设立的目标用明确的数字表达出来，不仅是销售额，包括利润都应该用鲜明具体的数字表示出所设立的目标，而且要将这种目标都控制在一定的空间和时间之内。

所谓的空间上明确就是指建立的目标对全公司而言，并不只是一个抽象数字，而是要将各个部门的详细资料都要掌握。即便是最小的组织单位，也都应有明确的数字目标和要求，再进一步说，每一个基层员工都要明确自己的工作方向和要完成的目标任务。

所谓的时间上明确则是指不但要设定下年度目标，而且每个月也都应该设定目标，月度目标明确以后，每个人就对自己每一天的目标都有了了解，员工们对自己每一天的任务都明确了。如果每位员工都努力地完成了任务，那么各个部门就可以实现预期制定的目标，公司整体目标也就能顺利实现了。

另外，如果明确了一个目标，那么这个目标就跟员工密切地联系起来，如果目标没有明确，也就是经营者制订不出公司的前进方向，员工就会无所事事，或者各行其是，行动、方向发生混乱，最终导致力量分散，组织的合力就无法发挥出来。

经营企业应该设立一个具体的目标，但是，稻盛和夫并不提倡设立太长远的经营目标，在经营行业中，很多人都提出必须针对企业经营战略确定一个五年计划，甚至是十年计划，但是稻盛和夫却从来没有设立这样的长期计划，因为长期计划即便是设立，也几乎不可能实现目标。期间，必然会出现一些出人意料的变化，甚至会发生不测事情，计划本身就已经被迫中断了，或者需要将计划进行重新拟订，甚至会不得不放弃，这类事情是很常见的。所以，稻盛先生认为不严肃的、没有把握实现的长远计划，还是不要盲目设定的好。员工对这样的计划司空见惯了以后，自然而然地就会产生“反正也完不成，也没有关系”的念头，甚至对这个计划漠不关心，一旦经营者接二连三地拟订出经营目标，员工反而会丧失向目标挑战的热情，更糟糕的是销售目标不但没有达成，费用和人员等成本都按计划相应地增加了，销售额大大缩水而费用却不断增大，经营上就更加局促，日子就会变得更不好过了。

因此，自从京都陶瓷创办以来，一向只制订年度计划，三五年以后的事情谁都不能准确预测，一年的话尚可看清发展方向，然后将每一年的计划细分，落实到每一天的目标，苦心孤诣地达到目标。以今天一天的勤奋将今天的目标实现，就可以看清明天；以本月的勤奋实现本月的目标，就可以看清下月；以今年的勤奋就可以看清明年，日复一日，脚踏实地地完成每一天的目标非常重要，更重要的是目标能不能得到明确。经营顾问们对这一套总是嗤之以鼻，他们会蔑视地说：“这岂能成大事？”但是稻盛和夫只是将每年设置的目标实施到底，然后再制定下一个目标，目标得到实施以后再制定，这样如此周而复始，事业上就会年年岁岁增长，持续发展。

7. 管理者首先要保持热情

有许多企业的营销管理者，经常抱怨他的下属对待工作没有激情，每天都是死气沉沉的。团队成员过着得过且过的日子，对于企业的生存状况没有任何危机感。无论哪一个团队在“一潭死水”的情况下，都会逐渐失去斗志，失去对工作的热情和动力，整个团队也会逐渐地丧失战斗力。

作为管理者，不管遇到怎样的困难，都不应该产生消极失望的情绪，而是要在任何情况下都应该保持积极向上的态度，对工作充满热情的。因为没有一个员工会信任消极的上级。即使管理者也有苦闷、痛苦和无助的时候，但是，这些都应该深埋在心里，绝不能在下属面前显示出来。当然，在有需要的时候，不得已会让员工看到，但那是故意显露给下属的，是一种管理上的手段。

稻盛和夫告诉公司的主管们:“你们在开车前，一定要发动引擎。”同样地，在进行一项大计划的时候，你同样需要富有热情的主管，并以这股热情感染手下的员工。

京瓷半导体公司建立第二座厂房的时候，稻盛和夫有点担心。虽然公司才刚刚起步，却因为对企业充满热情使得公司迅速成长起来。稻盛和夫最担心的是公司最后会像其他大企业一样，被胜利的喜悦冲昏了头脑，变得不思进取，失去那份向前迈进的热情。然而，稻盛和夫仍然希望在京瓷半导体公司培养出一批出色的企业家来。

因此，他将公司分作几个叫作“阿米巴”的小中心，每个“阿米巴”都是一个小企业体，在这些独立的小企业体中都有其领导和成员。典型的阿米巴团体从公司外或是向其他“阿米巴”买来他们需要的物品，而且自己将产品销售出去以获取利润，同时还要服务于顾客。每个阿米巴成员和领导者都充满着热情，并自行对“小时效率”进行评估——也就是成员平均每个工时所增加的价值。

几个小阿米巴团体可以组成一个较大的阿米巴，以此类推。京瓷半导体公司就是个由许许多多的小型阿米巴组成的超大型阿米巴，而小型阿米巴则分布在全世界的各个角落，有数千个之多。

用你的热情让主管也充满激情活力，从而进一步再点燃部下心中的热情。

因此，作为企业的高层领导者，应该向稻盛和夫学习，倘若不想让团队“疲软”，就应该让那些对工作没有激情的员工充满激情，因此，首先自己就要保持昂扬的斗志和饱满的热情，这样才能使团队保持持久的活力。

法则三

通过控制成本扩大利润

——匠人的经营哲学

销售最大、经费最小是稻盛和夫与众不同的经营观。他指出：在企业经营中，在销售额增加的前提下，却不随之增加经费，应将公司支出严格控制到最低程度，尤其在萧条期间，更应该削减经费，不放过任何一个细节，力求在每一个环节上都要做到合理而有效的利用，不能造成一丝一毫的浪费。

1. 夜间面条店的经营理念

一个企业，它的经营方向什么？这是一个基本的问题，它决定了你的生意成功或是失败，就像选择道路一样，倘若道路对了，那么就很容易到达目的地，否则就只能走进死胡同，或者是南辕北辙。

麻雀虽小，五脏俱全，不管生意是大是小，最重要的就是经营者要有自己的一套经营之道。作为一个经营者，你的经营方向是什么？你如何在这激烈的市场竞争中立住脚？你如何使你的生意不断上升发展？这几个问号看似很简单，然而对它们的回答可以体现一个生意人的经营智慧。

作为一名经营者，他首先应该想到的是如何给这个企业定位。

稻盛和夫经常拿夜晚沿街叫卖乌冬面的摊贩作为例子，对公司干部讲解如何定价和努力将费用缩减最小化的问题。因为稻盛和夫认为培养企业经营者，最有效的训练方法就是让他们也像那位卖乌冬面的小贩一样去沿街叫卖。

倘若公司将 5 万日元作为成本，将他们送到实地训练：“你暂时不必来公司上班。借给你一辆卖乌冬面的小车，在一个月时间里，坚持每天晚上去卖乌冬面。一个月后，5 万日元所赚取的利润，就是你的实际成绩。”

怎样做面条生意其实包含了经营的所有精髓。举例来说，如果你想卖烧肉面，那么你就应该想到用鸡汤还是排骨汤？用机制面还是手拉面呢？肉应该放几块才合适？需不需要放些葱姜等等，选择有很多种。

例如你要做乌冬面，应选用什么汤料这一问题。要想使乌冬面变得非常美味，汤料是非常重要的。有的人就以价格昂贵的鲣鱼干作汤料，而有的人则到加工鲣鱼干的地方，购买一些屑作汤料，两者都能做出美味的汤底。然而后者既能削减成本，又能做出好味道，这种创意很值得企业经营者学习。哪怕是鱼卷、炸口腐、葱，也可分为是去超市买，还是从工厂或者农户那里直接进货。只是进货，就会有各种不同的方法。

其次，面条店应该设在哪个位置？如何规定营业时间呢？开在闹市的话，营业对象是醉酒客，还是应该开在学生街招揽年轻人呢？这充分体现了经营者的商业才干。

这些条件决定后，在此基础上就应该考虑怎样给乌冬面定价。倘若是在学生街的话，就应该采取薄利多销的方式，倘若在闹市就应该做得高档美味，卖得少些也仍然可以赚到钱。也就是说，通过怎样做面条生意，可以判断出他是否有商业才能。

稻盛先生一直想用这种方式来培养京都陶瓷的管理者，由于实施有一定的难度，所以最终他没有推行。

他认为，做乌冬面生意，最重要的应该是看定价。有的人一碗卖 300 日元，有的人卖 500 日元。定价便宜一点，虽然可以卖出很多碗，但是赢利微薄。既要令顾客能够接受，又能获得自己满意的利润，这就找到合适的定价需要。

像这样一个摊档，也有很多种选择。一个晚上看不出有太大分别，但是一年下来差距就会逐渐拉开了。所以，有的人由一个小摊贩发展成为加盟连锁店的经营者，也有人卖了十几年乌冬面，却没有什么利获。其实那不是那宗生意本身的原因，而是经营者有没有卓越的眼光，从中发现商机，定价一旦正确了，就会实现销售额最大化。这个问题解决了，只需再争取实现“费用最小化”就行了。

企业的经营者，必须以“销售额最大化，费用最小化”作为企业经营的出发点，只有这样，才能很明确地体现出追求的成果。

2. 销售额最大、经费额最小的经营原则

一个企业获取利润的有效方式无外乎就是将销售发展到最大化，使经费维持到最低，稻盛和夫曾经说过：“利润不需要强求，量入为出，利润也就会不期然地随之而来。”京都陶瓷开始运行的时候，稻盛和夫缺乏丰富的知识和经验，对企业会计也知之甚少，于是只好请外援公司派过来的财务科长协助公司处理会计事务，一到月底稻盛和夫就抓住他问：“这个月利润怎么样？”财务科长在汇报的时候总是夹杂着许多会计术语，这不禁令技术出身的稻盛和夫十分头痛，他忍不住说，如果公司取得的利润就是销售额减去经费剩余的话，只要将销售额提升到最大限度，将经费压缩到最小不就可以解决问题了吗？那位会计当时对稻盛和夫的话表示出惊讶的神色，从那个时候起，稻盛和夫就把销售最大、经费最小作为企业经营的一项重大原则，稻盛和夫深信，只要将这一原则彻底地贯彻落实下去，京都陶瓷一定能够成为高收益体制的优秀企业。

作为经营常识，大家都觉得销售额增加必然也会导致经费的增加，其实这

是错误的，要实现销售最大化、经费最小化，就必须要开动脑筋、千方百计地寻求高效益的生产方式。具体而言，倘若现在的销售是100，而需要现有的人员和设备，那么订单增加到150，依照常理，人员、设备应该也要增加50%才可以使生产正常运转，但是做这样简单的加法还是行不通的，订单增加到150，如果要提高效率，本来应该增加五成的人员，但是如果压缩到只增加两到三成，这样的话就已经达到目的了。订单增加了、销售扩大了，公司在发展阶段正是要搞合理化建设、提高生产效率，向高收益企业转变的千载难逢的机会。但是，很大一部分的经营者却在公司处于上升状态的时候放松管理，错失良机。订单成倍增加，而人员设备也相应地倍增，这样的经营方法很危险，一旦订单减少了，销售额降低，经费负担就会加重，公司的运营情况立刻就会一落千丈，成为亏本企业。

要将销售最大、经费最小的原则贯彻下去，就必须建立一个完善的系统，使每个部门，每月的经费、明细都摆在台面上，因此京都陶瓷创办不久，就植入阿米巴经营系统，同一般财务会计有所不同，这是企业经营者在经营过程中创造的一种管理手法。阿米巴一般都是些小团体，由几个人组成，最大的团体也就十几个人，京都陶瓷目前拥有3000多个这样的小集团。所谓阿米巴经营就是将每个阿米巴每小时生产出来的附加值计算出来，简单而言，就是从每个月的销售额中减去所有这个月所需的经费，京都陶瓷按照每小时核算制度进行月末结算，次月初各部门实际业绩通过每小时的核算表详细反映出来，只要将每小时核算表细看一下，就知道哪个部门收益怎么样了。

另外，没有把经费降至最小，每小时核算表将经费科目细分一下，会比一般会计科目分得更加详细一些，构成所谓实践性经费科目。打个比方，可以不用光热费这个大科目，而是将其中的电费、税费和燃气费等项目分别列出，这样做可以方便员工的理解，并采取行动来缩减经费。一旦发现电费多了，现场负责人就能一目了然地明白经费增减的原因，并切实采取一些改进措施。日本企业界有一句俗语，叫作“中小企业像脓包变大便破碎”，说到底，这就是在挖苦那些没有采取上述有效的管理方法的企业。公司还非常薄弱时姑且不谈，壮大了以后，如果仍做笼统账，那就容易导致对经营时态不能清晰地掌握。经营者如果看不清经营实况，就不能采取有效措施，企业效益自然就会降低。

京都陶瓷自创业以来，利润率几乎都一直保持在两位数以上，甚至有的年份的利润率竟然达到了 40% 以上。之所以能实现这样高的效益，原因不仅是由于京都陶瓷拥有其他公司无可比拟的独创技术，开发出高端先进的产品，其最大原因还是京都陶瓷贯彻落实了这种销售额最大、经费额最小的经营原则，使得经营者对经营实况一目了然的管理系统，并使该系统得以有效地运用。

3. 萧条期是缩减成本的好时机

萧条时期，企业的竞争就显得更加激烈，订单数量和单价都会急剧下降，这时如果仍然维持利润，就不得不压缩成本。一般人都认为这是不太可能的。

“现在的做法可行吗，怎样才能进一步削减费用呢？”对各个方面进行重新研究，对传统的效率低下的加工方法进行彻底地改变，合并或者是摒弃不必要的组织，在每一个环节上都实现合理化，坚决压缩成本。

萧条时期竞争激烈主要表现为价格在不断下降，按之前的成本做，肯定是要亏本的，所以必须下决心将成本压到最低。

景气的时候订单比较多，即便是要降低成本，也不太可能。因此，正好借萧条期这样一个机会降低成本。萧条期费用如果再像过去一样，企业就很难再经营下去了。既然无路可退，只好大家一起努力将费用降到最低。

萧条时成本被压缩的程度，也会对萧条期以后企业的经营和成长的可能性造成直接影响。萧条时同行业之间的竞争更加激烈，价格会疯狂下降，在这种情况下如果仍然要实现赢利，这样的成本和企业体制，在萧条期结束后，销售额出现回暖时，利润就非常可观。

稻盛和夫总强调如果一个企业没有实现 10% 的利润率，就算不上真正的经营，但是正因为经历了萧条期的洗礼，才迫使经营者想方设法地压缩成本，这在无意当中也就形成了高收益的企业体质。“因为萧条，亏本也是无可奈何的事。”如果对企业的生存和发展报以这样的态度的话，那么即便经济得到了复苏，利润恐怕也是非常微薄的。

但平时已经在大力削减成本了，如果再要进行大幅的削减，一般人都会觉得极其困难，这是一种很错误的观点。“没什么不可能！”看似干了的毛巾如果再用力绞，还是会有水分被绞出来的，要努力彻底削减成本。

人工费是不可以随便降低的，因此就要提高每个员工的工作效率，一切都要进行重新审视，各方面的费用都需要经过彻底削减。

“现在的制造方法还存在不合理的地方吗？所需要的材料还可不可以再便宜一些？”重新审视过去的工作方法，然后从根本上进行研究改进，对企业中的每一个环节进行全面性变革，这一点是非常重要的。不但要对制造设备等硬件进行重新审视，在组织的统合、废除等软件方面也要进行大刀阔斧的改良，实现彻底的合理化，将成本费用削减到最低。

萧条时企业间竞争非常激烈，价格会出现大幅度的下降，在这种价格下实现赢利，必须将成本降到最低，使之即使在价格全面降低的情况下，仍能做出利润，假若能够做到这一点，那么等到景气复元、恢复订单的时候，利润率就会大大增加。

若想企业在萧条期仍然能够赢利的话，只能凭借控制成本这一点。即便是销售额减半仍能做到赢利，只要能打造出这样的企业体制，当度过萧条期以后，销售额又恢复正常时，企业就会实现比之前更高的利润率。

就是说在萧条期，在价格全面压低、销售额受到重大冲击的情况下仍能实现利润，一旦形成这种肌肉型的企业体制，当社会萧条过去以后、销售额恢复正常时，就会跃然成为高收益企业。

萧条期正是增强企业内部机制的绝佳机会。景气的时候订单会接二连三而来，为了在交货期内保证完成这些订单就必须要全力以赴。即便是想要削减成本，员工们也不可能认真贯彻实行，但到了萧条期，全体员工的态度就会认真对待了，他们会努力降低成本。从这个意义上说，只有萧条是促使企业对成本进行彻底压缩的唯一的机会。

倘若这样思考问题，那么萧条降临的时候，企业会努力将成本削减下去，从长远来看，这对于企业将来的发展有百利而无一害，事实上，这正是企业为了再次飞跃而采取的积极正面的措施。

相反，“因为是萧条，亏本也是无可奈何的事”，面对困境束手无策，没有积极的应对措施，那么即便是萧条期过去了，公司的盈利情况也不会太乐观。这种企业的经营是非常不稳定的。

把握住萧条这个机会，同企业员工全力以赴地进行重新研究和改进，对成本进行彻底的压缩：“关掉走廊上的灯可以降低成本”“关掉厕所里的灯也会降低成本”，不断采取切实可行的措施。这些细节看起来是微不足道的，然而同员工一起，一步步扎扎实实地削减经费，这便是打造高收益企业的最扎实有效的经营方法。

4. 从细节处削减一切不必要的成本

管理大师彼得·德鲁克说过：“作为一名企业家，应该做好两件事，第一件就是营销，第二是降低生产成本。其他都不要做。”

削减成本是企业都要面临的一个不可逃避的主题，成本的高低关系到企业的生死存亡。怎样控制和削减成本可以说是摆在企业管理层面前的首要难题。假如经营者学会了从每一个细节中削减一切不必要的成本，企业就可能获得成倍的利润，企业的综合实力也会得到进一步的提高。

京都陶瓷创办之初，很少有公司进行月度结算，大多是每半年或一年才对公司的经营状况进行一次结算，因此就不能及时了解每个月的核算情况。然而京都陶瓷每个月都要进行一次月度结算，这在当时对日本企业界来说就是一大创举，而且在月末后的一周内就将该月度的损益情况统计出来，可谓令世人震惊。

而且，所有的结算和会计处理没有委托任何外面的会计事务所，而是由京都陶瓷内部的经营管理部门独立制作出核算表，对于每天的业绩数据都了如指掌，并不断地采取一些改进和改良措施。

稻盛和夫也使用这样的核算表，他对核算的检查总是异常严格。例如，当他在巡视工厂的时候，倘若发现原材料或金属零件遗落在地上，就会警告周围的员工说："你们考虑过这个原材料的成本吗？你是不是认为因为是从公司的款项中购进来的，就可以视而不见？假如是你们自己掏腰包买来的，即使是丢掉了一个，你们也会很心痛吧。假若没有这样的想法，你们怎么从事生产呢？对于工作，大家不能以一种被迫的心态去对待。"他每次巡视现场的时候，都会对员工谆谆告诫，如果看到地上遗落的原材料，就马上将它捡起来。

在阿米巴的经营理念中，单位时间核算表还有一个特点，那就是通过金额的形式将工作的目标和成果直观地呈现出来。公司内部的一切票据中，除了填写上产品的数量以外，还要将金额细致地填写进去。因此，公司内部并非单纯的以数量作为收益标准，而是以金额作为标准。

每一个人在每一天都会使用金钱，这是日常生活中司空见惯的普遍现象。为了使第一线员工能在所投身的工作中切实地感受到金钱发生了转移，因此稻盛和夫规定必须在所有的票据上都要注明金额。

阿米巴经营就是主张尽可能地降低生产成本，将公司的东西都当作是自己的东西。单位时间核算表中即使有 1 日元的收入或者支出都要精确记账，以此来实现绝对精准的核算管理。

每个企业都在不同程度上出现浪费这个痼疾，因此解决浪费是改善一个企业经营状况的当务之急。浪费会使得企业的生产成本和经营成本都无法降低下来，长期看不到利润，甚至还会出现负增长的情况。在当今时代，企业只有做到不浪费，才能在激烈的竞争环境中站稳脚跟。

5. 如何进行科学的成本管理

降低成本可以获取最大的利润，产品的竞争力也会随之增强。如何来加强对成本的控制呢？那就只有通过进行科学的成本管理。麦肯锡曾针对一些企业作出这样的评价："成本优势上的巨人，然而却是成本管理上的侏儒。"有位著名的经济学家曾经说过："成本控制是一门花钱的艺术，而不是节约的艺术。"怎样让每一分钱都花出它的价值来，让企业的每一种资源都能物尽其用，这是许多企业共同面临的一大难题。

前面已经提到，单位时间核算表可以方便员工对核算进行管理，但是为了将经费开支控制到最低程度，还需要进一步对核算表中的经费开支项目进行细化。

稻盛和夫以陶瓷部件的制造工序为例来说明需要进行细化的原因。原料部门将已经调和好的原料以公司内部购销的方式来卖给成型部门，成型部门随后将陶瓷成型交由烧结部门，然后烧结品又被用到下一道工序。在这种情况下，如果希望将电费削减下来，由于"水电费"包含电费开支和水费开支，因此不能准确掌握电费的实际损耗，因而有必要将水电费再细化成电费和水费。

接下来还应该全面掌握各个部门和各道工序所损耗的电费。表面上信誓旦旦地要削减电费，可是倘若不知道哪个部门或工序损耗的电费情况，就无从下手，也就对削减成本起不到很好的效果。

于是，京都陶瓷在原料、成型、烧结等各道工序都安装上了电表，针对实际用电量来对经费开支进行分配，使员工们对各阿米巴的电费开支情况一目了然。像这样用金额来表示某部门实际花费的成本是非常重要的。如果有必要，还可以细化到某个设备的实际用电量，这就对提高削减经费开支非常有利了。

如果某个部门的“差旅费”迟迟降不下来，希望采取一些降低差旅费开支的措施。但是差旅费的开支项目非常笼统，应该着重削减什么方面的差旅费就显得一时无从下手了。于是，就应该将所有的票据收集起来，将差旅费按照机票费、电车费、出租车费、住宿费等明细进行分类。如此一来就可以清晰地掌握应该对哪一方面的开支进行削减了。

或者还有一种方法，那就是每个员工对差旅费计划有一个掌握，在公司领导的指导下，员工合理使用差旅费，通过这样的方式削减差旅费支出。假如不这样对经费开支进行细化的话，“经费最小化”就得不到实现。针对实际需要，进一步细化核算表中的经费开支项目，采取符合实际情况的削减对策是非常必要的。

倘若希望以这样的方式来追求经费最小化，领导就应该对本部门的阿米巴经费情况准确地掌握，否则就制订不出相应的具体措施。单位时间核算表的各条项目是了解公司日常经营状况所不可或缺的一项重要指标，作为领导必须要对各项经费开支项目进行细致的分析，进行可以洞察一切的经费开支管理。

6. 定价就是经营

定价就是经营，定价是领导应该履行的一项职责，定的价格应该既要被顾客所接受，又能使企业赢利。

一般来说，销售方式有薄利多销和高价厚利少销两种，价格设定有许多种选择，它也充分体现出经营者的经营思想。

决定出价格以后，究竟能卖出多少产品，能够获利多少，是难以预测的。定价如果太高，产品无法卖出，定价倘若太低，虽然畅销但也没有赢得利润，总之定价不合适，企业就必然会遭受很大损失。

因此，首先要对产品价值有一个正确的判断，争取寻求利润的最大化，据此来定价，稻盛和夫认为这一点应该是顾客能够接受的最高价格。作为经营者，必须要看透这一定价点。

即使该价格卖出了，也未必就表明经营一定顺当。尽管以顾客乐意的最高价格出售了产品，但最终却看不到利润的情况也是屡见不鲜的。

问题在于，在已经设定的价格下，如何才能挤出利润。以生产厂家作为例子，假如跑销售的只是一味地以低价获取订单，那么制造部门即使再辛苦也不能获利，所以必须以尽可能将价格提高进行推销，但是确定了价格后，如果依然没有获利，那就属于制造方面的责任了。

但是，大部分厂家都以成本和利润的相加来定价格，日本的大企业大多都是采用这种定价方式，但在激烈的市场竞争中，卖家无法掌握市场，成本加利润所定出来的价格，由于偏高而卖不出去，无可奈何之下而降价，预想的利润就没有了，非常容易陷入亏损状态。

因此，稻盛和夫给技术研发人员这样定位，你们也许认为技术员的本职工作就只是研究新产品、开发新技术，但稻盛和夫认为这是远远不够的，只有在开发的同时，认真考虑如何才能使成本降到最低才有可能成为一个称职优秀的技术员。定价必须要深思熟虑地斟酌和权衡，努力使利润最大化。

为此，材料费、人工费不要执着于“应该投入这么多，不然没法进行下去”这种观念，将这一固定观念远远抛开，既要使质量、规格等方面全部满足于客户，又必须千方百计降低制造成本。

定价跟采购与压缩生产成本是紧密相关的，定价不能随意地设定，就是说定价受到采购成本和生产成本的制约，这就是价格必须要由经营者亲自决定的原因了。

在决定价格的时候必须要先考虑如何降低制造成本，反过来，正是由于心中对降低成本有一个明确的认识，才能正确地作出定价，在与采购商领导人进行交涉时，价格可以降到什么程度，假若让一个没有采购战略意识的营业员来担当定价工作的话，必然会捅娄子。定价必须由经营者决定，进一步讲，定价是否能合理也是经营者的人格的一种体现。

法则四

长远发展有赖于创新

——匠人的产品哲学

稻盛和夫指出，一个企业若要获得长远的发展，就必须要创新，提升自己的品牌创新意识，根据市场变化相应地作出决策上的调整。针对创造性的问题，他认为不能以现有的能力来决定将来所要做的事情，应将创新的目标提升到一定的高度，然后通过自己的努力，激发出自己的潜能，要打破原有的框架，尝试新的方法，并注重对每一个细节的把握。

1. 注重独创性产品的开发

企业依靠产品来谋求生存和发展有两个方法：一是在原有产品的基础上增加产量；二是进一步大力开发新产品。但是，企业如果仅仅凭借对原有产品的生产，它的寿命也就会随着产品的淘汰而逐渐在市场上消失，这样的企业不会生存多久。因此，要在原有产品进入成熟期时，进一步推陈出新；当新产品又进入到一个成熟期的时候，再继而推出第二代新产品；这样以此类推，企业在创新产品的前提下，其发展就会像滚雪球一样，越滚越大。

企业的竞争优势主要是看企业能不能向市场提供满足消费者需求的新产品。

因此，企业只有不断进行创新，才能在市场中立于不败之地。

“明天总会好过今天的，后天也一定会比明天好，经过不断琢磨和改进，最终就可达到精益求精的境界。”美国新闻界的风云人物戴维斯先生在他的著作中有一章特意描写了稻盛和夫，一开头就引用了稻盛先生的这句话。

事实上，京都陶瓷以前做的事，人们都认为做不到，京都陶瓷开始致力于新型陶瓷的开发，将它作为新兴的工业材料，而这些新型材料又使京都陶瓷赢得数百万亿的利润。在这之前，人们觉得这是不可能实现的，可是事实上新型材料所具有的优良性能广泛应用于电脑产业，并使其蓬勃发展，同时京都陶瓷又相继开发出了人造骨、人造牙根等新产品，对社会做出了巨大的贡献。

京都陶瓷之所以能取得如此大的成就，主要归功于公司员工的创造力上。有的公司则不思进取，或者是知难而退，总是觉得自己缺乏足够先进的技术，因此无法实现在产品上的创造性。稻盛和夫认为这种观点是不能令人信服的，任何一家公司都不可能有先天技术上的优越性，潜力是需要激发出来的。

一天的努力换来的成果可能是不显著的，如果锲而不舍，持之以恒，经过一天、一个月、一年的积累，就会带来天翻地覆的变化，企业中任何的工作都是一样。这个世界上划时代的创造发明也都包含着这个真理，都是踏踏实实、一步一个脚印干出来的。不管企业属于什么行业，不可以每天以同样的方式来重复同样的工作，要不断有创新意识，要将这句话作为公司的发展方针，明确地提出来，在此期间经营者必须要起到带头羊的作用，如此坚持三四年的时间，企业就会逐渐发展其独创力，就可以进行卓有成效的研发工作。

时至今日，京都陶瓷的产品研发已经拓展到了太阳能电池、手机等领域内推进多元化经营，可是当初京都陶瓷只具有精密陶瓷这一项技术而已，也就是说当初京都陶瓷也没有足够的技术水平，既没有独创性的产品开发，也缺乏独创性的经营，因此，每天都认真追求钻研琢磨，不断努力，这才是成功的关键。

2. 不要局限于现有的能力

对于创造性的话题，稻盛和夫认为不应以现有的能力决定将来所做的事情，而是现在就决定一个似乎不可能完成的高目标，并决定在将来的某个阶段完成它，盯住这个目标，通过不懈的努力，迫使提升自身潜能，发誓将那个高目标在将来某个阶段一定完成。倘若只以现在的能力来对今后所做的事进行判断，就根本不可能开拓新的视野，现在不能做的事，今后不管怎么样都要将它做成，只有始终怀着这样一种强烈的使命感，才能开辟出一个新的时代。

京都陶瓷有今天这样的局面，这其中经历过许多艰难险阻，克服了许许多多技术上的难题。其秘诀就是，按当时技术水准即便是根本不可能完成的订单也要接受，就是要勇于向困难挑战，最终通过不懈的努力获得成功。受到客户委托的时候，坚持“要用将来的眼光来衡量自己的实力”，并将这一点作为京都陶瓷的经营准则。

按现有能力不能完成的订单，满足客户高难度的要求，需要有孤注一掷的胆识和魄力。因为这样的新品开发期限仅有两三个月时间，最长也只有半年的期限。倘若开发失败的话，一声“对不起”是不足以满足客户的。期限的延迟会给客户的生产计划造成非常大的影响，而京都陶瓷的声誉也就因此而毁灭了。不过也正是对京都陶瓷的这些艰苦磨炼，才使得京都陶瓷退无可退，只好激发出京都陶瓷的爆发力，逼迫京都陶瓷员工拼命努力地完成任务。利用客户高要求的订单，给企业设立一个高目标，并在限期内一定达成，背水一战，迫使全体员工大幅度提高能力。这就是稻盛的过人之处。

稻盛和夫一向很喜欢向具有高度挑战性的事物发起进攻。能力在过去、现在和将来各有不同，将自己过去的能力同现在的能力略一比较，再细想一下自己曾经作出了什么努力，自己就会明白：从现时起，应该怎样努力才能在将来达到这样的目标。谁都可以针对自己目前的能力，即对自己当前可以做什么，不能做什么作出判断。稻盛先生从来不会只是着眼于现有的能力，他几十年如一日坚持“压强原则”，在危机中不断提升自己的新能力。

3. 大胆突破常规的限制

将现有的束缚和条条框框都打破，学会利用一切已有资源将事情做好，尝试新方法，不要只是一味地消极等待。创新不仅需要灵活的头脑，还要有足够的勇气，不管是在失败面前，还是在打破常规的过程中，都要有足够的勇气。

在这样一个多元化进程中，京都陶瓷还跻身于医疗领域，对人工牙根和人工骨进行了研发。1972 年大阪齿科大学川原春幸教授造访京都陶瓷公司，问稻盛先生“能否用陶瓷来生产人工牙根”。

川原教授是研究金属人工牙根方面的专家，但人体和金属之间存在着排斥反应，所以效果不是很好。川原教授拜访了京都工艺纤维大学的奥田教授，向他请教有没有更好的材料可以代替金属。奥田教授建议他可以询问一下京都陶瓷的稻盛和夫，川原教授回去用陶瓷进行了一番实验，取得了非常好的效果，于是马上就来找稻盛和夫。

听完川原教授的一番话，他预感到陶瓷可能还可以应用在医疗领域。跟金属或塑料相比，陶瓷不会进入到体内，也不会与人体产生化学反应，而且形成细胞的蛋白质在分子结构上和陶瓷也完全不同。

人体遇到像有机物之类的和自己的组织结构相接近的物体时，会对其进行分解和吸收，遇到不同结构的物体则会表现出排斥的反应。稻盛和夫认为这种排斥反应不是直线状的，而是如同一个圆。也就是说，因为分子的结构各不相同，就会表现出排斥反应，但结构完全不同的则会从圆的一点转一圈回到这个点的旁边，这两者相当亲近，但不会引起排斥反应。这样的话，陶瓷这种材料就会容易被人体细胞所接纳，其生物融合性也很强。

自从京都陶瓷创业以来，稻盛和夫习惯运用陶瓷所特有的优良特性，寻找各种新的用途，研发各种新产品。倘若自己长期致力研究的陶瓷能对患者的健康有帮助，能为医疗事业的进步做出贡献，稻盛和夫自然感到无比高兴。因此，他决定着手研发生物陶瓷材料。

京都陶瓷的科研人员马上投入了实验，首先使用了以前一直生产的多晶氧化铝陶瓷，但效果不是很好。因为人在咀嚼食物的时候，会给人工牙根施加很大的外力，因此就需要硬度和强度都比较高的材料。当时稻盛和夫生产的单晶蓝宝石，用于其他的用途。单晶蓝宝石是高纯度氧化铝的单结晶，强度比多晶陶瓷要胜出很多，但由于其硬度过高，因此存在着不易加工的困难。尽管如此，他还是建议川原教授用这种材料来生产人工牙根，并对研发团队发出号召，要求全力开发这种加工技术。

要想将单晶蓝宝石用于人工牙根的生产，就必须将单晶蓝宝石加工成螺丝的形状，而这种蓝宝石只有钻石才能切削，加工成螺丝状还不能在表面存有一丝伤痕。经过无数次试制失败后，一天，研发团队中的一员——三轮哮偶然在研究室的门前捡到了一张纸，上面将硅晶圆的镜面加工法都记载得很详细，他从中得到了启发，进而又研发出了全新的蓝宝石研磨加工法。之后，对这种新人工牙根又进行了大量的临床实验，1978 年，京都陶瓷的这项研究成果获得了厚生省的许可，开始以“Biocelum”这一商标进行销售。

但是，市场的反应却并不乐观。在当时，敢于在手术中使用植入材料的牙科医生并不多见。于是，京都陶瓷将研究成果推荐到大学附属医院和牙科学会，并在各地举办以牙科医生为对象的植入材料技术讲座。京都陶瓷的努力收到了很好的效果，现在使用植入材料的牙科医生越来越多，国内外的植入材料厂家已经超过了 20 家，其中，京都陶瓷确立了牢固的领先地位。

摆在企业面前的路还有很多，有的是康庄大道，但是还有很多羊肠小道。走那些已经被别人践踏过无数次的路虽然平坦，然而却很难有大作为。要想事业有所成就，就要选择别人没走过的路，可能这条路很陌生，也很危险，但是只要以无畏的心态去迎接挑战，你最终会成为这条路上的领头羊。

4. 生产一项产品，只付出 99% 的努力是不够的

稻盛和夫在创办企业的过程中，始终都坚持奉行完美主义的经营理念。他不但要求企业的一切生产经营活动都要严格符合生产标准，甚至要求每一道工序都要臻于完美。他认为生产一项产品，如果只付出 99% 的努力还是不够的，生产过程中必须要一丝不苟，一点粗心大意都不许可。不管在任何时候，做任何事情，都要求 100% 的完美。这是稻盛和夫一生都在追求的目标，这也是他从实际工作中总结出来的宝贵经验。

稻盛和夫曾举过一个在生产新型陶瓷中清洗石块的案例，在当初看来，根本不是什么了不起的工作，可是事实上却是非常重要的，甚至决定着生产出来的产品质量。当这个观念忽然在自己脑海中出现的时候，稻盛和夫在以后的工作中就逐渐形成了“完美主义”的思想。他认为类似的细节看上去无关紧要，然而实际上却往往发挥着十分关键的作用。因此在工作中他对每一个细节都毫不放松。由此延伸出来，在工作中要高度重视每一道工序，必须追求完美，只有这样，才能成功。

他的这种“完美主义”思想与西方的科学管理理论不谋而合。以泰罗为代表的科学管理提倡以理性的态度对待工作，其中不掺杂任何个人情感因素，这样才能提高工作效率。然而稻盛和夫的“完美主义”管理思想似乎更加优越一些，他

的要求更高。稻盛先生的这种思想追求的不仅仅是简单地遵守规则，更重要的是要一丝不苟地做到完美。可以看出，倘若对待工作能坚持这样一种态度，就一定可以获得成功。

稻盛和夫创办京都陶瓷以来，生产出的每一项产品都在跟外部企业打交道。在稻盛和夫看来，他所创办的京都陶瓷公司取得成功的重要原因，就是力求每一个细节都臻于完美，而且要比同行做得更加出色，当然也不可避免地要受到企业外部的要求。比如松下公司对产品的要求就极端的苛刻，大部分供应商都对松下产生过抱怨。但是稻盛和夫却能将此压力转换成动力，激励京都陶瓷员工不断进步，在工作中不断创新，务求精益求精。在这样的“完美主义”思想的指导下，京都陶瓷公司取得了一个又一个的飞跃。稻盛和夫将松下对其施加的严格要求视为至宝，甚至还非常感激，这就是京都陶瓷取得举世瞩目的成就的原因之一。

在京都陶瓷，对于产品质量的要求非常严格，京都陶瓷不允许产品中有一个次品掺杂在内，因此销售、制造、研发等每一个环节，都要求工作必须做到完美无瑕。

对于经营目标，同样也是如此。对于接单、销售、生产和单位时间附加价值等经营目标，京都陶瓷绝不允许员工存在“差不多就行了”之类的思想，而是要求不折不扣地将制造和销售目标完成。

管理部门负责管理一个企业的经营，同样要求工作做到“完美主义”，因为企业以经营判断单位时间核算表和结算表等为基础，这些数据即使出现了很小的偏差，也会造成经营判断的失误，因此经营数据也必须要做到“完美”。

将“完美主义”贯彻落实到行动中是很困难的，但只要意志坚定，就一定可以将目标实现。

法则五

经营者与员工建立伙伴关系

——匠人的管理哲学

稻盛和夫一贯强调：经营中小企业面临的最重要的问题，就是经营者和员工之间的关系问题。经营者要照顾到员工的切身利益，对于经营者的一些决策，员工也应该给予理解和支持，互相帮助，互相扶持，紧密建立经营伙伴的关系，企业中只有形成这样的上下齐心的风气，才会成为优秀的企业。

1. 经营者的责任不单单是领导，还有保护

“所谓领导并不是单纯意义地领导自己的下属，而是哪怕牺牲自己也要保护自己的下属和员工。”这句话中充分体现出经营者的责任是要保护员工。所以针对裁员的问题，稻盛和夫认为这种做法是可耻的，他坚信即便是不裁员，公司也一定能找到出路。以一般道理来看，这样做令人产生很多疑问，在工作量不断减少的情况下，如果还不裁员的话，企业如何得以正常生存？

1974 年，受石油危机的冲击，日本经济出现低迷现象，京都陶瓷公司当年利润骤降 50.6 亿日元。当时，大多数企业都试图裁员以渡过面前的难关，而稻盛和夫却宣布：企业哪怕是靠苔藓生存下去，也绝不会裁员，更不会停工。为渡过

难关，他将管理层的薪水降了10%，并采取了节能降耗措施来保证员工的生存。员工被稻盛先生的宽厚和诚意所打动，与公司同舟共济，为了公司顽强拼搏，最终使公司重新逐步步入正轨。

稻盛和夫对员工的宽厚与善待员工在那种极其恶劣的情况中体现得淋漓尽致。这种企业所特有的“人情味”，可谓是京都陶瓷公司的特产；对员工仁爱是“人情味”的基石。这种“人情味”还体现在公司联谊会和忘年会上，稻盛和夫和公司高级管理人员跟员工之间的“心灵对话”；组织对企业发展做出贡献的员工出国旅行，体现了他对员工的“感激之心”；将自己拥有的17亿日元股份赠予了1.2万名员工，又体现出了他的“无私之心”。

“以心换心”，稻盛和夫以真诚的心去关心照顾员工，同时也得到了员工们对他的尊敬，他们愿意无私地为京都陶瓷服务，全身心地投入到工作当中去，即便是去世了，都要葬在“京都陶瓷员工陵园”里，这已经足够显示出他们至死不渝的“忠心”。

在法国企业界，有一句名言：爱你的员工吧！他会加倍地爱你的公司的。关心和热爱员工即是一种感情投资，而这种投资花费是最少的，然而回报是最高的。只有一切为员工着想、设身处地关心员工的企业，才能让员工体会到温暖，只有这样，才能在无形中加强企业的凝聚力，调动起员工的积极性，极力提高员工的忠诚度。这种经营人心的经营，是一种极高境界的管理之道。

在出任日航CEO后，稻盛和夫依然贯彻他的这种经营哲学，时时处处保护员工利益，绝不裁员。但也有人提出了疑问，因为日航的确是裁掉了1.6万名员工。对此，稻盛和夫解释说：在他担任日航CEO以前，日航就已经破产了。破产之后当时有一个政府相关的机构，可能是半官半民性质的，叫“企业再生机构”，这个企业再生机构就针对日航如今存在的这种情况制订出来了一个重建计划，叫作再生计划。再生计划当中它是遵循法律，从法律上讲，它已经符合这个破产的规定，制订出了这样一个再生计划。再生计划当中就表示，你们日航的员工实在太多了，因此说在再生的过程中就要合法地裁掉一部分员工，而法律又规定，倘若因为这个原因合法的解聘是可以的。因此，当时在这样一个前提和背景之下日航解聘了1.6万名员工，之后稻盛和夫又来到了日航。因此说，在稻盛和夫经营企业这么多年的时间里面，他从来没有裁掉过任何一个员工。

如果让员工们离开企业的话，对于企业家而言，稻盛和夫认为是一件极其痛苦的事情，如果说裁掉日航的一些员工，企业就应该发给这些员工一些津贴。倘若有一些员工是自己愿意退出的，那么企业也应该给他比工资多几倍的离职费，作为他为日航工作期间的报酬。

在企业里，经营者有很大的权力，但是如若行使这些权力，就应该从保护员工的角度出发，为员工谋取幸福，而不应该以此来压制员工，更不能用自己手中的权力满足自己的欲望。作为经营者自己要起到模范带头的作用，亲自实践这种哲学，在不断的努力中提升自己的人格。如果这样做，企业就一定能得到发展，而且可以长期持续繁荣昌盛。

2. 失败也可以获得奖励，不只奖励成功

管理大师韦尔奇说："当人们在犯错误的时候，他们最不愿意看到自己受罚，谁都会有这样一种体会的。"他还说："如果由于失败而受到处罚，大家就不可能再轻举妄动了。"于是，韦尔奇制定了"失败了也可以得到奖励，不只是奖励成功"这样一种新的管理策略。他说："我们应该让员工明白，只要你的理由和方法是对的，那么，即便是结果失败，也是值得鼓励的。"

稻盛和夫就是这么做的。在一次采访中，有记者向他提问，京都半导体取得如此大的成功，有什么秘诀吗？稻盛和夫想了一下，回答记者道："因为我们从来没有因为失败而对员工进行过处罚。"

倘若京都陶瓷的员工为了公司而接受某一项艰巨的任务，最终结果是失败

了，且对公司造成了不小的损失，京都陶瓷的经营者仍然不会对他施以任何惩罚。因为，如果是为了公司和员工的利益而接受那项挑战，而且他也已经付出了真诚和无私的努力，那就不应该责备他。

有时，一个员工在某项计划中失败了，京都陶瓷的经营者仍旧会立即给他另一项任务，这使他感到非常吃惊。虽然之前的那个计划失败了，但是那个员工仍旧从中获得不少经验，并可以依靠这些经验取得意想不到的成功。

京都陶瓷公司的座右铭便是“敬天爱人”，并使每一个员工都能发挥他的才能，且不会害怕失败。只要是怀有一颗真诚的心，做正确的事，即使出现了不如意的结果，又有什么好怕的呢？

京都陶瓷的员工因为从来不害怕失败，所以有足够的勇气接受一个又一个新的挑战，并更加努力地工作。

所有人的成功都不会来得太容易，必须要经历艰难曲折的道路。由失败走向成功，这是一个必然的过程。既然圣人都有可能会犯错误，那么为何不允许自己的属下犯错误呢？一个人既然会犯错误，就表明他不是循规蹈矩的人，他敢于接受新生事物，敢于向未来发起挑战。作为这种员工的领导者，就应该给予更多的支持和鼓励，使他们从失败的阴影中摆脱出来。

3. 成为公司内部矛盾的协调者

在工作中，各员工、各部门之间，都会发生一些不可避免的矛盾，原因当然是多方面的。可能是员工自身素质存在问题，在思想方法和工作方法上出现失误，可能是各部门之间出现的交换、协调、沟通得不及时的情况，也有可能是在利益处理上出现了不公正的情况等等。出现问题非常正常，重要的是怎样去解决问题。

倘若没有将这些矛盾处理好，会给员工、各部门带来不好的影响，甚至会破坏了企业的凝聚力，对公司的发展大大不利。

在京都陶瓷公司，各员工之间、各部门之间，都会经常出现一些争执，双方各执己见，莫衷一是。于是，多数时候他们都会争执到稻盛和夫那里，由他来作最终的裁决。于是，稻盛和夫在倾听双方述说的理由以后，所作出的结论都能够使大家信服，好像之前的争论从来没有发生过，又带着轻松愉快的心情返回自己的工作岗位。

问题得到了解决，并非是由于最高裁决者说话没人敢反驳，而是因为旁观者清，当局者迷，稻盛和夫从第三者的立场出发，冷静地看待这件事情，并且进行缜密的分析，发现其实引起纠纷的原因是非常简单的，因此稻盛和夫能敏锐地指出问题出现的原因，并给予他们解决问题的办法。

比如，部门之间有纷争，出现了一些复杂的情况，但当问题得到解决以后，大家就会很清晰地发现，其实主要的原因还是在于疏忽了必要的联络。基于此，稻盛和夫在作结论时，都是从什么是正确的做人准则这一本质出发，因此他的判断就成了“大冈裁决”。

为了使判断更加准确和公正，必须要认真看待出现的问题，而且，不要被烦琐细碎的表面现象所迷惑，而是要从问题的“根本”入手。

如果以这种方法观察，你就会发现有很多类似的情况：大到国际间的问题，小到家庭内部矛盾，社会上出现的各种矛盾纠纷，当事者各有各的理由，各有一大堆的道理，使得本来很简单的问题竟然变得错综复杂了。

所以，问题越是错综复杂，就越应该回到原点上来，依照单纯的原理原则进行判断。面对难以解决的问题，用朴实的眼睛，通过简单明快的原理，对事情的是非、善恶进行判断就行了。

“这是一个没有红绿灯的十字路口。就是因为没有红绿灯，所以车从四面八方赶过来，进退不得，引起了交通上的大混乱。如此这般，混乱的问题就始终都得不到解决。但是倘若以立体的观点去看待，事情就变得非常容易解决。

“就是说，这个十字路口并不是平面交叉的，而是立体交叉。即便是没有红绿灯，汽车也可以流动自如。看似复杂多变的现象，很大程度上只是简单结构的投影。因此，改变视点，或者将视点提高一个观察角度重新来审视问题，其实答案很快就出来了。”

4. 打破部门界限，全员参与营销

在过去企业不景气的时候，报纸上经常报道说，一些综合性电器厂家向自己的员工发放本公司生产的产品，比如电视机、电冰箱等，以此作为他们的年终奖。

经济的萧条使得库存增加，为了减少存货，有些厂家将产品发放给员工来代替奖金。有一个厂家动员工厂的员工："现在库存积压到相当的数量，希望所有的员工都来帮着卖，可以去推销给你们农村的亲戚朋友，价格优惠，只要能赚回成本就行。"结果库存很快就被一扫而光，原本积压在仓库里的冰箱、洗衣机、电饭锅等，全部由本厂员工推销给了他们的亲戚朋友。

这样的做法，有一个显而易见的好处，那就是进行全员推销，让大家都明白，推销产品的时候要低头求人，推销工作是多么不容易、多么辛酸，这是很有意义的。

萧条时期，全体员工都应该走出工厂，出去推销。企业各个部门平时都应该积累一些好的想法和创意，这些想法和创意在萧条时期就可以派上用场了，可以将这些想法和创意用到客户身上，唤起他们对自己产品的潜在需求，这件事全体员工都应该去做。

营销、制造、开发部门必须要参与，自不待言，间接部门同样应该参与进来，全体员工必须要团结一致，向客户提供服务，创造出商机。这样做，不仅能够满意于客户，而且可以拓展自己的视野，从公司内部发展到整个企业。

就目前来看，萧条的趋势似乎更为严重。面对这样一个不景气的时代，公司首先就应该强调进行全员营销，“京都陶瓷”在面对第一次石油危机的时候，就是这么做的。“京都陶瓷”主要从事于制造业，公司的研究人员每天都在实验室里搞研究，技术开发人员进行技术开发实验，生产人员搞生产，营销人员搞销售，分工非常明晰。但是，由于1974年的那次石油危机，一个月的订单由27亿日元忽然降到不足3亿日元，由于生产的产品非常少，大家手里都没有什么活儿，车间一片冷清，显现了严重的萧条景象。

在这种情况下，稻盛和夫提出了“全员营销”的口号，包括有一点生产经验的现场生产人员在内，所有的员工都出去推销京都陶瓷的产品。即便是连那些农民出身的老员工也去推销产品，流着汗向客户询问：“有什么工作可以做的吗？让我们干，我们什么都能干！”大家都这样做，最后取得了很大的成效。

一般而言，生产部门和营销部门往往是相互对立的，比如，生产部门会经常对营销部门抱怨：“你们找不到客户，我们没法生产。”可是假若由生产人员也去营销东西，他们就会知道营销的不容易。因为生产人员体会到了营销人员的辛劳，就会使两者更加和谐，都对对方有了一定的了解，能使双方可以更好地配合。全员营销可以使生产和营销营造出一种齐心协力的氛围。

如果所有人员都去搞营销，就会产生一种凝聚力：即便是制造业中的尖端产业，卖东西、销售产品依然是企业经营之本。

“京都陶瓷”销售的产品，是用于工业上的新型陶瓷材料，靠普通的流通渠道是销售不出去的。必须要低三下四地跑到客户那里，低头恳求：“这样的新产品我们公司也可以做，希望能为贵公司效劳。”一边询问还一边进行推销，“即便是特殊产品，你们是否还可以有其他的用途呢？”这样一边提问，一边进行试探性的营销。

从某种角度上看，向客户讨订单就是最大的困难。但是，如果让没有这种经历的人做企业的领导，公司恐怕就经营得很糟糕。让员工知道其中的苦楚，让他们了解要订单有多困难，经营企业有多困难，尤其是营销部门以外的领导，让他们有切身的体验是非常重要的。

5. 经营者的意志要传递给每一位员工

“经营依赖于经营者水滴石穿般的坚强意志”。稻盛和夫认为，所谓经营就是对经营者意志的考验，一旦将目标确定下来，不管发生怎样的情况，目标就一定要实现，这种坚强意志对于经营有着不可估量的作用。

然而很多经营者看到目标太遥远时，就会给自已寻找借口，或是对目标进行重新修正，甚至会取消目标，经营者这种意志不坚定的态度不但无法实现目标，在一定程度上还会打击员工们的士气。对这件事的深刻体验是在京都陶瓷股票上市以后，股票一旦上市，就一定要对公司下一期业绩报表进行发表，预报下一期的业绩，对股东作出承诺。然而在日本，一些日本经营者经常以经济环境的变化为借口，毫无顾忌地将预报数字向下进行调整。

可是在一样的经营环境下，有的经营者却能出色地将目标实现。现在的时代变化迅速而且变动频繁，经营者假如没有不达目的誓不罢休的意志，履行承诺的坚定意志，经营将很难继续下去。经常调整战略目标的经营者，对经营的结果一定很不妙，因为即使对目标进行了调整，在遭遇新的环境的时候，就不得不再次进行调整，这样经常下去，很有可能就会失去投资者，员工也不会对他太过信赖，因此，一旦确定下了目标，就需要有坚强的意志，将其贯彻到底。

还有一个方面，虽然说目标依赖于经营者的意志，但同时也需要员工的共鸣。刚开始的时候，经营者必须具备坚定的意志，但随后就应该将这种意志和精神传递给员工，让他们从内心深处发出“让我们共同努力吧”的呼声。

换言之，确定的目标既要符合经营者，也应该符合员工们的共同意志，员工一般不会提出太高的目标，因此必须由经营者下决定。但是这样的目标需要员工的全体响应，这就是经营者将自己的意志转变为员工的意志。要做到这一点并不困难，比如跟员工进行一些振作精神的谈话：“咱们公司虽然规模不大，但还是很有前途的，将来一定会获得巨大的发展，希望全体同仁能一起奋斗。”然后在举办宴会的时候，可以趁此机会表达自己的想法：“我希望今年能将营业额翻一番。”

让身边的下属附和自己的想法：“社长，说得对，咱们一定努力实现这个目标。”于是，那些脑子好使、办事利索的人就会很难开口，否则一提高目标他们就会没有底气：“社长，这恐怕办不到吧，因为……”以这样的方式确定下目标，就不会有人再公然提出反对意见，他们会在不知不觉中附和了你的意见，而高目标往往就会成为全体员工一起奋斗的方向，经营也需要运用心理学。

稻盛和夫认为一定要给企业设定一个更高的目标，然后奔着这个目标向前努力。当然，目标如果过高的话，可能几年之内都实现不了，于是高目标自然而然地也就成了水中月、镜中花，这样一来，就注定会使员工们失望。

然而，还是应该适当地将目标提高一下，不然的话，就激发不出员工的士气，公司就会没有活力。

京都陶瓷才初具规模的时候，稻盛和夫还运用过一些小的案例：如果能达到10亿元的目标，就一同去香港旅游，如果完不成的话就没有这次旅行的机会了。结果，大家齐心协力，出色地完成了任务，京都陶瓷所有的工作人员都去了香港旅游，这就在不知不觉中增强了员工们之间的凝聚力。在提出高目标的同时不是简单下命令，而是要千方百计地鼓励员工，共同去实现它。

手腕并不是最重要的，不管怎么样必须要达到目标，经营者要想方设法地将自己的意见传递给员工。经营者要紧紧抓住一切机会，将自己的意见直率地传递给员工。

有一年年底，稻盛和夫忽然得了感冒，发高烧，却依然连续50多次参加所有部门的辞旧迎新晚会，在会上他不遗余力地表达自己对明年事业的展望和构想，希望能够获得全体员工的理解和支持。这样，努力将自己的构想和盘托出地告诉员工，稻盛和夫尽自己最大的努力，将经营目标同员工一起分享，鼓励员工的热情，向着经营目标去奋斗，企业的成长发展将会是迅猛而快速的。

6.“斗魂”至关重要

创业的初步阶段，京都陶瓷所经营的陶瓷产品价格都不是很高。比如京都陶瓷创业刚开始的时候，公司生产 U 字型绝缘体，这种绝缘体作为电视的显像管的精密陶瓷零件，在当时的日本只有京都陶瓷才能生产，它的单件产品价格才 9 日元，所以这也表明了当时京都陶瓷创业时的艰辛。

更为残酷的是，京都陶瓷主打的电子零部件产品，每年都在大幅降价，跌幅一成或两成还是可以接受的，但是遇到经济萧条的时候，为了跟同行之间竞争，就会降低三四成，甚至更大幅度地降低。

因此，五六年以后，有些产品的价格甚至不到以前的 1/10。也就是说，即使处于单价低、年年降价的困难处境当中，京都陶瓷自创立以后，经过半个多世纪，依旧孜孜不倦地不断将营业额扩大，不但实现了高达 1 万亿日元的营业额，而且直到今天仍旧保持着这种成长性。

京都陶瓷经营中的赢利情况非常值得人们称道。京都陶瓷从来没有出现过结算亏损。在创业以来半个多世纪的历史长河中，在规模超 1 万亿日元的巨型企业中，这是一个很罕见的现象。

京都陶瓷不但从来没有出现过亏损的现象，而且京都陶瓷的赢利一直保持了两位数以上。也就是说，自公司创立以来，在 50 多年的时间里，不仅营业额持续增长，而且利润率一直非常高。

在这个过程中，汇率经过大幅地变动。从 1 美元兑换 360 日元的时代，忽然变成只可以兑换 80 日元。因为京都陶瓷积极拓展美国等海外市场，出口比率非常的高，汇率变动对京都陶瓷经营造成的冲击非常大，尽管如此，京都陶瓷仍然保持了很高的利润率。

稻盛和夫认为，这正是凭借京都陶瓷员工坚强的意志而实现的。正由于稻盛和夫有这种经营经历，所以每当听到不能赢利之类的话，稻盛先生就会认为这个人意志很薄弱，缺乏斗志。

只有基于一定能成功的坚定信念，才能在遇到困难的时候，想方设法地寻求解决问题的方法，也正是有了这种信念，才能钻研创新，发挥出自己的聪明才智，拼命思考怎样才能打开困难的局面。

重要的是，要无时无刻地进行思考。不管在多么困难的情况下，稻盛和夫都会拼命地思索解决问题的办法："过去的办法行不通，那么有什么行得通的办法呢？一定要将眼前的难题解决。"不管情况有多严峻，有多困难，他都会用所有的条件进行周密的分析，思考具体的解决办法。

不管以后会面临什么困难，都要相信将来一定能成功，绝不放弃，坚忍不拔，不断思索新的途径，从各个方面进行钻研创新。将所有的方法都去试一试，持续付出倍于常人的努力，努力打开困难的局面。这就是稻盛和夫所说的洞穿岩石般的"坚强的意志"。

只要有了坚强的意志，任何事情就都会取得成功。然而，在向一些重大的困难发起挑战时，人们往往还是会害怕，只有坚定的意志才能够避免出现这种状态。

在经营中，有时会遇到强大的竞争对手，有时会跟客户产生严重的纠纷，有时需要挑战一个新的高目标，在这种局面下，我们就一定要穿越"炼狱场"。遭遇这种困局的时候，经营者不免产生害怕的心理。

克服困难就需要有顽强的意志和毅力，要有那种坚忍不拔、坚持战斗的内在品质。

稻盛和夫燃烧起"斗魂"，大概是在大学以后的第一份工作，进入松风工业工作，研究开发精密陶瓷材料的时候。

当时的陶瓷行业都被许多大型企业所垄断，比如名古屋有日本电瓷瓶、日本特殊陶业，东京有日本块滑石等公司。稻盛和夫当时还只是一名新员工，在一次聚会中，松风工业的高层们聚集到一起，就开始谈论和赞美日本电瓷瓶公司的强大和高超的技术。

不管是价格还是质量，松风工业都无法跟日本电瓷瓶公司相抗衡。但是战斗尚未开始，就缴械投降，就像是一只斗败的狗。作为初来乍到的一名新员工，稻盛和夫在这样的企业开始工作，前后在职差不多 4 年时间，他自始至终都抱着一种永不服输的心态。

稻盛和夫离开松风工业以后，创办了京都陶瓷，在市场上面对的竞争对手，就是日本电瓷瓶公司，另外还有日本特殊陶业公司。大家都觉得，连老牌企业松风工业都不是它们的对手，那没有任何根基的京都陶瓷当然是更不值一提了，可是稻盛和夫却从来没有这样想过。

他将日本电瓷瓶和日本特殊陶业作为提升自己实力的对手，激发出他的斗志，拼命地争取订单，满怀激情地投入到了战斗之中。

在创业初期，稻盛和夫利用种种机会鼓励京都陶瓷员工们说："我们的野心和目标会一步步地扩大，我们将来还要成为中京区第一、京都第一、日本第一，最终我们要成为世界第一！"这番话并不只是单纯地鼓励他们，这是作为一个经营者必须应该具备的雄心抱负，在那些声名在外、实力雄厚的大企业面前，这句话表达了稻盛和夫"绝不认输"的态度。稻盛和夫就用这话来激励自己和员工，督促京都陶瓷的全体同人们全身心地投入到工作当中。

就这样，公司上下一心，团结一致，激发出无限的潜能，投身于事业活动当中，结果京都陶瓷公司果然超越了任何一家日本的陶瓷企业，在陶瓷生产领域，成为名副其实的世界第一。

后来，稻盛和夫创办了第二电电。当时通信领域正在向自由化方向发展，NTT 也开始向民营化发展，但是由于先行起步的 NTT 实力太过雄厚，垄断了一些资源，日本的大型企业都不敢与之抗衡，没有任何一家企业敢涉足通信领域。

当时的日本报纸上经常刊登一些文章，希望能早日出现新电电企业，能够与 NTT 抗衡，但是由于自明治时期以来，NTT 所拥有的资产和技术都是最有优势的，几乎没有企业敢与之争锋，日本的大型企业都也不敢吱声，这时，稻盛和夫在京都率先发表声明：京都陶瓷要在通信领域跟 NTT 一较高下。

这个声明震动了日本全国，舆论评论对京都陶瓷非常不利，都认为这不是京都陶瓷能够做到的，京都陶瓷必败。然而，这却激起了稻盛和夫的昂扬斗志，他就是要向 NTT 发起挑战。

而如今，第二电电经过重组变为 KDDI，到 2016 年其达到了约 3.8 万亿日元的营业额，利润高达约 4274 亿日元，该企业已经成长为日本第二大通信企业。

7. 在企业内部贯彻正道

良好的企业风气对企业的发展可谓至关重要，这是一种无形的力量和无声的命令，良好的企业风气对企业成员的行为有着很强的约束力、推动力和感染力，令人很自然地接受其教育和感化，使他们的言行举止各方面适应本企业的要求。

一个企业的风貌，会支配着工作人员的工作态度和工作行为。倘若在一个企业里，有人搞阴谋诡计，浮夸虚报公司的业绩情况，就会使整个企业的士气受到严重的打击，试想，倘若有人通过不正当途径牟取私利，相信没有人会好好工作的。

在企业经营中，如果有人搞权术的话，公司的经营就会受到很大的打击，甚至还会导致企业从此一蹶不振。

京都陶瓷内部就曾经出现过一件很不好的事，虽然这件事并没有触犯到法律的程度。那还是在京都陶瓷的管理会计系统“阿米巴经营”的运用中，有位领导没有遵守公司内部的规定，违反了企业的内部规则。

有一个部门的领导，为了更好地凸显自己部门的业绩，于是就用计谋，耍手腕，进行违规操作，企图通过这样的手段提升业绩。“阿米巴经营”是通过准确而且及时掌握经营的实况，采取必要措施来改善经营的一种制度。他这种行为完全背离了“阿米巴经营”的原则，并且他也没有正大光明地工作，这与“京都陶瓷哲学”中重视公平竞争的原则也完全相悖，京都陶瓷的经营层绝不允许出现这样的行为。

因此，京都陶瓷对这位领导进行了严厉处罚。但令稻盛和夫觉得可悲的是，在这个部门，人人都知道这个领导的不良行为，但却不加制止或检举，对这种行为采取了默认的态度。

哪怕只有一名员工，他如果具备不管在什么时候都可以鼓起勇气、贯彻正道的气概，那么，他就会不惧领导权威，而理直气壮地对他说:“你这么做是错的！”他也会对周围的人指出领导的错误。

这么做，这个人也许在部门内遭到上司的痛斥，也许会被领导开除。但是即便如此，也应该坚持贯彻正道。在那个部门里，如果只有一名这样的员工，也不会有这种徇私舞弊现象的发生。

然而很遗憾，在这个部门里并没有出现这样的人，京都陶瓷是在收到举报信以后才发现了这一不正当的行为。稻盛和夫一心想将“贯彻正道”的思想落实到公司的经营上，然而在一些部门里，有的员工惧于权势，明明看到上司在偷奸耍滑，却始终没人站出来说话，担心自己会遭人忌恨、受人责难，因而尽可能地回避。有人认为深谙世故、八面玲珑的做人哲学才是正确的。

稻盛和夫对此种观点不以为然。而且，当时正是公司创立50周年的时候，稻盛和夫想借此机会，重新唤起全体京都陶瓷人员的注意，坚持用正确的方式，去做正确的事情，这才是最重要的。

“贯彻正道”的重要性不仅对于一个企业而言具有重大意义。仔细想来，不管是做人，还是经营企业，甚至是思考国家大事的决策问题上，人们通常将正道、真理搁在一边，首先想到的是自身的利害得失和损益算计。

从“作为一个人，什么才是正确的”这个角度出发，将事情的是非曲直讨论清楚，堂堂正正地坚持正义思想，这才是不管在什么情况下都应该追求的东西。想突破原有的障碍，就必然会引起巨大的阻力，会有人站出来反对。的确这会非常困难，但如果能迎难而上，正视困难，并克服它，这样才能有未来。

法则六

付出不亚于任何人的努力

——匠人的心性哲学

匠人同样注重心性的修行。强烈而持久的愿望，拼命地努力，对情况时刻保持乐观、积极的心态，在开拓事业时表现出领导者应具备的胆识和气魄，是稻盛和夫对自我的要求。其中，尤以“努力”最被其推崇。他说：“成功没有捷径，努力才是通往成功的光明大道。”质朴的话往往蕴含着深刻的道理，却同样也是最难践行的法则。

1. 保持强烈而持久的愿望

米南德说：“只要一个人有不怕千辛万苦的毅力，他就能达到他的目的。”意志是一种不屈服的韧性，能给人带来一股振作的力量；意志是一个人在奔向成功的路途上势不可当的决心，不管遭遇怎样的苦难和挫折；意志是决意要做一件事并且能够坚持到底的恒心；意志是一种来自内心深处的坚强的力量！

坚定的意志对于一个经营者来说，是难能可贵的。它不仅能给你带来战胜挫折和困难的勇气，更可以让你做起事情来更加高效，使你尽快达到你所期许的成就！

稻盛和夫认为境由心生，心中只要怀有抱负，再加上自身坚定的意志，就一定能实现心中的理想，换句话说，不管怎样也要达到目标，而这一愿望的强烈程度就决定了你做这件事情的成败。作为一个经营者，经常面临的问题就是在创业过程中出现的困难，有时甚至陷入苦闷、彷徨和无助的时候，能否聚精会神地投入到工作中去，能不能日复一日废寝忘食地应对工作中出现的困难，是否可以持续将思维专注于一点，直到有所突破，这是决定事业成功的重要分水岭。就这个意义上而言，稻盛和夫将胸怀强烈的愿望归纳为他经营哲学中的第三条。

1959 年，稻盛和夫白手起家创建京都陶瓷时，公司仅有 28 名员工，稻盛和夫总是重复这样的话：“让我们尽情地努力吧，我们要将公司发展为京都第一的公司，继而发展成日本第一的公司。”他每天晚上都加班到深夜，当时在京都陶瓷的门口总有叫卖面条的小商贩。稻盛和夫和员工们总是一边吃着夜宵，一边畅谈着对未来的愿景，那情景直到现在稻盛和夫仍历历在目。在缺乏资金、缺乏设备、缺乏技术、缺乏人才的情况下，稻盛和夫却喜欢对员工畅想未来之梦，从而使员工的立场冷静、能够坚强地直面现状。稻盛和夫明白自己的话未必会有足够的说服力，但是他不停地给员工打气，一遍又一遍，员工们和稻盛本人也在不知不觉间相信了，而且朝着那个目标去拼搏奋斗，努力去实现。

稻盛和夫指出，要想实现一个伟大的目标，他首先应该胸怀强烈的愿望。

做事如果希望能做到最好，就需要有远大的眼界和百折不挠的意志。一个有计划和远大目标的人，一定会不惧艰难险阻，意志坚定地向前迈进。他们每天都在有计划有目的地发展和壮大自己，无论自己面前的处境是如何险恶，他们都会义无反顾地前行，绝对不会中途驻足。消极心态的人往往不思进取，只有那些懦弱无能的人，才一天到晚地怨天尤人。而那些拥有自信的人，从不在别人面前诉苦，他会默默地埋头苦干。

2. 付出不亚于任何人的努力

成功没有捷径可言，若想成功必须要付出自己的努力。俗话说："吃得苦中苦，方为人上人。"一个人要想出人头地，就必须要付出更多的努力；若想在关键时刻脱颖而出，就必须经过漫长时间的艰苦磨炼和考验。

对创业者来说，要想让自己的企业迈向更高的辉煌，就要脚踏实地，一步一个脚印，成功之路不可能是一蹴而就的，因此急于求成是无法成功的。京都陶瓷能在如此之短的时间内就成长发展到了如此庞大的规模，凭借的完全就是稻盛和夫及全体员工的努力。

但是京都陶瓷所付出的努力并不是一般人能够做得到的，甚至可以说不亚于任何人所付出的努力，否则企业就不会发展到这种繁华的局面。京都陶瓷创业之初，既没有足够的资金，又没有先进的设备，也缺乏丰富的经营经验和设计，唯一的资本就是倍于常人的努力，京都陶瓷刚起步的时候，全体员工都在夜以继日、昼夜不分地努力工作，每天忙得连什么时候回家、什么时候睡觉都不知道，这种工作态度使得大家都筋疲力尽，有的员工不时抱怨："照这样下去没命地工作，身体怎么能吃得消啊？"

稻盛和夫的生活规律也全部被打破，睡眠极少，不能按时吃饭，有的时候他也想，长此以往可能真的坚持不下去。于是稻盛和夫召集干部开会时说："我虽然不太懂企业的经营之道，但是我将企业比作是马拉松长跑，是一场长距离、长时间赛跑。我们又是第一次参加这种比赛，跟专业队员相差太远，而且起步比较晚，有些先头部队已经快要达到终点了。反正我们在经验和技术上都是一穷二白，而且出发得又这样晚，不如一上场就奋力拼搏。大家可能会说：'这样干身体会垮。'

的确，要以百米的速度结束马拉松全程比赛，当然是不可能的，但是作为新手，还要用慢跑就毫无胜算。所以我们应该拼尽全身力气也要奋起直追啊。”

稻盛和夫将员工都说服了，结果京都陶瓷争分夺秒地发展再发展，至今他都难忘创业后的第 12 年，也就是 1971 年，京都陶瓷公司就在那一年股票上市，京都陶瓷所有的员工都聚集在工厂的场地上，稻盛和夫不禁热泪盈眶，哽咽道：“以跑百米赛的速度去赛跑马拉松，可能中途倒下，可能会因跑不动了而落伍，大家这么说过，我也这么想过，但是与其参加一场毫无胜算的比赛，不如一开始就全力以赴地向前冲刺，哪怕是坚持不了太长时间，也要挑战！幸运的是，我们不知不觉中居然渐渐地适应了高速度，并且用这个高速度，我们一直跑到了今天。”在奔跑的过程中，发现前面的人的速度也不过如此，于是拼命加速超越他们，按这种速度就可以跟跑在前面的先头集团竞争第一名，京都陶瓷公司用跑百米的速度跑马拉松，这样的努力是一般人无可比拟的。

经营者们也可能尽了他们自己的努力，然而各大企业之间的竞争是相当残酷的，当竞争对手付出比我们更多的努力时，我们可能就会面临失败和衰退，因此仅仅是尽了自己的努力，这对公司的发展是没有太多的帮助的。若想在这样残酷而激烈的企业经营中取得胜利，就应该付出不亚于任何人的努力。

3. 方法永远在现场

一天深夜两点多钟，稻盛和夫到车间去巡视，看到一名技术员工正站在炉前，双肩微微耸动着，似乎在低泣。稻盛和夫走过去询问之下才知道，原来是电炉内温度不能保持平衡，因此产品的尺寸总是不合标准，稻盛和夫劝他先回家睡觉，然而他却仍然站着不动。

于是稻盛和夫就问他：“这次请务必让我们成功——你在烧结的时候，这样祈求过上天吗？”其实稻盛和夫想要表达的意思是，如果你已经尽了你的最大努力了，那就只有向神祈求了，除此之外没有其他的办法了。那名员工将这句话念叨了几遍，然后点头说：“我明白了！让我再尝试一次吧！”于是他又投入了战斗，最后成功了。

京都陶瓷克服一个又一个的难关，京都陶瓷员工以每天 24 个小时，施行三班轮休的体制，将目标设定为月产 100 万个，全力以赴，超负荷地生产。京都陶瓷接到 IBM 订单的第 7 个月时，IBM 终于宣布京都陶瓷产品合格。京都陶瓷就在世界第一流公司信念的鞭策之下，不负使命地完成了任务，因此产生了无比的自信和成就感。之后订单源源不断地送到京都陶瓷手中，京都陶瓷进入了迅速发展阶段。京都陶瓷创业后的第 12 年，京都陶瓷在同行中取得了首屈一指的地位。

有时不管如何想办法、进行过多少次反复的实验，工作都没有取得进展，四处碰壁，急得像热锅上的蚂蚁。当你感觉已经没有任何办法的时候，其实暗中却隐藏着转机，这个时候，你首先应该恢复冷静，然后再想方设法地寻求机遇冲出重围。

稻盛和夫曾经和中坊公平律师见过一面，中坊公平律师因森永砒霜牛奶事件和丰田商会事件而一举成名。稻盛和夫问他：“您在为这些事件做辩护时，什么是最重要的呢？”

中坊先生道：“事情的关键就在现场，因为现场最能发现问题。”虽然两人的专业领域有所不同，可是两人在这一点上却达成了共识，他们都彻底贯彻现场主义，认为仔细观察现场是相当重要的。

比如，就生产车间而言，不管是产品还是机械，不管是材料还是工具，甚至是工序，都要对其中每一个要素进行清理，而且必须要采取率真、谦虚的态度调整、修改其中的细枝末节，这一点是非常重要的。推而广之，就是要以审视、体察、贴心、倾听的态度对待产品和现场。

陶瓷产品就是先将加工成粉末状的金属氧化物冲压成型，然后放入高温炉中烧烤而成的产品。它虽然跟陶瓷器同属一类，但是京都陶瓷的陶瓷产品主要面向电子工业，因此精度要求非常高。哪怕是出现极小的尺寸差异，或者烧烤斑点、变形了都是达不到合格要求的。

京都陶瓷公司创业不久，在对某种产品进行试制的时候，曾经放在实验炉中对其进行烧烤，得到的产品都是非常粗糙的，就像是烤鱿鱼似的，不是向这边翘曲，就是向那边翘曲。

经过无数次的实验审查，终于查出了问题：冲压的时候，压力大小的不同就会造成产品上面和下面的粉末密度也随之不同。但是，虽然将问题查清楚了，可是实际上，要想严格控制粉末的密度是非常困难的一件事。

后来京都陶瓷技术人员又反复进行多次工艺改良，尝试过很多种办法，可是始终都没有成功。为此，稻盛和夫想亲眼看看陶瓷翘曲的原因，以及其中的变化过程。于是，他决定将炉上的窥视孔打开，仔细看看。经过观察，他发现如果温度逐渐升高，产品就像生物一样渐渐发生变化，这样反反复复地做了多次，每一次都发生翘曲变形。稻盛和夫再也不能忍耐了，竟然想将手从窥视孔伸到火炉之中，想要阻止它翘曲。对于一名技术人员来说，他对产品投入了浓厚的感情，而对于经营者而言，他会担心损失过大而感到焦虑。因此，稻盛和夫的这种做法并不难理解。

当时火炉中的温度高达 1000 多度，稻盛和夫是不可能将手放进去的。虽然很清楚这个道理，仍然不自觉地将手放进去。在他的心中，对将产品做得精准的夙愿居然如此强烈！

由于稻盛和夫付出了感情，投入了大量的精力，最终也获得了回报。因为当他想将手放入火炉中的时候，就已经联想到解决方案了。在以后烧制产品的时候，在产品上面加上了耐火镇石，终于制造出了合格的产品。

通过这件事，稻盛和夫得出了一个结论：解决问题的答案一定会出现在现场，但是，要想将事情的症结查个水落石出，你除了有一股永不服输的热情之外，还要对这件事本身有浓厚的感情，而且，还要对现场有敏锐的洞察力。

4. 不因眼前的困难而丧失勇气

真正发生了什么变故，经营者需要拿出自己的勇气来，不能因为眼前的困难而丧失勇气。

勇气为何如此重要，首先，对一件事物判断的时候需要有足够的勇气。比如在对一件事情进行贯彻落实的时候，身旁有许多经营者却总是按照书本上的知识原理进行判断，因而与自己的意见产生分歧，遭遇到各种各样的障碍，因而往往导致出现一些错误的判断。

根据原理原则作出结论，即便是受到威胁，或者是受到中伤和诽谤，即使知道会有损失或灾难的情况发生，但仍然坚持自己的原则，绝不退缩，坦然面对，坚决作出有利于公司的判断和决策，经营者只有具备了真正的勇气才可以做到这一点，这么做可能会受到恐吓，可能会遭到其他经营者的嘲笑，甚至会遭到排斥。困惑的时候，若是考虑的太多，顾虑的太多，就不能作出正确的经营判断。本来很简单的问题会变得非常的复杂而怪异，变得非常棘手，所有这些都是由于经营者缺乏真正的勇气导致的。

遵照原理原则作出合适的判断，的确是需要勇气的，反过来讲，如果一个人缺乏足够的勇气，就不可能作出正确的选择和判断，经营者缺乏勇气，胆小懦弱，临阵脱逃，就会立刻受到员工的鄙视和羞辱，也随之就失去他们对经营者的信任。经营者不争气的窝囊相会在企业内部被传得沸沸扬扬，经营者如果缺乏勇气，就会给员工一种不好的风气，不以卑怯为耻，紧要关头不能勇往直前，最终丧失立场。

5. 不能忘记谦虚和谨慎

作为一个企业的经营者，要时时刻刻铭记一句话：不管在什么时候，都不能忘记谦逊和谨慎。就像之前所说的，在起初创业的时候，大部分经营者对自己要求很严格，谦恭谨慎，兢兢业业拓展事业。然而，经过一两次成功之后，在不知不觉中就会骄傲自满起来，结果最终会不可避免地以失败告终。

稻盛先生的恩人青山政次，年纪跟他的父亲相仿。稻盛和夫在大学毕业以后就到了京都松风工业电瓷瓶制造厂工作，当时青山政次是稻盛和夫的上司。后来，他从松风工业辞职以后，青山也离开了松风工业，加入到了京都陶瓷公司。

创业刚开始的时候，订单非常少，稻盛和夫心中越发迫切地希望公司尽快稳定下来，因此接连不断地进行新产品的研发。青山看到稻盛和夫急躁的样子，非常担忧。

一次，稻盛和夫和青山一起去外地进行营销。他们在旅馆里泡完澡铺上被褥，稻盛和夫刚准备要躺下入睡，这时青山来到他的房间，对他说道："稻盛，跟你聊聊吧。"于是两人盘腿坐在被褥上闲聊了起来。

忽然，青山政次话锋一转，侃侃道："松风工业如今这种局面真的很令人痛心啊，松风的创办人松风嘉定可是一流的经营者呀。他将京都陶瓷发展成为世界闻名的企业，给电力公司提供高压绝缘电瓷瓶，因此使公司具有了相当大的规模。战争时期松风嘉定又开发成功出了陶瓷滤水器，使军队的饮水问题得以解决。那个时候他的事业如日中天，松风嘉定想趁势将公司规模再进行扩大，因此将山师的矿山买了下来。可是挖来挖去，都没有什么收获，才知上当受骗了。松风的事业从此一落千丈，最终他离世时还欠了一屁股债，松风工业也已经日暮途穷，连年赤字……”

听到这里，稻盛和夫明白了一个教训——即使是很有先见之明的经营者，一旦忘记了谦虚和谨慎，也很容易招致败亡。

青山语重心长，督促稻盛和夫引以为戒。这番促膝长谈之后，稻盛和夫在一如既往地积极筹划如何拓展事业的同时，也始终保持着谨慎的态度，绝不草率行事、铤而走险。最重要的是，不管在事业上取得了怎样的成功，稻盛和夫都从来不会骄傲自满，也正因为这样，公司才得以蒸蒸日上，顺利发展。

6. 双赢才是赢——利他之心

对待他人要有关怀之心，做事情的时候要真诚，“买卖是由双方来完成的，双方都应该得到利益，双赢才能使双方都皆大欢喜”。所谓关怀之心就是稻盛先生常说的利他之心，不但要考虑自己的利益，同时也要考虑对方的利益。必要的时候，还要不惜牺牲自己来保护对方的利益不受损害。然而很多人认为在这种弱肉强食的商业社会中，关怀、利他的思想对于自己的发展会非常不利。稻盛先生却从来不抱有这种态度，他认为在企业经营的领域中“善有善报”的思想同样行得通，稻盛和夫援引了一个实例。

20 年以前，很多日本企业收购了美国公司，但后来由于不断亏损，最终不得不纷纷撤退或者出售，然而京都陶瓷收购 AVX 以后，却取得了如此大的成功，这是前所未有的。稻盛和夫认为，他们的失败和 AVX 的成功之间最大的差距在于他们考虑的只是自己的得失，没有真正地为对方着想。这种新的差异，就是不同的想法产生不同的结果，中国古代《尚书》里说“满招损，谦受益”，要尊重对方，要设身处地地为对方着想，也就是要有利他之心，从眼前来看，可能是对自己不利，但从长远看，一定会有一个双赢的结果出现的。

“既要满足全体员工物质上的需求，又要满足他们精神上的需求，与此同时，还应该对人类社会的进步和发展贡献自己的一分力量。”

这便是京都陶瓷公司的经营理念。企业经营的第一目标就是实现公司全体员工的幸福生活愿望。但是，如果仅仅是这样的话，那只能说是一个自私自利的企业，一个企业在社会中生存，它就应该对社会和人类尽自己的一份责任和义务。

正因为如此，公司在以后的发展中也一路坦荡。这表明，经营方式从利己向利他转变，这种经营理念正逐渐传播开来。

创业伊始，稻盛和夫就以利他思想经营公司。创业几年以后，公司的根基逐步稳固，稻盛和夫将年终奖金发给员工以后，希望他们能拿出一点来捐给社会。职工很自觉地就捐出一部分来，公司也会捐出一笔款来帮助一些生活比较贫困的人。

员工们的支持是京都陶瓷公司投身到各种社会贡献事业的一个开端，这种精神一直延续到今天，即使将来也不会改变。

从创业不久，稻盛和夫就本着利他思想经营着京都陶瓷公司，就是将自己辛苦赚来的钱，即使是很少的一部分，都可以拿出来同他人分享，这对社会是非常有益的。

稻盛和夫个人信念就是“做一些对社会有贡献、对人类有帮助的事情”。因此在1985年，稻盛财团创立了“京都奖”。这个奖项每年颁发一次，表彰在先进技术、基础科学以及艺术与哲学领域做出卓越贡献的国际人士，记录下他们对社会的贡献。

由于京都陶瓷在事业上取得了令世界瞩目的成就，因而稻盛和夫个人也获得了意想不到的巨额收入，稻盛和夫认为，如果没有社会的支持和大家的帮助，自己不可能取得这样的成就，因此他觉得不能据为己有，应该将这些财富奉献给社会。

稻盛和夫的社会慈善事业受到了外界的高度赞誉和评价，在2003年被卡耐基协会授予“安德鲁·卡耐基博爱奖”。比尔·盖茨、乔治·索罗斯、特德·塔纳等世界级慈善家都曾经获过此奖。稻盛和夫是第一位日本获奖者，他在颁奖仪式上这样说道：

“我一生都致力于工作之中，创办了京都陶瓷和KDDI两家企业，并有幸取得了一点成绩，自己也积累了一些财富。我认为，个人的财富应该取之于社会，而最终也应该用之社会，应该奉献于社会，为人类谋取福利，因此我也正在发展一些慈善事业。”

常言道“君子爱财，取之有道”，然而稻盛先生认为“君子疏财亦有道”，有时候用钱比赚钱更加困难。稻盛和夫以利他精神赚钱，同时也以他独有的方式，即以利他的精神使用钱财。

第二篇
盛田昭夫的商道法则

索尼从创建开始就被深深地打上了盛田昭夫的个人烙印，而盛田昭夫个人也对外彰显着索尼的独特风格。从初建到壮大，索尼发展的点滴之间都可见盛田昭夫的远见卓识和出色的经营能力。如果把索尼比作一艘大船的话，那么在过去的历史上盛田昭夫无疑是这艘船最核心的掌舵者和精神领袖。

法则一 以新制胜创市场

——匠人的理念

盛田昭夫的创新经营是他带领索尼脱颖而出的关键。创新是一种动力，它可以让一个人、一个企业不断地前进；创新是一种理念，在创新理念的指引下，人才能不断突破旧有的，创造更新的；创新更是一种精神，一种能让企业有着不竭动力，能让人有着不停歇的突破意识的图腾。

1.“新”就是企业的竞争力

毋庸置疑，企业产品以创新求胜才能使企业保持竞争力，这也正是商业领域竞争的不二法则。东通工最初正是靠着创新才在日本战后经济的废墟上，开始生根发芽创造自己的辉煌的。创新缘于好奇心，创新越有创意，就越能获得机会，就越能居于财富的最前沿。创意创造生意，创造机会，创造赢的几率。有创意的生意和没有创意的生意，最后的投资回报率是相去甚远的。

在井深大和盛田昭夫创建东通工之初，业界一直在使用美国生产的钢丝录音机，所以，开发“可以录音的机器”，对东通工的创立者井深大和盛田昭夫来说，从一开始就是个大目标。因为有机会参与日本广播协会（NHK）第一演播室的操作台引进等项目，使一向对技术特别敏感的井深大改变了主意，也改变了东通工的命运。当时，位于内幸町的 NHK 会馆中有部分 GHQ（联合国军总司令部）和 CIE（民间情报教育局）在内办公。一天，一位 CIE 职员给井深大看了磁带录音机，并让他听了声音效果。

井深大完全被录音机的音质所吸引，回到公司后立即对盛田说："我们应该做磁带录音机。不是钢丝，而是磁带。"

盛田昭夫一直都对井深大的技术判断深信不疑。看到井深大发光的眼神，听到他兴奋的语调，盛田当然不可能反对。接下来首先要解决的就是材料问题了。他们经过了无数反复的试验寻找有磁性的材料。

平常少言寡语的技术工程师木原负责这件事情。他把黄色粉末倒入平底锅，像炒肉馅一样，用锅铲搅拌着将粉末加热。锅里的草酸亚铁粉已完全变红，像颜料一般。木原把粉末装到盘子里靠近铁片，结果如他所料，没有发现磁性。

木原又尝试了一次。从黄色到茶色，从茶色到黑色，木原盯着不停变化着的粉末颜色，在适当的时机把平底锅从火上挪下来，然后测试磁性。但结果还是不尽如人意。木原这样反复试验了几次，将加热时间和粉末颜色的变化，以及温度和所得磁性之间的联系牢记在脑子里。不久他便发现在粉末由茶色变为黑色之前，粉末会产生磁性。经过几次试验，都检测到充分的磁性。后来盛田昭夫建议用电炉加热试试。电炉很快就买回来了。木原兴奋得立即进行了尝试。电炉的操作困难和平底锅不同，但困难可以激发斗志，木原很快就掌握了电炉的操作技巧。拿到电炉后，木原很快就制造出性能稳定的磁性粉。可这只不过是第一步，如何将磁性粉涂在纸带上还是一个大问题。

有天盛田昭夫神秘地笑着说："木原君，试试这个。"

井深大看着木原不解的神情，笑着打开包裹，里面竟是一个板刷。

"这是用浣熊胸毛做成的。用这个刷刷看。"

"浣熊胸毛？"

看到木原在艰难战斗，盛田昭夫帮他买回了用浣熊胸毛制作的板刷。

木原用板刷蘸了蘸盘中的硝基清漆，轻轻涂在纸带上。他感到一种前所未有的触感，硝基清漆均匀地涂满纸带。木原抬头看着盛田昭夫咧嘴笑了。井深大也十分高兴。在经过了几次尝试后，他终于做成了 10 厘米左右的纸带。木原用手指抓住带子的两端，安置在水果箱上用磁头从上滑过。这是在钢丝式录音机的基础上经过大幅度修改、提高精度后做成的。木原小心翼翼地对着麦克“啊”了两声，然后把应该记录下声音的纸带再一次从磁头间滑过。两人屏住呼吸侧耳倾听，可是只听见一些含混不清的奇怪声音。

木原很失望，但盛田昭夫却眯起眼睛说：“这不是挺好吗？照这样下去，很快就能发出声音了。”

听到盛田昭夫热情的鼓励，木原又振作起来。他想，如果把硝基清漆涂得再光滑一点，声音应该可以更好。可是，浣熊毛的板刷已经是最高级的了。有没有更好的替代品呢？能想到的都已经试过了。

次日中午，为了散心木原来到御殿山半山腰的新工厂。同事告诉他厂房还没有完全竣工，但已经可以入内。木原踏着微微作响的楼梯走进工厂。雪白的墙壁鲜亮得耀眼。这时，木原听见“咻——”的声音。原来房间里有人正在工作。木原朝那里望去，看见涂装工人正在用喷枪向墙壁上喷洒涂料。那一瞬间，木原茅塞顿开：如果使用喷枪就可以把清漆均匀地喷在纸带上。

傍晚，木原又一次来到新工厂。他在白天已经在要用的透明清漆中掺好了磁性粉，然后将其装入从工人那里借来的喷枪里面，将准备的纸带贴在宽敞的地板上，他开启了喷枪的电源。“咻——”的声音听上去不错。他贴近纸带观看，发现清漆液体正如他预想的那样，均匀地附着在上面。木原内心大叫快哉，拿着纸带一路小跑地回到工厂。

纸带的长度有三米，木原将两端连接，做成循环纸带。他将纸带放到试验机上，说道“今天晴天”。他的声音因兴奋而有些走调。

接着，木原小心翼翼地开始播放。

“今——天——晴——天。”

听见声音了。虽然夹带着一些杂音，但听得很清楚。成功了，成功了！木原尽情地用手掌拍打着操作台。这就是日本开发出的第一台录音机的声音，盛田昭夫高兴得几乎想跳起说：“照这样看，马上就可以投入生产了。”如果制造出这么不可思议的产品，一定会震惊全世界的。磁带录音机的开发有了眉目。

在创业的道路上，要想企业永葆竞争力，在残酷的竞争中生存下来，就要有永远创造第一的信念。对盛田昭夫来说，经营之道就是追求创新，拥有创意。如果一个企业拥有源源不断的创意，那么企业的机会与发展前途，就会超越他人，更进一步，否则只能被淘汰。

2. 停留在想象阶段的创意，是一文不值的

行动是实现梦想的唯一途径。商业创意只是一个看不见摸不着的东西，要想变成看得见摸得着的财富，还有很长的一段路程要走。否则，永远停留在想象阶段的创意，是一文不值的。盛田昭夫和索尼更是把这种理念发挥到了极致。盛田昭夫不断告诉员工，不能满足于取得的成就，因为一切都在迅速变化，不仅工艺技术领域如此，而且人们的观念、见解、风尚、爱好和兴趣也是如此，任何企业如果不善于领会这些变化的意义，就不能在商界生存，在高技术的电子领域尤其如此。

索尼的再创造总是接连不断的，当美国各大广播电台正在利用录像时，盛田昭夫认为人们在家里也应当同样能利用。广播电台使用的大尺码录像机既不方便，又非常昂贵，索尼公司可以以把这种机器引进家庭为目标开始工作。电视机尽管给人们带来了全新的天地，但它也存在缺点，不管电视节目多么好看，多么有趣，但不能保存信息，人们为此不得不改变时间表。索尼公司制定了“观看电视节目不受时间拘束”的新观念，首创盒式录像机，把时间转移概念应用于视频，供应公众，比其他竞争者又领先一步。大众化盒式录像带的开发也是这样，盛田昭夫拿着一本袖珍书对科技人员说：“请做成这样大小的录像带!”这就是目标，录像带盒要

和书一样大小而且至少能录一个小时的节目。于是 Betamax 系统不久就问世了。

索尼公司发现西欧国家的大企业和政府部门工作人员的工作效率很高，就想创造一种比西欧工作人员效率更高的秘书工具，经过苦心研究和试制，很快推出具有微机记事功能的电子记事本。又过了两年，索尼推出掌心微机。由于体积仍然偏大，价格又比较昂贵，销售不大理想。索尼公司立即进行研究改进，仅过了一年，又推出了“掌心微机二型”，它的体积变得更小，价格变得更便宜，刚一上市，马上就卖掉 10 万多件。很快，这种有微机记事功能的记事本不仅在日本流行，而且占领了欧美市场。

索尼公司依靠不断创新，创造市场，业务获得迅速发展，现在已经成为世界的大企业。

3. 为新技术打好前期市场是非常必要的

所有的行业都处在不断变化之中，绝不会停滞不前，电子工业界也不例外，日新月异，如果一个企业不适应这种变化，就会被无情地淘汰掉。在日本，各电子公司之间的竞争是异常激烈的。就拿索尼来说，为保持自己的竞争力，一直创新，努力走在行业的前沿，已经从磁带录音机走向磁带录像机和光盘，从最初的电子管到晶体管、半导体、集成电路、超大型集成电路，技术愈来愈先进，如今生物芯片也提上了日程。对当时的大部分人来说，生物芯片还是一个比较陌生的东西，人们还无法想象它的功能有多强大。然而，迟早有一天，这种技术会以突飞猛进的势头成为潮流先锋，谁掌握这种技术谁就能占有市场。索尼的研发部门坚信，他们总有一天能研制出人们目前还无法想象出的先进设备。

然而，新技术的开发是异常艰辛的，不但是技术的难度，更为重要的是，会受到来自公司内部的抵触。这听起来有点矛盾，哪个部门会不希望公司有新产品出现呢？新产品不是更容易占领市场吗？事实绝非如此。就拿销售部门来说，如果他们拥有的权力太大，他们就可能成为新技术的抵制者。这其中的原因在于，当企业要生产一种有创意的新产品时，就必须针对新产品的特性重新定位市场，并重新培训销售人员，这样才能将新产品推向市场。这种做法是需要付出极高的代价的，意味着要准备出一大笔资金，对研究、设计、新设备、广告和促销进行投入，单单为宣传投入的费用就可能是一笔巨额数字。还有一点，为了推销新产品，在旧产品上的推销力度上必然减弱，旧产品的销售必然受到影响。对于销售部门来说，新产品总是充满风险的，投入市场之后，未必能即刻就赢得消费者的欢迎，取得赢利也许是几年之后的事。所以，销售部门并不会以一种积极的态度支持新产品的研发。在这种不配合的态度下，可能会使一些受人欢迎、有利可图的新产品束之高阁，最终变为废物，从而使企业失去一次引导市场的绝好机会。有时，对企业来说，这是致命的。

因为工作的关系，盛田昭夫接触过很多美国企业。美国大部分公司中，处于经理职位的人会抱有这种想法：“难道我要牺牲现有的利润去推广新产品，为几年后接替我的人创造利润吗？”对很多经理而言，常会因为开发费用太高而放弃很有希望的产品。盛田昭夫认为，这是一种非常短视的行为，最终的结果会使公司丧失竞争能力。

对经营者来说，如果缺乏长远眼光，只看到眼前的利润，就将失去以后占领市场的机会。

盛田昭夫常对索尼的经理们讲这样一件事情：日本的园艺技术在世界享有盛誉，其中有这样一种技术，叫作“曲根”，就是在准备移栽一棵树之前，先要为这棵树即将经历的一场大变动作准备。具体的做法是在一定时期内，将这棵树的根部小心翼翼地、一点一点地弄弯，不能操之过急，一定要缓慢，否则会让树的根部受到损伤，从而降低移栽的成活率。这个过程非常消耗时间，必须具备足够的耐心，如果能把这个“曲根”做好，移栽的成功率几乎可以达到百分之百。

同理，新产品的上市也需要一个“曲根”的过程，这个过程主要表现为广告促销。如果这个“根”不能“曲”好，就会使一个非常有前途的产品失去应有的价值。就拿索尼U-Matic黑白磁带录像机来说，在推向美国市场时，因为在早期对这个产品的宣传力度不够，导致美国消费者对这个产品一无所知，了解甚少，自然不会去购买，结果这个产品的零售商就打不开销路。为了防止产品积压，收回货款，这个产品的美国分销商就采用了盛田昭夫认为最糟糕的办法：打折甩卖。

盛田昭夫非常反对这种做法，他认为这种做法是在降低索尼的身价，对索尼的品牌会产生不利影响。

根据自己总结的经验，盛田昭夫认为，有时销售人员不需要时刻在公众面前扮演一个引导员的角色，而是要在公众面前离开。这一点可以从在美国的失败中看出，当时，当索尼第一次推出U-Matic黑白磁带录像机时，立即就从一个美国的分销商那里得到了5000台的订单，对索尼销售部门来讲，这是一个好消息，这可是个大订单。但盛田昭夫却对此很担心，他对那个美国分销商说，对这个产品而言，当时的市场情况还不够成熟，5000台的订单似乎太大了，因为做好了心理上的准备来买这种机器的人并不太多。盛田昭夫认为，U-Matic是一种创新性的商品，前期还需要完成大量的推广工作，让美国消费者认识、了解并接受。

因此，盛田昭夫建议，在新产品上市前，如果希望获得在市场上的成功，必须在消费者中做好前期的基本工作。否则，再好的产品也有可能失败，让公司的投入打水漂。

4. 树立正确目标，调动员工的创造力

曾任世界企业委员会常务主席的罗伯特·A. 威沃尔曾写过一本书，书名叫《企业的根本战略》，他在书中写道：“企业的战略研究，必须把创造力研究放在第一位，这个企业才会有生命力。”1982 年，日本在国策审议中，作出了“开发日本人的创造力是日本通向 21 世纪的支柱”的决议，把开发国民创造力作为基本国策来对待。

对企业来讲，一定要学会激发员工的创造力，员工的创造力代表了企业的未来，决定企业未来生存的潜力。可以毫不夸张地说，员工创造力是企业的最大财富和资本，而企业创造力的核心，是每个员工是否具备创造性开展工作的能力。

如何才能有效地激励员工的创造力呢？

作为日本商界举足轻重的人物，盛田昭夫一贯提倡创新，鼓励企业发展员工的创造力，索尼就是以创新闻名的。盛田昭夫认为，在过去的四十年里，日本工业界所取得的成绩就是日本创造能力的证明，且日本在生物化学、陶瓷和纤维等新材料、光电子学等领域所取得的成绩也是明证。更无可争议的是，日本在制造技术和质量管理中的贡献也是创造性的。

在索尼，盛田昭夫总是要求员工进行创意性的思维，不要拘泥于现实的事物，这是索尼一直在倡导的企业文化内涵。对于员工的创造性的提议，索尼会给予赞扬和奖励，也许并不是每个员工的提议都有商业价值，但是这也使得索尼的收获颇丰。从管理的立场上来看，懂得如何调动员工内在的创造性是至关重要的。盛田昭夫说，其实每个人都有与生俱来的创造能力，但很少有人懂得如何利用它。

对于如何激发员工的创造力，盛田昭夫的解决办法是树立一个目标。

为什么这样说呢？盛田昭夫举了这样一个例子：美国的阿波罗计划。当年，苏联率先发射了世界上第一颗人造卫星，然后又将人类送入了外部空间，举世震惊。如何在短时间内赶上并超过苏联呢？美国制订了一个计划，时任总统肯尼迪树立了一个明确的目标：十年之内登上月球。从这时起，情况开始发生了变化。

可以说，这个目标是一个极大的挑战，这需要向前跳跃一大步。要知道，当时所有的一切都还仅仅是理论，没有人知道该如何着手，但又必须立即着手研究。研究哪些问题呢？很多很多，如需要多大的功率，需要开发什么样的计算机，还需要一些新型材料，于是碳纤维被发明了。同时还发明了惯性导航系统，现在已应用到各个航班飞机上。

为了达到预定的目标，很多人都因此变得具有创造性。对企业管理者而言，必须制订目标并追求目标，要鼓励员工实现它并超越它。

日本的质量管理计划要求员工做到零缺陷，这实际上与美国航天航空局的零缺陷要求有着莫大的关联。日本一向以美国为目标，力图在各个方面实现超越。战争期间，日本的工业引入了军工标准，产品的质量要求比普通民用品高很多，这很大程度上是因为日本试图要与美国人的高质量标准作一次较量。这完全可以体现出日本人认真较真的精神，日本人把军工标准和零缺陷要求牢记在心。

盛田昭夫说，日本质量管理的鼻祖是一位叫爱德华·德明的美国人，爱德华·德明在美国鲜为人知，但却受到了日本人的重视和认真对待。当爱德华·德明的质量意识在日本的公司里产生了明显的效果，才让美国人如梦初醒。现在日本公司的最高殊荣，就是赢得“德明质量奖”。

索尼公司也一直执着地追求高质量，这是索尼公司明确规定的目标。为什么要设定这个目标呢？盛田昭夫说，道理其实很简单，产品的原始质量越好，售后服务遇到的麻烦就越少，不管是产品的信誉还是公司的信誉，都会得到消费者的认可和好评。作为对这一高质量要求的回报，索尼生产的盒带录音机被阿波罗 11 号宇宙飞船带到月球上向地球播放音乐，这无疑增加了索尼的品牌影响力，也进一步增强了索尼员工对高质量目标的信心。这一事件，让索尼引以为傲，要知道，任何带入太空的东西都要经过反复考量的，美国航空航天局曾花了大量资金，针对计划中的每个器件开发无重力可靠性保证措施，就连机械铅笔这样的东西也不例外，宇航员使用的录音机并不是特制的，而是挑选出来的，这就是索尼产的录音机，并顺利通过了试验，且不需要再找索尼公司进行相关改进就被认可了。这件事索尼公司事先并不知道，所以当这个消息报出后，盛田昭夫也感到格外高兴和骄傲，他幽默地“批评”索尼的工程师对盒带录音机的设计太过分了，他说：“作为一个录音机，它不需要在无重力的条件下工作，只要能在地球上任何地方都能使用就行了。”

根据自己多年来总结的经验，盛田昭夫下结论说：给工程师或者科学家指定一个明确的目标，他就会努力实现它。如果一个工程师没有目标，即使公司为他提供一大笔钱，然后要求他完成一项发明，也是没有希望取得成功的。

在盛田昭夫和井深大等人刚建立公司的时候，井深大就说：“让我们来做一台录音机吧。”但那时，公司所有人都还不知道磁带是用什么制成的，也不知道怎样给它涂上磁粉，甚至连磁带是什么样子都还不知道。但是他们有目标，且坚定不移，并最终实现了它。录像机也是如此。当录像机还在美国的广播电台里使用时，索尼就想到人们在家里也应该有同样的机器，他们的目标是把这种机器带入家庭。每当他们设计出新的机型时，自己都会感到惊讶，他们没想到自己可以把它做得又好又轻便，他们自己真的没想到自己会有如此的创造力。但是，井深大还不满意，他还要再小。有一天，井深大把一本平装书扔到会议桌上，说这就是目标，这就是录像带的尺寸，至少应能录得下一个小时的彩色节目。目标确立下来，就成为全部开发工作的焦点，不仅仅是制造小型盒式录像带，也是要求设计出新的读写磁带的概念。

事实证明，在目标的带动下，员工的创造力会得到空前的开发。索尼的一个研究员木原延年，在研发过程中提出了一种系统，可以消除普通磁带上两个涂了录像材料的带区之间的空白。这些空白是用来防止两个录像带区在重放和录像时相互干扰或溢出的。这样的空白会占用一半的磁带，只是为了将两个录有节目的带区隔开。木原延年就想，为什么不能在空白区上录像呢？这样可以大大增加录像能力。但如何做到呢？只要采用两个相互垂直的录放磁头，就可以避免它们读取或干扰相邻的磁道。那就必须设计出一种新的旋转磁鼓，开发出一种不同的机构。木原延年立刻动手做起来，经过数月的试验，他的小组生产出一种非常好的系统，从而制造出了崭新的、也是图像最好的家用录像机，这就是 Betamax 录像机。

在日语中，发音为“beta”的词表示书法和绘画中一个丰满的笔画，不含飞白。木原延年借此表达完全利用磁带而不留下空白的意思。而且，索尼公司据此得到启发，将这款录像机命名为 Betamax。

总而言之，企业的管理者必须不断地向自己的研发人员提出目标，从而激发出他们的创造力，如果目标错了，不但研究和设计费会被白白浪费掉，员工的创造力也会受到阻碍，所以管理者一定要为员工树立一个正确目标。

法则二

企业的着眼点决定其高度

——匠人的发展哲学

一个人或一个企业能走多远，很重要的一点是要看它的着眼点在什么地方。一个有着宽阔视野、长远目标的企业和一个目光短浅的企业，所作的决策和事情会截然不同，当然，其结果自然也会有天壤之别。盛田昭夫所带领的索尼，从一开始就把目标定位在世界级高度，要做一个世界级的企业。正是这样的视野和这样的目标，让这个公司走向了一个又一个辉煌的成功。

1. 实现长远目标，不能只依靠个人力量

市场就是没有硝烟的战场，举手投足不经意间就可能会决定战争的成败！企业就是战争的参与者。自古以来很少听说过凭借一个人的力量可以赢得整场战争的例子。即使是最伟大的将军要想取得战争的胜利也要依靠团队。团队的力量在企业发展过程中是非常重要的。当今的时代是一个知识经济的时代，竞争态势已经很明显，也越来越要求团队合作能力。一个伟大的团队远远胜于英雄个人的作用。时代需要英雄，但更需要优秀的团队。只有优秀的团队，才能培养出集高瞻

远瞩与尽心尽职于一身的优秀人才，才能造就出勤勉、诚信、团结、高效、自律的投资人才。只有这样才能使一个组织、一个企业朝着更高更远的目标不断迈进。一个人没有团队精神将无所作为，如果只强调个人的力量，你表现得再完美，也很难创造很大的价值，所以说“没有完美的个人，只有完美的团队”。个人再完美，也只是沧海一粟，而一个优秀的团队才是无边的大海。

索尼从不具体规定某一部门的职能。如果一个部门有能力就会有工作，变得越来越繁忙，如果没有能力，那个部门自然就会解散。

综合策划室（综策）的担当董事是会计部的专务成田光三，不久后岩间任室长，召集了 20 来名的年轻人。

岩间设立了“经营策划部”“经营战略部”“经营会议事务局”三个部门，起到辅佐经营管理的职能。特别是管理海外法人的战略尤为重要。

从 1972 年到 1973 年世界主要国家都采取了可变汇率制度，索尼的总部和海外法人也必须根据汇率各自对交易条件作出迅速调整。索尼的“夏威夷会议”始于 1975 年在夏威夷召开的、世界各国索尼当地法人调整交易条件的会议，这是索尼集团第一次正式的国际会议。

于是，综策办公室变成了战场。工作人员为解决海外法人和总部之间悬而未决的事项，开始了紧张的准备工作。他们围绕着几个条件展开了激烈争论，最后决定了首脑会议的议题。后来定名为“索尼奥委会”，让世界各国的销售公司为夺取金牌而努力竞争。

会议地点最初定在东京的国际会场，但盛田昭夫觉得不够国际化，于是他决定定在阿拉斯加。从东京、SONAM、欧洲到阿拉斯加都是同样距离，对召开这次会议正合适。对于盛田昭夫的这个决定，大家都惊呆了，但很快又都恢复了冷静。这就是非常具有盛田昭夫风格的有独特新意的想法。阿拉斯加的确是索尼集团的中心地。于是工作人员急忙订下了阿拉斯加最高级宾馆的大客房。

会议当天作为会场的房间里准备了同声传译，还为出席者配备了耳机。

议长盛田昭夫在会议开头先着重强调了举办这次会议的意义。

“从我和井深大先生一道创建东通工的时候开始，我们就定下了目标，有朝一日要把东通工发展成经常召开国际会议的大型企业。这个目标今天终于实现了。索尼和诸位一起又迈出了崭新的一步。现在我们要开始进行彻底的、有实质性内容的讨论。这正是将索尼建设成真正强大企业的唯一方法。”

当时，索尼的全球化经营体制是以总部为中心的项目部门销售方针和各地区销售方针纵横交错，呈矩形结构。项目部将产品销售给全世界销售公司后就可以计算销售额，获得利润。可是从跨国公司索尼的角度考虑，单纯的产品移动不能转化为利润。

如何解决这一问题成为重要议题，大家各抒己见。

铁腕社长哈维·夏恩退位后，以前负责销售的雷·斯特纳当选为SONAM社长。他的得力助手、继斯特纳后担任SONAM社长的副社长田宫出席了此次会议。田宫被盛田昭夫指名发言：“现在日本对企业征收的法人税比美国高20%。也就是说与其在日本提高利润，不如提高SONAM的利润，这样更能使索尼集团的总利润增长。从这一点出发，我认为有必要重新考虑产品的出口价格。”

大贺马上请求发言，对田宫的意见反驳道：“产品的价格是根据成本计算出来的，都是合理的。并且总部不仅销售产品，还要耗费庞大成本开发新产品。开发资金也是必要的。”

“我当然清楚这一点，我只是想在此基础上，是否有处理相互利益的最佳方案。”

欧洲的社长也发言了，他说：“关于SONAM的提议，我想有必要在此次会议讨论外另作计算表。我认为，如何解决目前日元巨幅升值的问题才是一个重大问题。”

总部也提出了尖锐的意见：“我认为各地销售公司积压的库存超乎想象。所以盲目采购是不行的。”

销售方不甘示弱：“不是这样，我们在流通渠道的最前端直接面对消费者。只有我们才能判断适合的库存数量，如果没有适当的库存就不能积极地进行销售活动。”

讨论以英语和日语夹杂的方式进行着。连英语口语拿手的盛田昭夫在说到关键处时也说，“从现在开始我将用日语解释”，并使用同声传译。

从索尼国际会议激烈的讨论可以看出，一个企业的发展，尤其是关于企业长远目标能否实现的重要问题，集体的智慧不可或缺，甚至是至关重要，单靠一个人的力量是无法实现企业腾飞的。

2. 掌握制定技术规格的权力，才是市场赢家

商战中，谁才是最后的赢家呢？标准说了算。标准如今已成为应对市场竞争的利器。目前很多大企业都在争相成为标准制定者，从而在市场上确立领导者的地位。所谓“标准”，也可以称为“技术法规”，随着全球经济一体化的进程加速，标准化工作已成为规范行业行为、加强企业管理、提高经营水平、促进经济发展的重要手段。眼下国际间的经济竞争、企业间的产品竞争，在很大程度上表现为标准之争。

作为索尼的创始人，井深大和盛田昭夫都坚持独立开发新技术、创造新产品的标准规格，并且，为了达到这一目的，不惜以公司的存亡作为赌注。作为电视的心脏，单枪三束彩色映像管是井深大毕生引以为傲的发明，也是索尼的骄傲，这款产品到 1998 年年底，共卖出 1 亿 8000 万支，为索尼带来了巨额利润，然而当初，这款产品的研发几乎将创业维艰的索尼公司拖垮。

当时，索尼产的黑白电视机因为进入市场时间太晚，尽管销量还好，但无法占到领先的位置，他们一直试图开发出一种新产品来主导市场。1961 年，盛田昭夫和井深大到美国参观贸易展，一个摊位上画质清晰的彩色电视荧幕吸引住了他们，那是由美国派拉蒙电影旗下的子公司发明的彩色单枪映像管，盛田昭夫立刻像发现了新大陆一样，兴奋得立刻签下这技术的专利执照。

但这张执照并没有给索尼带来立竿见影的效果，一直摆在索尼日本总部，无人问津。直到 1964 年，索尼公司才推出使用此技术的 17 寸彩色电视，但又由于映像管坏品率过高，使得电视机的售价居高不下，甚至成本高过售价两倍，也就是说，卖的越多赔的也越多，这款电视总共生产了 13000 多台，不但没有给索尼带来巨额利润，反倒给索尼造成巨大的损失。

但井深大坚定不移地认为，彩色电视是索尼继收音机之后，可以取得另一个领导位置的关键，虽然单枪映像管让公司亏损巨大，但如果就此放弃，才是真正的血本无归，索尼必须坚持研究下去。井深大派出许多员工到美国进行观摩，当时有两家公司的三枪彩色电视机画质非常好，对于索尼来说，他们可以选择跟这些公司合作，靠卖电视赚钱。但是，井深大不愿意索尼先前的努力打了水漂，而且他坚持认为索尼一定要发展自己的技术，这样才不会被别人牵着鼻子走，失去自我。

商界有句名言："一流企业定标准、二流企业做品牌、三流企业做产品。"唯有掌握制定技术规格的权力，才是市场的大赢家。

3. 什么促成企业竞争力

企业组织的大小事务，必须有人来承担。也只有当员工的能力充分强，做好工作的意愿充分高，并且具有耐心和牺牲精神。否则，企业的决策力和执行力就成了无源之水的空话。保障企业决策力和执行力的活动要有效率和效益，也就是保证活动的主体——员工——具备与之相适应的能力、意愿、耐心和牺牲精神。

索尼历史上关于录像机 Betamax 规格的大战恐怕是盛田昭夫商业生涯中最心力交瘁，最集中体现个人性格的一次战斗。

1974 年夏天，Betamax 规格定下来后，盛田昭夫带着样机来到美国的 RCA

总部，展示了 Betamax 样机后，他充满自信地劝说对方加入 Betamax 规格。

在美国，索尼的 U-maric 非常受欢迎，大家对索尼的录像机评价极高，所以盛田昭夫认为对方一定会采纳他的建议。不料对方却对盛田昭夫提出了这样的条件：

“一个小时的录像时间太短了。如果录电影需要两个小时，橄榄球比赛甚至需要更长时间，所以在美国最低也需要两个小时。”

“如果是那样，用两盘录像带不就解决问题了吗？”

双方都不肯让步，谈判以破裂告终。

回来的路上，虽然盛田昭夫明知 Betamax 理论上是可以录两个小时录像，但考虑再三最后决定做一个小时的录像带。因为如果在上市前改变规格，索尼的形象就会受到影响。盛田昭夫原本以为在录像机领域一直领先的索尼在 Betamax 统一规格的这个问题上可以很容易地缔结协约，但实际上索尼不仅遭遇了国际上的冷遇，就连在日本同行之间也处处碰壁。但这次盛田下定决心绝不轻易妥协。之前 U-matic 在统一规格的时候，为了照顾全局，虽然索尼已经实现了更小的规格，但最终采用了松下等公司主张的大规格，他们不愿在 Betamax 上遭受同样的失败。

由技术部门先行拜访了松下和日本 Victor 之后，两家公司希望和讨论 U-matic 规格时一样，通过召开技术讨论会来决定规格。但日本 Victor 其实已经和 U-matic 规格拉开距离，开始考虑马上开发 VHS。当然，索尼并没有发现这一点。

这个时候就考验企业的决策竞争力了。在商战中如果决策失利，就只能退居二线承受失利之苦了。决策频频失误的企业，肯定没有决策竞争力。没有决策竞争力的企业，也就是企业决策力薄弱。

另一方面，松下电器对索尼充满自信的态度表示反感，而它的子公司松下寿电子工业开发的家用录像机质量却不尽如人意，同时它对是否参与日本 Victor 正在开发的 VHS 项目也犹豫不决，所以，松下电器对索尼的态度很不明朗。

现在 Betamax 随时可以上市，可是松下电器和日本 Victor 却迟迟不给予答复。

盛田昭夫在意的只是松下幸之助的想法，虽然他退居顾问，却依然对松下电器的决策具有很大的影响力。只要他点头，松下电器和 Victor 都会倒向自己一边；如果他摇头，则要分道扬镳了。

可是，为什么幸之助不接受统一规格呢？盛田昭夫百思不得其解。Betamax 是性能非常优秀的录像机，这种机型一定会进入一般家庭中。现在还有什么必要让三家公司共同召开技术讨论会呢？

盛田昭夫认为也许上市能让他们尽快下定决心，于是开始销售 Betamax。他认为这样一来，两家公司就会连忙妥协。

当时，小零售商不愿意费力向消费者们说明 Betamax 的魅力，只想销售特丽珑裸机。客人来店里买特丽珑，只需 10 分钟就能做成一笔生意，而 Betamax 需要花费几倍的时间，还往往卖不出去。

于是，盛田昭夫率领的技术策划部也参与了促销活动，他亲自走访了全国的索尼店铺，说服店主。他从售后服务的角度劝说零售商主动给客户推荐 Betamax：虽然销售费工夫，但只要卖出了，客人就会马上再来买录像带，或者来咨询该如何编辑。这样你的店就会吸引客人，销售其他产品的机会也会增加。

慢慢地，Betamax 逐渐开始进入一般家庭，仅在 1975 年后期，就卖出了近 20000 台。可尽管这样，松下电器的态度仍未明确。

流程竞争力直接制约着企业组织运行的效率和效益。如果一个企业组织的做事方式没有效率，企业组织运行也就没有效率和效益，企业也就没有执行力。统一规格涉及业内所有企业的利益，但是规格本身以谁为标准又是各个企业争夺的重点所在。

进入 1976 年 2 月以后，盛田昭夫和岩间和夫以告知新的人事安排为由，来到松下电器总部进行礼节性的访问。他们向社长松下正治表示："录像机规格的统一是比任何事情都重要的大事，请予以考虑。"

可是正治也没有马上给出明确的答复。又过了一个月，盛田昭夫访问了在大阪宾馆下榻的幸之助，并热情地劝他说："只有贵公司和我公司紧密合作，录像机才能广泛普及，恳请名誉顾问早作决定。"

至今为止没有公开干涉这一问题的幸之助，由于盛田昭夫的直接碰面，不得不参与进来。幸之助调查了松下电器和日本Victor的情况后，再次与盛田见了面。他面不改色地说道："事实上，Victor也在开发家用录像机，叫作'VHS'，想请你看一看。"

盛田吃了一惊，但很快恢复了冷静，提出一个建议："那么，我们拿出各自的产品比较一下，选择最好的产品怎么样？"

"可以。那么松下寿（电子工业）开发的VX也一起加入吧。"

这样，召开三种产品比较会的事情决定下来了。这对于宣告"录像元年"的盛田昭夫来说，是或进或退的大擂台。

人类社会发展到今天，万事不求人独闯天下的日子已成为过去，要为客户提供全面超值的服务和价值满足，就必须建立广泛的战略联盟。如果一个企业失去了合作伙伴的支持，就无法适应客户价值满足集中化的要求，也就必然在残酷的市场竞争中处于不利地位。

1976年4月5日，这是一个风和日丽的早晨。盛田昭夫走在前面，后面并排跟着岩间和大贺，再后面是木原和河野。他们穿过日本Victor总部的停车场，走进大门，上了电梯，谁也没有开口讲话。五个人被带到Victor总部8楼的董事会议室。房间入口处，Victor的松野幸吉社长和德光博文副社长在迎接他们。负责技术的德光在海军时是比盛田昭夫早入伍的老兵。

在他们身后是松下幸之助、稻井隆义（松下寿电子工业社长），两人已经在屋内等候了。Victor和松下寿的技术负责人都随行而来，大办公桌上排列着Betamax、VHS、VX三种机型。首先，同行者们一一进行了自我介绍，很快，大家开始播放当天早上刚录制的节目。播放完毕后，索尼的领导们对VX不屑一顾，生气地说道："这简直是Betamax的复制品！"

一招先，吃遍天，这是市场竞争中的不二法门。要一招先就必须有不断的创新，谁能不断地创造出这一招先来，谁就能在这市场竞争中立于不败之地。所以，它既是企业支持力的一个重要内容，又是企业执行力的一个重要内容。

VHS是否模仿了Betamax的技术，两者之间争执不下。这中间，松下幸之助一直保持沉默。

各执一词的争论好不容易宁息下来，话题转移到规格统一上面。盛田昭夫以充满自信的口吻说道：“Betamax 无论在技术上还是销售上都领先一步，所以请以 Betamax 为准统一规格。”“那可不行！”德光反对说。

“家用录像机以两小时录像为主流。一小时的 Betamax 会落后于时代。”

盛田昭夫向得意的德光甩出一句话：“我们公司也能马上录制两小时录像。”

“真的吗？”

VHS 阵营的几位以吃惊的神情相互交换了一下眼神。

“河野君，你去拿吧。”

在盛田昭夫的催促下，河野跑到地下停车场，他在车里准备了两小时录像用的 Betamax 试验机。当他拿着试验机返回会议室后，VHS 阵营瞬间安静下来。

之后，几大公司又开始了激烈的争论，而幸之助一直保持沉默。争论经过 3 个小时仍没有得出结果，最终不欢而散。

两个星期后，盛田昭夫将松下幸之助请到专门生产家用录像机的“索尼幸田”工厂。给竞争对手看自己公司的生产情况，这种情况是没有先例的，但这时盛田昭夫想最后赌一次，他要让幸之助看到 Betamax 顺利生产的情况，让他了解尚处在试验机阶段的 VHS 的差距，尽量让他偏向索尼一方。幸之助拿起生产线上的 Betamax 机壳，带着否定的语气说：“有点重。”幸之助大概在想重东西会增加成本、导致价格上涨。便宜是客户寻求的八大价值之一，没有不关注价格的客户。在质量和品牌影响力同等的情况下，价格优势就是竞争力。没有价格优势，最终都会被消费者淘汰。因而这一竞争力也就直接构成企业支持力的一个内容。

三个星期后，这回轮到松下幸之助把盛田昭夫叫到松下电器东京分社做客了。

幸之助满脸微笑地看了看盛田昭夫，然后开口说道：

“在我看来，如果 Betamax 是 100 分，VHS 则是 150 分。倘若 VHS 是 120 分，我还可以勉强让 Victor 接受 Betamax 的规格，可是因为差距太大，我想请贵公司接受 VHS 的规格。”

盛田昭夫一时无言以对。这就是 VHS 阵营最终的回答。索尼方面如果不妥协就无法达成规格统一。可是，盛田昭夫不想屈服。既然这样，只有扩大市场份额了。要扩大份额只能提高技术，让 Betamax 的使用更加便利。关于家用录像机的规格之争，后来又经历了很多迂回曲折。

进入 6 月，三洋和东芝开始销售 V-cord 录像机。虽然他们也进行了独自开发，但对自己的品质没有自信，都决定要么加入 Betamax，要么加入 VHS。这时，松下电器、日本 Victor、东芝、日立、夏普、三菱电机基本已经结成反索尼的联盟了。

“电机厂商究竟打算如何处理家用录像机？”事态一时闹得沸沸扬扬，通产省紧急加以干预。它们重视社会舆论，试图强制统一规格，但各公司的领导都频繁地去霞之关疏通，诱导通产省偏向于自己一方。盛田、岩间和大贺也热心地劝说官员。

索尼轮番邀请了日本 Victor 和松下以外厂家的管理者们到索尼研究所，多次进行有力的游说。舌战群雄的是录像机项目部的最高负责人盛田正明。VHS 和 Betamax 虽有几点不同，但其中最重要的是录像带。Betamax 的两小时录像带只卖 4500 日元，而 VHS 则要 6000 日元，这对今后的销售战略会有很大影响。

通产省提出取各家所长的第三套方案，即“让 VHS 阵营采用领先一步的 Betamax 的规格，VHS 的开发资金由索尼承担”，但双方都不同意。

9 月 9 日，为了阻止通产省进行更多的干预，Victor 公布了 VHS 的上市。10 月 Victor 正式开始销售，机型为两小时录像型，价格为 25.6 万日元。

这比索尼的嵌入式便宜 2 万日元，但索尼马上采取对抗将价格降至 23.6 万日元，比 VHS 便宜 2 万日元。

之后，通产省还煽动舆论和政治家，试图统一规格，但已经没有可能了。

双方阵营拼命争取扩大市场占有率。只要占有了大的市场份额，就成为了实际上的统一规格。

索尼领先销售 1 年零 5 个月，这一点明显有利，但日本 Victor 和松下电器联手扩大联盟军，形成了包围圈。这样一来，不仅是录像机，连彩色电视的销售也会受到影响。必须在此之前占据市场。

要扩大市场有两个方法。一是增加采用 Betamax 规格的厂商；二是提高录像机自身的销售。这就需要完善产品系列。1977 年年初，松下电器 1 月 10 日召开了记者会，宣布从 4 月份开始销售 VHS。这样，VHS 阵营就获得了强有力的后盾。可是仅仅三个星期以后，索尼阵营就卷土重来。

1977 年 2 月 2 日，对盛田昭夫来说是得意的一天。中午，美国一家大型电机制造商向记者宣布加入 Betamax 阵营。傍晚，东芝和三洋也向记者宣布加入索尼一方。这样一来，Betamax 阵营的分量一下子加重了。

可是盛田昭夫并不知道，不久后为说服美国其他的厂商，松下电器的会长松下正治将亲自奔赴美国。

5 月 10 日，松下电器公布“6 月开始销售 Maclord”录像机。双方阵营的领导者已经进入了真正的商战。从此以后，双方阵营，特别是索尼经历了长时间残酷的录像机大战。品牌需要以质量为基础，但仅有质量却不能构成品牌。它是强势企业文化在社会公众心目中的折射体现。因而它也直接构成企业整合内、外部资源的一种能力。没有品牌竞争力，企业组织内部和外部都不认同企业的做事方式和行事结果，企业也就谈不上有什么竞争力，更谈不上有核心竞争力。品牌一旦形成，直接就是一种资源，因而它是构成企业支持力的一个重要内容。

在市场经济中，没有永远的赢家，只有暂时的领先者！而面对竞争或者面对其他困难，我们所能做的就是做好准备。充足的准备可以保证我们在困难面前减少损失，从而战胜困难。也可以保证我们在机会面前，有最大的把握抓住机会，发展自身。做一个暂时的领先者不算成功，但是如果每一个“暂时”都因为你的充分准备而领先，那么你就是赢家。

4. 从宏观经济角度切入

看世界可以从微观和宏观两个不同的角度切入，但是很少有人能够同时具备两方面的洞察力。盛田昭夫不仅拥有细节的销售技巧，还有能够把握宏观经济动向的头脑。机遇总是青睐这样的领导者。

条条大路通罗马，把握大势就是找到最近的那条路。“最近”是指离大势最近、离事物的发展规律最近。面对风云变幻的当今社会，一个企业要想基业常青，不在于一时一地的成败，也不在于一城一池的得失，关键在于它能否审时度势、把握好大方向，在一个又一个关键时刻调好船标，发现生路。

在经济全球化的时代，各国经济紧密相连，形成有机的整体。一个地区、一个企业要谋求自身的生存、发展，都需要具有世界眼光和国际视野。古人云：“识时务者为俊杰。”企业要善于把握形势，善于从全国乃至全球大局来谋划企业的发展。企业要成功突围，抢抓先机，率先进入下一轮发展周期，需要世界眼光和战略思维。

因为当时欧洲比较保守，不愿意轻易尝试海外新兴企业的新产品，所以索尼在欧洲的市场停滞不前，与此同时，海外部也在积极行动谋求突破。大家连日召开会议，汇报索尼在世界各国的销售情况，并就新的营销战略展开讨论。由于白天大家忙于事务性工作，会议多在夜间召开。狭小的会议室内摆设着简陋的折叠桌椅，大家在这里畅所欲言。

盛田昭夫决定在爱尔兰开设工厂。大家不禁流露出疑问的神情：爱尔兰只是英国西面的一个小国，在那里开设工厂能行吗？有什么价值？

盛田昭夫似乎看透了大家的心思，说道：“大家都知道，欧洲各国对进口的东西总是不肯接受，法国和英国都没有兴趣进口索尼产品。可是，爱尔兰最近要加入 EEC 了。”

当时刚成立的 EEC（欧洲经济共同体）作为一个崭新并富有实力的经济圈，这引起了全世界的关注。

“这样一来，在爱尔兰制造的索尼产品就可以出口到 EEC 各国。所以公司决定在爱尔兰开设工厂，从爱尔兰出口产品。”

“这个出口战略实在巧妙！”

大家立刻都点头称是，齐声称赞。

法则三

盛田昭夫式经营

——匠人的经营哲学

索尼从创建那天起就深深地打上了盛田昭夫的烙印。盛田昭夫的个人性格和思维方式在索尼的经营发展中尽情展现，发挥得淋漓尽致。索尼的每一次决策和市场行为都有盛田昭夫的个人特质映射其中。索尼和盛田昭夫二者的关系就是你中有我、我中有你的关系，所以，很难说究竟是谁成就了谁。

1. 别人可以，我们同样可以做到

有的时候，我们习惯仰望他人，默认他人做得出色的东西，我们就做不出来，只有仰望的资格。其实他人做得出来的东西，更加证明了我们也可以做到，因为他们已经证明了那个东西的存在，我们要做的就是学习他们的经验，结合自己的需要与特点，做得比他们更加出色。

常驻美国期间，盛田昭夫有一次被一款汽车的广告所吸引。画面中在柠檬这个词的下方，蜗牛形状的汽车飞驰着。柠檬这个词有丑女孩的意思，这款汽车的外观不能说好，但它具有无数其他的魅力，它使用的是一种完美的否定型表现。

盛田昭夫希望索尼也可以作出这样有吸引力的广告来诠释索尼产品的独特魅力。因为微型电视机在美国初次面世时销量很好，但消费者过了一时的新鲜劲儿后，销量就很难提高。盛田昭夫确信微型电视机在美国市场应该更加畅销，但销售网络还很薄弱，又不能投入过多的销售预算和广告费。要想以少量的预算提高销售量，效果好的广告是不可或缺的。

盛田昭夫想，能做出这样广告的公司，一定也能为微型电视机开展适合的广告宣传。经过打听，他得知制作那个广告的公司是 DDB。这家公司长久以来以提供高质量的优秀广告而著称。

初次接触后，对方就直截了当地表示他们公司受理的最低起价是 100 万美元。

但盛田昭夫即刻表示虽然第一年的预算是比较低，但长期的广告投入会超过大众客户。到那时，如果 DDB 以外的其他公司再负责索尼的广告，对双方都是损失。

就算和大腕公司 DDB 谈判，盛田昭夫也平等地和他们讨价还价。对方一时语塞，然后笑了出来。

最后，费用定为双方折中后的 75 万美元，但平台改成了杂志媒体。

为使广告公司准确地把握索尼的形象，盛田昭夫提供了很多宣传的小册子和产品实物，包括录音机。

从对众多的微型电视机的消费者的调查中得出的答案是“在卧室使用”。于是这个广告的创意由此着手。广告概念是“放在肚子上的电视机”：一位挺着啤酒肚的中年绅士悠闲地躺着，他的肚子上放着微型电视机，他注视着电视画面。比起放在床头柜上，放在肚子上更能显示出微型电视机的轻巧。将这个概念直接作为广告语，宣传画上风趣地写着“将索尼电视机放在肚子上，即使你开心地笑，画面也不会晃动”。

这个广告在大众摄影杂志《生活》上一经登载，索尼办公室便不断接到订购电话。甚至还有一些顾客撕下杂志中索尼广告那一页，直接来问:“有没有这个？”这次广告初战告捷。

乘胜追击，接下来的广告概念是看电视钓鱼：荡漾在湖上的小船里面放着微型电视机。第三个是散步时的消遣：一位正在散步的男子手拿微型电视机。

迅速吸引观众的眼球，给他们留下深刻的商品特征的印象，并让人忍俊不禁，DDB 的风格在索尼广告中表现得淋漓尽致。并且，广告明确强调微型电视机可以完全纳入个人的娱乐生活中，而这对消费者是最具魅力的卖点。

不仅是消费者，就连一些媒体也注意到这则广告。《泰晤士报》《新闻周刊》《财富》等媒体开始密切关注，SONAM 不断接到“希望进行产品说明”的咨询。

盛田昭夫的产品说明非常完美，那不仅是一场产品说明会，更是经营者盛田昭夫和索尼的最好的演示会。记者们都被盛田和索尼所吸引，纷纷开始对微型电视机进行报道。这些报道和 DDB 的广告相呼应，刺激了消费者的购买欲。和 25 英寸的大型电视相同价格的微型电视开始了热销。

2. 企业困境的答案就在问题中

有问题才有矛盾，而答案可能就在问题之中。没有矛盾，就没有这个世界，所以问题是永远解决不完的。旧的问题解决了，新的问题就会出现。当遇到销售困境，肯定是销售环节哪里出了问题，当你开始问这些问题时，你需要收集信息，寻找发生的问题，得到的信息能够帮助你提高决策水准，以便实现对资源的最优化配置，同时提高达到销售目标的可能性，并贯彻之。

盛田昭夫和井深大两个人面对面地坐在办公室的桌子旁，看着从美国买来的录音机附带的小册子，那上面除了“操作方法”和“结构”说明外，还有一个“999 种用途”的说明栏。

第一次看小册子，盛田昭夫佩服地说道：“不愧是美国。人们看到 999 种用途一定吃惊不小。”于是，两个人决定以此为参考，研究销售方法。

这本小册子以英文字母顺序排列着各种行业，同时介绍了向各行各业出售录音机的方法。比如，A 是 airplane（飞机领域），B 是 beauty salon（美容院）。虽然能在日本应用的项目不多，但想出如此详细的销售方法，这个出发点本身就给人很大启发，二人读后还是受益匪浅。

仓桥苦笑着讲了一个他因为不懂销售要领而发生的一个有趣的故事。前几天，他去一个和德川家有关的企业家那里推销，那个人出资买下了东京八重洲口的关东煮商铺，那里有意要购进一台录音机。仓桥半信半疑地问："干什么用？"那个人回答说要让客人们比嗓门，做店铺的广告宣传。由于这个回答太过出人意料，一时间成为东通工爆笑的话题。

仓桥又通过德川家的关系拜访过名古屋高等检察厅长官。出于对德川家的好感，检察厅长官对仓桥说："这种录音机在做各种调查取证时应该能派上大用场。我们要一台，不过你还可以到霞之关的法务府去看看，那里也许会需要更多。我给你写封介绍信。"

仓桥立刻向东通工作了汇报。井深大和盛田都很激动，如果法务府采用了录音机，对以后的销售活动无疑是强有力的促进。

"他们会要多少呢？"盛田昭夫把小册子往桌上一丢，满怀期待地问。

"先要一台，但这只是个开始。"仓桥像给自己鼓劲似的说道。

几天后，接到法务府的通知，井深大、盛田昭夫、仓桥三人精神抖擞地直奔霞之关。

三个人被领进一座气派的建筑，在一个庄严的房间里坐着几位举止庄严的男士。不过，他们马上打破了严肃的气氛。当最高检察厅首长录下的声音从 G 型机里传出，最高检察厅首长和检察厅长官对视着笑了。

"这真不错。"

"我是这样的声音吗？"

然后，最高检察厅首长恢复了郑重的语气。

"事实上法院一直苦于缺少速记员。战后，速记员人数不足，十分抢手，他们常常因为超负荷的工作而叫苦不迭。也许这种录音机能取代他们的工作。"

最高检察厅首长像在征求意见似的，看着检察厅长官的脸说道。

“可是如何才能证明磁带上的内容就是某人说的话呢？”

他们产生了犹豫。最高检察厅首长将两只胳膊交叉着紧紧抱在胸前。其他的人都面带难色。沉默中响起了井深大沉着的声音。

“让录音师作证怎么样？”

大家看了看最高检察厅首长。他一时也难以作出判断。这时，检察厅长官又问道：“录音带断了怎么办？”盒式录音带的出现是很久以后的事情。当时还是开放式轴芯，操作时录音带扯断的情况时有发生。

井深大看了看盛田昭夫和仓桥的脸。盛田昭夫马上说道：“在录音带后面裱褙，让录音师在上面盖章怎么样？”

“不错，也许可行。”

最高检察厅首长微微一笑，房间里的气氛缓和了。

不久，法务府购入了 24 台 G 型机。G 型机果然非常适用于政府机关。东通工也因此松了口气，终于打开了一个强有力的主要市场。

3.“活”钱让资本增值

不投资，钱财就变成了“死钱”；投资，又不知道投资何种产业风险最小、收益最高。一个人未来的收入也是财富，但是如果没有金融工具把未来的收入作票据化、证券化变现，那也顶多是财富而不是资本。

有这样一句谚语：钱放着不用，就等于“死钱”。它启示人们，钱只有在运动起来的时候，才能发挥它增值的作用。然而在目前这种“投资需谨慎”的金融背景下，手中拥有资金的你却面临这样的困境：不投资，钱财就变成了“死钱”；

投资，又不知道投资何种产业风险最小、收益最高。也许本节这则故事会让你茅塞顿开。

钱只有在运动起来的时候，才能发挥它增值的作用。

其实，读过一点《资本论》的人都知道，流通增利的奥妙之处在于钱财能够创造剩余价值。一个简单的道理，用钱去购买商品，然后再把商品销售出去，这时候得到的钱已经含有了剩余价值，也就是说，原来的钱已经增值了。

商业是不断增值的过程，也就是钱不停滚动的过程，所以说，与其把钱放在银行里面睡觉，靠利息来补贴生活费，养成一种依赖心理而失去了冒险奋斗的精神，不如“活”用这些钱，将其拿出来投资更具利益的项目，使钱像滚雪球一样越滚越大，时间越久你就越会明白“活”钱的威力。

在工棚般简陋的厂房中，紧密地排列着几台大型机器。厂房和桌子都是木制的，而且布满洞眼和裂缝，看起来十分陈旧。所有的桌子上都杂乱地摆放着计量仪器、电烙铁焊锡、零件、弯的或直的导线、台灯等。桌前有一位男子正专心致志地做着手中的工作。

另一个年轻人，胳膊交叉抱在胸前，坐在长桌的一角。

这个人体格魁梧，头发一丝不乱，宽额头，眼睛细长，身上散发着大陆般广阔的气息。此时，他似乎忘记了周围的一切，痴痴地思索着。

年轻人的名字叫木原信敏。一年前的1947年，他从早稻田大学毕业，4月作为第一位新员工进入“东京通信工业”。木原为接受应聘考试第一次来到这里时，怎么也找不到厂址。向过路人打听，几经周折才终于找到这里。工厂比他想象中的更小更简陋，他对这个“马厩似的工厂”感到吃惊。然而，木原竟然成为这个“马厩”的居民。从进入公司的那一天起，他就一直在拼命工作。

现在，木原面前放有一本书，书名叫《磁石》，作者是KS磁石钢的发明者、著名的本多光太郎。

“怎么办？”木原思忖着，回头看了看被称作“董事包厢”的小屋。在工厂的一角，用挡板隔开做成的董事包厢里，摆放着专务董事井深大和常务董事盛田昭夫的办公桌。平时，两人很少同时在这里，他们经常去工厂看工人们的操作，和大家攀谈，可是今天他们却一直闷在包厢里。

《磁石》里面写着用草酸亚铁制作磁石棒的方法。负责开发录音机的木原为了制作磁带，想尝试一下这种方法。经过多次实验失败，木原感到这是最后一个办法。

战争刚刚结束四年，日本的所有物资都十分匮乏。哪里能搞到草酸亚铁呢？即使能买到，恐怕价钱也非常昂贵。公司的资金周转总是比较困难，能买得起吗？

木原双臂抱在胸前，又向董事包厢望了一眼。正在这时，门开了，盛田昭夫走了出来。

盛田梳着中分发型，戴着圆框眼镜，皮肤白净，尖下颏，容貌文雅，只是脸上还留有几分稚气。和木原相反，他身材瘦削，但全身充满一种清新的朝气。木原叫住了快步从他身后走过的盛田昭夫。

“盛田先生，能和您说几句话吗？”

“怎么了？”

“我想试试之前提到的录音机磁性粉，能给我买一些草酸亚铁吗？”

木原把《磁石》的那一页递给盛田昭夫看。盛田昭夫接过书，饶有兴趣地读了下去。那里有这样一段话：“将草酸亚铁的粉末干馏，去除水和碳酸气，得到磁赤铁矿。将其装入玻璃管内塞紧，即可制成磁石棒……”

盛田昭夫读得入了迷。过了一会儿，他合上书对木原说：“我认识神田的药品批发店，我们一起去吧。”

“这就去吗？”木原吃惊地站起身，他知道雷厉风行是盛田昭夫的一贯作风。

4. 只有研究，还不足以保持公司的繁荣

在索尼，大家对工程师是非常敬重的，因为正是他们研究出了独一无二的产品。所以，索尼对研究非常看重，并以自己的研究为荣。但随着公司的发展，这一情况发生了变化。在一个星期六，盛田昭夫召开了一次部门领导会议，有人就问他，为什么最近在索尼的广告中没有看到那句很流传的口号“研究造成了与众不同”呢？盛田昭夫决定借此机会，向自己的管理人员传达一个理念，他说，如果索尼总是说“研究造成了与众不同”，那公司的人可能就会以为只搞研究就能够保持公司的繁荣，然而这不是全部的事实。

盛田昭夫举了一个法国的例子。在法国，人们相信“研究造成了与众不同”，因为看重研究，他们设计出了很多独特的东西。法国人将卡拉维拉喷气式客机的发动机设计在飞机尾部，这种想法显然与众不同，于是很多飞机制造商马上投资仿造。作为研究者的法国却没有从中赚到钱，因为他们没能对原设计进行成功的改进和开发，因而失去了这方面的优势。法国汽车制造商雪铁龙公司研究制造了液压防震悬挂的汽车，非常独特，但是他们却遇到了无法回避的商业问题，不能向市场上大量地推出这种汽车，也就是说，这是一项不成功的研究。法国也有高速列车，速度非常快，超过日本的子弹式列车，但奇怪的是，其他国家却到日本来请教高速铁路的技术。

盛田昭夫认为，研究当然重要，但如果仅仅只是满足于“与众不同”，那是不明智的，要知道，仅仅“与众不同”并不能让公司赢得利润。这就是商业价值，公司必须在新的研制成果上做新的生意，不断地更新产品，才能在市场上保持领先。

在索尼，研究不是单独进行的，研究主任必须认识到设计研究部门与商务、

经销和市场部门之间相互沟通的必要性和重要性。

只埋头搞研究是行不通的，盛田昭夫认为，对所有的公司，挑战在于对新技术、新研制成果和新产品的管理。人们需要研究，但同时人们也必须把所有的技术（包括研究成果）融会在一起，来创造一个公司将来必需的科学体系。

索尼刚成立时，有三个部门，一个是生产收音机的部门，一个是生产晶体管的部门，另外一个是生产录音机的部门。在公司初创时，这种做法可以行得通，但随着公司的发展，这种做法必须要加以改变。盛田昭夫一再强调，必须把索尼所有的工程力量融会、整合在一起，系统化地加以利用，才能取得卓有成效的工作效果。

技术的研究固然不可取代，但在将来，技术管理会成为一个公司成功的关键。在索尼，每个月都会召开一次研究设计报告会，公司最高管理人员和各部门的领导人都会出席会议。每一个项目小组必须在会议上向领导人汇报所负责项目的主题、预算、截至目前的开销、计划时间表、项目实际进展情况、预计提前或延误完成项目的时间等，十分详尽。可以看出，这是一个整体行动，不是说每个项目小组只负责研究就可以了。再进一步说，如果某个项目小组汇报的是一种数字式录像机的研究情况，领导人在听完他们的汇报后，就会让他们先出去，然后领导人再讨论这项研究将来是否具有商业价值，能否为公司带来利润。有时盛田昭夫也会感到遗憾，因为有些研究报告确实是令人惊奇的开发项目，但因为缺乏商业价值，不得不将之放弃，甚至有时公司已经对某些项目投入了大笔的资金，但最后经过权衡利弊，还是果断放弃了。

所以，只搞研究而不考虑其可行性，是非常不明智的，不管这种研究有多新奇，多么与众不同，如果不具商业价值，就只能放弃。索尼在是否继续一项研究方面花费了非常多的精力，这是因为进行研究设计是需要成本的，会减少公司的利润，如果一项研究在商业上不可行，就没有理由让它继续下去。

对于企业而言，在搞研究时，搞清楚什么情况下停止和什么情况下继续，才是成功的关键。

5. 必须确保对研究、开发和服务的投入

无论是对于个人还是企业，眼前的利润总是诱人的，于是一些企业为了唾手可得的利润，不愿意再对产品研究进行投入，更不愿意为提高服务投入更多的资金。然而，无数的事实告诉我们，只重眼前利益的后果是非常惨重的。很多企业在眼前利益的驱动下，目光短浅，逐渐失掉了竞争优势，在未来市场中没有足够的竞争力，最终被淘汰掉。因此，对于一个企业来讲，不要固守着利益不放，该投入的地方一定不要吝啬，才能赢得长远的发展，取得更丰厚的回报。

1975 年，索尼公司准备推出 Betamax 录像系列，并预计它将成为索尼公司的摇钱树。为了尽可能扩大这款产品的影响力，做到尽人皆知，盛田昭夫设想了一个巨大的国内广告攻势和促销运动，并打算不惜成本地将其付诸实施。盛田昭夫认为，这款产品是全新的产品，作为首次登场的家用盒带录像机，必须用一个宏大的促销运动来介绍，让用户看到日常生活中会用到这款产品，且这款产品可以成为一份资产，而不仅仅只是一个娱乐的新鲜玩意儿。根据盛田昭夫的设想，那可是一笔巨大开销，索尼美国公司的总裁哈维对此十分不赞同，他觉得如果花了这么多钱来搞促销，却没有打开销路，那损失就太大了。盛田昭夫再三开导他说："作为管理者，你还要考虑今后五年甚至十年内得到的回报，不能只看到眼前利益。"

随着推销日期的临近，盛田昭夫开始担心，不知道哈维会将推销活动搞成什么样子，能达到自己预想中的影响度吗？随着对情况的了解，盛田昭夫就越发担心，他们并没有按照他的思路来进行。

那年夏天，盛田昭夫虽然与家人住在别墅里，但却无法安心休息，一直在为 Betamax 的推出活动担忧。这是一款全新的产品，盛田昭夫希望给人留下深刻的

印象，所以推出活动一定要令人耳目一新，抓住美国人的想象力，让他们看到这种设备将如何改变他们的生活。

最后，无法忍受担忧的盛田昭夫半夜给哈维打电话。当时哈维正在纽约开会，盛田昭夫在电话里对他大声吼道："如果在接下来两个月内你不能为Betamax的促销花掉一两百万美元的话，我就立刻开除你！"盛田昭夫很少对人发脾气，哈维也没有听过盛田昭夫这样的怒吼，非常吃惊。结果，哈维用掉了那笔钱，Betamax得以顺利推出，推广活动十分成功。但是，盛田昭夫后来发现，哈维借用了当时十分红火的音响和电视产品促销费用，来作为Betamax的宣传费用，因此总的广告费并没有变。

虽然Betamax的推广活动比较成功，但盛田昭夫有些遗憾，因为那些被占用了促销费用的音响和电视产品也许也会销售得更加火爆呢？

哈维主要采用美国管理方式，凡事皆以利润为主。但盛田昭夫认为，企业的利润不必总是很高，在日本的公司里，股东们并不会吵着要立即分红，他们更希望看到公司长期的成长和增值。当然，公司必须要创造利润，但是这种利润必须是长远的利润，而不是短期的利润，也就是说，公司必须保持对研究、开发和服务的投资，以索尼为例，产品销售额的6%都被用于这些方面。

对于服务而言，很多公司轻视服务的重要性，认为服务是瞎折腾，没有什么实际意义，如果经营者认同了这种观念，服务质量势必会严重下降。盛田昭夫计划在堪萨斯城开办一个大型服务中心，建立完整的服务网络，以便更好地为用户服务时，当时的美国的管理者却坚决反对，认为这毫无用处，纯粹是浪费资金。盛田昭夫与哈维等人展开了数次争论，盛田昭夫一再向他们说明，如果把钱省下来存下，而不是再投入，在短期内是可以获取利润，然而，这种行为实际上只不过是从过去建立的资产中兑换现金。

简言之，对一个企业来讲，获取利润当然是重要的，但还必须进行对研究、开发和服务的再投入，这是为了将来从中得利而建立新的资产。

法则四

价值由消费者需求决定

——匠人的产品哲学

企业创造的价值，并不在于企业本身，而在于消费者的需求。一个商品，从企业的角度来讲，是创造利润；从消费者的角度来说，是需求的问题。因此，消费者决定了企业未来的产品性质，一个好的产品未必能畅销，但是一个能满足消费者需求的产品，即使在企业看来再没有价值，也会深受消费者的喜爱。

1. 没有质量和信誉的企业注定无法成功

产品的质量是决定企业能否在竞争中脱颖而出的最关键因素。如果企业产品质量没有保证，必定会遭到市场的抛弃。同理，没有产品质量的企业也谈不上信誉，没有质量和信誉的企业注定无法成功。

盛田昭夫不但看重个人的信誉，做企业时也注重产品的质量和企业的信誉。如今，不管在世界的任何地方，人们都知道索尼的产品质量可靠、有保证，因为索尼看重自己的商业信誉。在盛田昭夫看来，为了获取更大利润而不惜降低产品的质量的行为，无异于饮鸩止渴，这样做，企业在短期内也许可以获取一些利润，但长期看，企业的信誉必定受损，失去消费者的信任，同时也就失去了竞争力。

像所有的日本企业一样，东通工（索尼前身）也想把自己的产品打入美国市场。当时，因为商业往来，盛田昭夫认识了美国数一数二的销售代理商阿格罗德公司的老板——阿道夫·格罗斯。格罗斯比盛田昭夫大 20 岁，但看起来非常年轻有活力，盛田昭夫对他很有好感。

与日本人的含蓄不同，格罗斯非常热情，他滔滔不绝地向盛田昭夫说，自己有非常强的营销能力，并且非常看好索尼产品，如果能让他做索尼在美国的销售代理，会对索尼的发展产生非常大的有利影响。出于慎重，盛田昭夫说："但我们不会把索尼的商标转让给你。无论如何也不会。"盛田昭夫的确有顾虑，因为那些和索尼竞争的日本电器生产商制造的晶体管收音机，最后都放弃了自己的商标，以美国生产商的牌子上市了。

格罗斯笑着说："放心，我会把索尼推广到全美国。"

因为习惯了日本式的商业方式，所以自从 1953 年初次访美以来，盛田昭夫就对美国的商界抱有各种疑问，但是一直没能找到合适的人为他解答。与格罗斯相识后，盛田昭夫以日本式的英语不断对格罗斯进行发问，而格罗斯极尽耐心地对盛田昭夫的问题作出了明确的回答。

实际上，格罗斯的公司并没有他所说的那样有强大的销售能力，他为东通工介绍了另一家美国销售公司。1957 年 9 月，通过格罗斯的穿针引线，也出于对格罗斯的信任，东通工与美国首屈一指的销售公司多莫尼各国际公司，签订了晶体管收音机相关产品的销售代理合同，是为期 5 年的长期合同。

通过多莫尼各公司的大力推销，东通工的产品销售量不断上涨，双方的合作比较愉快。但令盛田昭夫没有想到的是，随着合作的进行，多莫尼各公司的营销方针和盛田昭夫的营销方针产生了矛盾。

为了提高销售额，获得更多利润，多莫尼各公司开始降低产品质量，以此压低价格。当时，东通工的"TR-63"的售价是 40 美元，而竞争对手的晶体管收音机售价仅为 15~20 美元，这自然对东通工产品的销售不利。所以，多莫尼各公司多次要求盛田昭夫做一些粗制滥造的廉价产品，以便增加销售额。这与盛田昭夫以质量取胜的经营方针背道而驰，所以盛田昭夫拒绝了这个要求，结果，多莫尼各公司竟然要求压低人造革制收音机皮套的价格，这让盛田昭夫十分恼火。多莫尼各公司与盛田昭夫之间的矛盾也越来越深，此时阿道夫·格罗斯因为心脏病突发去世，如果他还在世的话，也许可以为两者进行调解。

实际上，盛田昭夫不惜牺牲利益，也不能降低产品质量，这是有长远目光的。当时，日本产品在全世界十分畅销，但却给人留下了“便宜没好货”的印象，大量廉价产品的销售降低了日本产品的质量和信誉。盛田昭夫想要改变日本产品在世界上的形象，他要制造优质的产品，并以相应的价格售出。

另外，对于一个企业来讲，盛田昭夫认为，树立品牌才是最重要的事情，而质量就是品牌的保证。所以，无论如何，盛田昭夫坚持“TR-63”以40美元的价格与其他竞争对手一决胜负。而另一方面，为了树立自己的形象，索尼掀起了“SONY means good quality”（索尼意味着品牌）的广告宣传活动。越来越多的人认识到，索尼的产品是有质量保证的，而且那些使用过索尼产品的人，更是现身说法，无疑增加了索尼的信誉。长久的坚持终于换来了回报，索尼不但成为了日本的品牌，也成为了世界的品牌，并大力改变了日本产品先前给人的不良印象。

2. 领导消费者的口味，而不是落在消费者之后

随着市场经济的飞速发展，产品被淘汰的速度也越来越快。对于大多数产品而言，都是在企业作了市场调研后，迎合市场的需求应运而生的。对于企业而言，这种生产新产品的方法比较安全，风险较小，符合企业运转的逻辑。但是，这不一定就是最好的选择。对于一些以新制胜的强者，他们不会从现有市场的需求出发，开发新产品，而是从长远来看，预测市场潜在的需求，研发未来市场受欢迎

的新产品，从而以自己的产品带领一股革新运动。

毫无疑问，索尼推出的 Walkman 算是改变了人们生活方式的一代革命性产品，曾风行天下，让音乐随时随地地陪伴在人们的左右。它的影响力如此之大，以至于直到现在随身音频设备的发展，可以说都是来源于 Walkman。

Walkman 在世界范围内创造了一个销售奇迹，而这一奇迹是如何实现的呢？

Walkman 在日本上市后，在没有向海外市场发货之前，准备工作正顺利地进行着。在公司内部，很多人认为 Walkman 这个产品名称在英语圈行不通，建议在海外改用别的名称，一些海外法人也强烈希望改名：“Walkman 什么的，还是算了吧。”但也有一些人对这一名称十分有信心，索尼负责人之一的黑木对盛田昭夫说：“请把 Walkman 当成日语。”大曾根也向大贺典雄致意：“请允许日本国内市场暂时使用 Walkman。”

出于对海外市场的考虑，索尼决定在美国市场采用 SONAM 拟定的名称“Soundabout”。英国因为相似的名字已被注册，所以决定用“stowaway（偷渡者）”，但在北欧各国，分销商认为“偷渡者”这个名字太离谱了，因而决定用“freestyle”。

盛田昭夫总觉得这些名字都不得要领，虽然不太赞同，但还是决定尊重当地的感觉。然而，因为 Walkman 在日本处于脱销状态，没能销往国外。为了满足国际市场的需求，索尼生产部门紧急建立增产体系，为海外订单作准备，这时，盛田昭夫赴欧洲进行访问。

一天晚上，录音机项目部正在热火朝天地赶工时，大曾根接到了盛田昭夫打来的国际长途。当时盛田昭夫在英国，他遇到了一件意想不到的事情，他遇到一个人，这个人对盛田昭夫讲道，他的孙子得知他要去和盛田昭夫会面后，希望他拜托盛田昭夫弄到一台 Walkman。这件事让盛田昭夫有所深思：英国人通过小道消息都知道 Walkman 了，那么还有必要改名字吗？

第二天深夜，大曾根又接到盛田昭夫的电话，不过这次是从法国打来的。这次在电话中盛田昭夫又讲了一件类似的事情，那就是他在法国时，有个人委婉地说，他的妻子拜托他问盛田昭夫能否私下得到 Walkman。这也就是说，Walkman 的名声在法国也流传开了。

这应该是交通便利的功能，有幸来日本出差的外国人乘着职务的便利，在日本购买了Walkman带回国，引起周围朋友的羡慕，致使Walkman的名声迅速打开。因为Walkman还没有在海外上市，又受到如此好评，因此它在英语圈和法语圈成为识者知之的高人气产品，很多人都在想方设法买到一台。

盛田昭夫回国后，忍不住对妻子良子抱怨说："Walkman的名字好像全世界都传开了，可是在美国却用Soundabout，英国用stowaway。"

盛田昭夫睡后，妻子良子却陷入沉思。良子本人也非常喜爱Walkman这个名字，她觉得其他任何名字都不足以道明Walkman的意义。熟思之后，她在心里有了主意，她不经意地看了看手表，发现此时正是纽约时间上午10点，欧洲时间下午3点。她心中一动，立刻叫醒了盛田昭夫，并郑重地对他说："请不要把Walkman的名字分成三个。一定要坚持用Walkman，不管在哪里。"

盛田昭夫思索了一下，说："我也这么想，但是我们不得不考虑当地人的意见。""不，"良子坚持自己的意见，她坚决地对盛田昭夫说，"请马上统一成Walkman。"

良子拨通了索尼驻英国的富尔顿总经理的电话，请盛田昭夫讲话。盛田昭夫此刻也下了决心，他对电话说："暂时停止广告宣传，stowaway这个名字需要重新考虑。"接着，他又给美国SONAM的田宫谦次副社长打去了同样的电话。随后，盛田昭夫打电话给总部的大曾根，对他说："关于Walkman，我决定在海外也用这个名字。我已经将此事告知田宫君和富尔顿，如果你这边也准备了什么广告，就全部统一成Walkman。"

很快，盛田昭夫对全世界的索尼当地法人和代理商发送了通牒："今后，全世界统一用Walkman这一名称。"美国以报纸、广告昭告美国公众：Soundabout现更名为Walkman。

不久，在亚利桑那州召开的大会上，盛田昭夫宣布了同样的决定。于是，Walkman在全世界迅速传开了。

Walkman在海外以强劲的势头热销着。仅1年左右时间，销量就突破100万台。10年累计销售5000万台，之后速度不断攀升，13年销量突破了1亿台。对索尼来说，这是具有历史性意义的一刻。

1980年，是Walkman取得较大成果的时间，同时特丽珑和“Betamax”的销量也都形势喜人，销售额与上一年对比增长了2525亿日元，增长率高达39%，不但索尼的业绩实现了大跃进，在全世界打响了知名度，日本也名扬海外。

Walkman风行天下时，很多人都没想到这款产品在当初并不为人看好，在公司内部的意见就不一致。在艰难抉择的时刻，作为经营者，盛田昭夫没有退缩，他决定一个人担起风险，他说：“如果这款产品不能畅销，我将引咎辞职。”此后，他迅速作出几个决定，最终抓住了商机，不但创造了空前绝后的劲爆产品，也获得了空前的成功，他的个人声望也达到了顶峰，人们皆以商界英雄来称呼他。

Walkman的火爆让很多日企眼红，它们纷纷模仿跟进，试图也分一杯羹，想当初那些电机制造商还认为Walkman“最多不过像先前的玩具娃娃一样，流行一阵子就结束了”。

Walkman几乎没有新技术，因此模仿起来比较容易。只有立体声耳机的微型接口是新技术，但出人意料的是，盛田昭夫竟然不顾他人的反对，坚持无偿公开了此项专利。他说：“如果其他公司想模仿，就让它们模仿吧，只有无偿公开才是真正为了Walkman。”事实证明，在这一点上，盛田昭夫确有远见。索尼公开专利后，其他公司开始全部利用这项专利，录音机市场更加异常火爆，Walkman已成为时尚的代名词，已成为录放机的代名词，所有的录放机都成了Walkman，消费者会直接对售货员说：“我要索尼的Walkman。”

当然，最终受益最大的还是索尼。索尼产耳机的销量是本体的一倍以上。作为Walkman的创始者，年轻人都以拥有索尼产的Walkman为荣，以引起使用其他公司单放机的年轻人的青睐，他们为了炫耀，就会购买索尼耳机，结果索尼耳机的销量大幅上升。耳机的利润十分丰厚，在Walkman之外，索尼又获得了让人们意料之外的成功：在耳机销量方面，索尼超越了以往排名第一的森海塞尔和排名第二的先锋，成为全世界排名第一的耳机生产商。这件事又证明了盛田昭夫的远见，他的经营创见再次赢得了人们的惊叹。

对于这件事情，盛田昭夫对黑木和大曾根说：“并不是从头开发新技术才叫产品开发。企业也并非一定要投入巨资才能进行研发。革新除了技术革新外还有市场的革新。”

这时盛田昭夫 59 岁。作为产品开发者，他的卓识远见已获得了市场的验证，可以说他已站在了产品开发者的顶峰。

3. 为什么好东西不一定好卖

这种情景你一定经常看到：一个销售员经过千辛万苦终于见到了客户，便迫不及待地对客户说：“你好！我是 ×× 公司的销售代表。我们公司是生产 ×× 产品的专业公司。我们的产品有……我们的产品价格低、质量好，还有很好的售后服务……”结果还没有等他说完，客户就冷漠地说了一句：“对不起，我们现在不需要。”也许遇到客气一点的客户会说：“我们现在不需要，等我们有需要的时候给你打电话吧！”结果销售员多半这辈子也没有接到那位客户的电话。

客户购买一个产品，不一定是因为产品好，这只是客户购买的一个必要条件，而不是充分条件，还有一个更重要的条件是客户的需求。客户不一定会购买一个最好的产品，而一定会购买一个他需要的产品。好的产品不一定好卖，因为消费者不一定了解它。如果消费者连这种产品的基本了解都没有，就不能奢望这种产品可以卖得很好。

仓桥毕业于神户商业大学（现在的神户大学），是比盛田昭夫高六年的学长。战争中曾是会计大尉，战后由于偶然的机会进入了八云产业。因为当时考取的是商业大学，仓桥本想更积极地从事商业活动。当他见到 G 型机，原以为这下愿望可以实现了，没想到这不过是一种自命不凡的空想。

对索尼夸下海口、放手一搏的仓桥在停车场停下车，吃力地从后座拖出 G 型机。虽然已经掌握了技巧，但身体的肌肉仍在抗议。再怎么说，G 型机的重量也抵得上一名小个子男性的体重。

仓桥终于乘上电梯，来到了最顶层的社长室。“哎呀，这个太棒了。”拿到介绍信才能见面的S公司社长，在会客室看到G型机之后，他兴奋地说道。

仓桥怂恿似的说：“简直就是魔法！您看了《每天俱乐部》吧，这就是会说话的纸。”

几天前《每天俱乐部》刊发的录音机专版，这位社长已经看过了。里面有这样一段报道，可以看出日本媒体对第一台录音机的横空出世给予的评价：

“这就是日本最近将投入批量生产的‘会说话的纸’，带式录音机（磁带录音机）……”

其录音方法十分简单，在纸带上涂上精心研制的磁性涂料，再让纸带轻轻接触磁头运转，这时用麦克风说话就可以录音了，就像玩玩具一样简单。和留声机的唱片不同，磁带不带针，不会伤人，而且没有杂音。播放录制在磁带上的声音时，仍然靠磁头的转动，只需像收音机一样增大电压就可以了……

一个多月来，仓桥动用了所有的关系，发动了自己所有的朋友，最终却连一台也没卖掉。他的手掌已经磨出老茧，以前没太过劳累的肌肉也越发疼痛。

“这样便利的东西，为什么没有人买？”仓桥完全不能理解。难道自己长期以来只专注于理财，根本不具备销售先进产品的能力？

仓桥把G型机装进货箱，想起对井深和盛田夸下的海口，感觉无颜再见他们。

这时，仓桥突然产生一个疑问，东通工是如何做销售的？他们一定有专业的销售知识和信息。想到这儿，他决心说出自己的困窘，向他们讨教。

盛田也是每天出去推销产品，一一拜访了所有客户。有一次他突然被朋友叫去赴宴。于是他也带着机器来到宴会上，喝醉酒的客人们都兴致高昂地试着录下自己的声音，他们又吃惊又兴奋，可是却没有一个人愿意购买。

讲完这些，盛田昭夫用爽快的语气说道：“大家都认为这么个玩具价格太贵了。”

仓桥自我解嘲地说，“我看他们把我也当成玩具了。”

盛田昭夫继续说：“我也在反省。我一直异想天开地认为我们在日本最先做出这种划时代的产品，一定会十分走俏。可是我错了。好的东西不见得就能卖出去。就拿我们公司来说，录音机是工作必需的么？不是。即使是划时代的产品，对于不需要的人来说，就好比对牛弹琴。其实这些天我有一种茅塞顿开的感觉。也就是说，开发划时代的产品固然重要，而找到懂得它的价值的人，或者让人们懂得它的价值是同样重要的事情。”

仓桥体会到了盛田昭夫所说的“茅塞顿开”。诚然，人们在购买时并不注重商品是否划时代，而是注重对自己而言商品是否有价值。盛田昭夫似乎看透了仓桥的心思，继续说道：“需要记录声音的部门和个人应该很多。可是他们不会等着我们来，大海捞针似的一一拜访也未必能遇见他们。那么我们要弄清楚需要录音机的人在哪？”仓桥想了想，说道：“以录音机来取代速记，这主意怎么样？”

“议会或者法庭，也许会需要。即使不用于速记，音乐学校或者英语口语学校也是我们要找的目标。”

“也许有销路。另外一定还有我们没想到的地方，我们必须扩大宣传，花一些钱大力进行广告宣传活动。”

不一会儿，盛田昭夫带着樋口晃进来，他对仓桥笑了笑，然后说道：“樋口君，我要组织全公司的人展开销售活动。现在顾不了销售、开发、技术的分工了。即使是技术人员，包括发明G型机的木原君，让他也站在销售的第一线吧。我要制定一个全面开展销售的体制。首先要在各地举行展示会。”

让大家懂得产品的价值和开发划时代的产品同样重要，仓桥这时已将盛田昭夫的话铭记在心。可是，他还不知道盛田昭夫已经决定将东京通信工业的开发交给天才的井深大，而自己则全力以赴向社会宣传产品的价值，发掘消费者的需求，也就是现在所说的市场。尽管销售预测十分重要，但进行高质量的销售预测却并非易事。而且因为需要根据销售预测制订销售计划，所以在进行预测和选择最合适的预测方法之前，一定要充分了解对销售预测产生影响的各种因素。有时可能厂家看好的货物却不一定好卖，这时候如果预测太高难免会有落差感。

4. 高质量来源于自上而下地追求卓越

质量和服务是卓越企业一致的特征。企业要达到质量和服务的标准，不能只靠高层主管的努力，必须人人有责，全体员工都要有杰出的表现。公司的关键人物不是少数的害群之马，也不是少数佼佼者，而是一般工作人员，所以如何关怀、支持以及让其发挥潜力，是管理的首务。我们称之为“以人为本”。

站在顾客的角度审视自己的产品，接近顾客。这可能是最难做到的一点。公司要注意的细节多如牛毛，实在很难多加关照顾客。如果顾客还包括了经销商和一般使用者，那就更是难上加难。尽管如此，一些成功的大企业还是成功地让公司里的每一个人都和顾客保持密切联系，而且使自己的产品受到顾客喜爱。这也是他们基业常青的重要原因之一。

即使企业规模很大，还是要像个小公司般运作。每个员工都要追求卓越，企业才能走向卓越。

浅井俊男正坐在办公桌前，专心致志地埋头画图纸。为了争取微型录音机的电子化，他从前些天就开始找办法。浅井体格健壮，眼镜后面的眼角微微向上挑，薄薄的嘴唇闭成“一”字形，脸上带着技术人员特有的倔强。

浅井正在潜心制图，听见有人从背后叫他，回头一看原来是高烟恒男。高烟是M工程最年长的人，已经接近退休年龄。

“我做好了，你听听。”高烟微笑着把“Business Machine”（BM-12）递给浅井。

“做成了？”

浅井把密闭性的大耳机放到耳朵上，立刻受到了震撼。他的身体似乎突然被贝多芬的《命运交响曲》占据，产生了坐在大剧院的最前排、欣赏交响乐团现场演奏的感觉。不，耳边的声音世界比现场还要有震撼力。

“真了不起。”浅井摘下耳机发出了感慨。

“不错吧。”高烟得意地闪着眼睛。浅井打开 BM-12 的盒子，只见原来安装两节 5 号电池的电池盒一侧安装了电路，并用树脂固定着。

“原来如此，真是个好主意。”

M 工程前一段时间就有一个构思，要“开发用耳机欣赏立体声音乐的机器”，现在高烟做出了这种机器。

这一年（1978 年）春天，索尼推出了可以放在手掌上的小型录音机“Pressman”（TCM-100）。考虑到报社记者采访时比较适用，所以起了这个名字，但他们也许没有想到，“Pressman”这个词在美国是印刷工人的意思。

“Pressman”的原型是“Business Machine”（BM-12），它是用于记录口述的录音机，主要对美国出口。

这种录音机上装有立体音响磁头，一个频道用于记录口述的语言，另一个频道可由口述者在自己需要的地方加入通常播放无法听到的低频信号，起到了书签的作用。在秘书打成定稿的时候用快进，低频会发出“噼——”的信号声，很容易便可以找到开头的位置。

因为使用的是立体音响磁头，所以可以直接用于录音和播放立体声音乐。想到这一点的是高烟。高烟非常能干，以前还亲手做过会长室的无线呼叫装置。他的才能换来了这个成果。

“喂，听一听这个。”高烟让在秘密房间的成员们逐个试听。

“哇！真了不起！”

高烟的试验机音色逼真，不久便得到 M 工程成员以外很多人的公认。大家戴上耳机都发出惊叹声。其中一位是凑巧路过的井深大。那是 1978 年年末的事情。

可是，谁也没有想到这个机器能马上实现产品化，就连做梦也没有想到在此基础上会开发出在全世界大受欢迎的产品。浅井在以前的公司时，曾参与制作专门播放用的录音机，但完全没有市场。

出生于东京的浅井俊男，大学毕业后马上进入日本哥伦比亚公司就职，参与录音机和高频调谐器的设计。他有时买回索尼的产品，然后换上自己正在设计的零件，观察其特性变化。结果他发现调谐器敏感度明显提高，杂音也明显降低，于是常常惊叹于索尼产品的性能之高。他想把更多的索尼零件用于自己的工作上，可索尼是不销售零件的。由此，他产生了对索尼公司的向往。

一次偶然的机会，浅井看到《朝日新闻》上刊登的索尼《招聘工程师》的广告，马上报了名。在最后一场面试上，他见到了樋口晃。他们谈了很多关于国外的话题，当被问道："你想去国外工作吗？"浅井兴奋地回答："是的，想去。"

在接到录用通知时，浅井头脑中闪过一个念头，可能他会被派到海外赴任，可是事与愿违，他被分配到总部 7 楼的收音机第三项目科。那里主要制作盒式收录机，浅井参与开发 TC 和调谐器。

浅井一到索尼上班，马上高兴得眉开眼笑。他在哥伦比亚时做实验每每想用的索尼零件应有尽有。他觉得使用这些零件，开发一定能有进展。

进入索尼后不久，有一件事情给浅井留下了深刻的印象。当时他正在为盒式收录机上的钟表进行使用芯片的集成电路基本设计。他在大纸板上摆满了零件，正在做实验，感觉身后有人。回头一看，原来是副社长岩间和夫。他立刻点头致意。岩间神情和蔼地小声问道："你在做什么？"

"是 CMOS-IC 的基本设计。"

岩间和夫问了几个问题，浅井紧张地回答了。岩间和夫走后，浅井感到心里很温暖，他想："在索尼，副社长竟然亲自来基层视察部下的工作！"

此后，浅井参与了各种盒式收录机的新产品开发。为争夺市场，索尼进行了大规模的机构改革，收音机第三项目科的成员被分流到收音机项目部和录音机（TC）项目部两个部门。前者负责与音乐相关的盒式收录机，后者负责 Pressman 等会议用录音机。因为大家都知道浅井爱好音乐，他又开发过盒式收录机的集成电路，所以他自认为会去收音机项目部。可没想到，他被调到了 TC 项目部。

浅井感到很失望，他向策划科科长手塚多吉抱怨道："为什么不让我负责盒式收录机？追求出色的音质才是我的梦想。"

手塚安慰浅井说："虽然你的分内工作是开发会议用录音机，但是有空闲的时候也可以做自己喜欢的事。只要分内工作完成了，其余时间做什么都可以。”

正如手塚所说，TC 项目部长大曾根幸三将浅井等几名工作人员作为机动部队，把他们从一般业务中脱离出来开发新产品。当时，大曾根用充满干劲的语气对大家说道：“你们随意开发新产品吧。如果让你们开发规定品种，不给你们自由权，会很无聊吧。”

浅井等人马上取得设施部的许可，从仓库运来隔板，在楼层的一角隔出机动部队的专用房间。隔墙的半腰以下是铁制材料，上面是毛玻璃，这样围起来就完全看不见里面的样子，可以专心地进行秘密开发。

1979 年年初的一天，大曾根来到秘密房间对浅井说道：“浅井君，我想把那个机器拿给总部的盛田会长看看。”

浅井马上意识到他指的是高烟手工制作的盒式录音机，于是将机器交给他。大曾根说：“我一个人拿过去，到时候出了故障的话不好办，你也跟我一起去吧。”

“知道了。”浅井将螺丝刀插入口袋，跟在大曾根身后走了出去。

两个人从芝浦办公楼的大门前乘坐小型巴士班车直奔御殿山总部。会长室在总部 7 楼，他们从 6 楼突出部分的楼梯走上去。两个人打算从秘书室前面穿过去会长室，被经验丰富的秘书拦住说：“现在会长正在打电话，请在外面稍等一下。”

没有办法，他们只好坐在沙发上等。这时，井深大迈着悠闲的脚步走过来。他已经退为名誉会长，但还在盛田昭夫隔壁拥有一间办公室，每天来上班。

井深大向大曾根打招呼：“你有什么事？”

“我们想给盛田会长看看这个……”

井深大接过大曾根拿出的机器看了看。

“嗯。”

井深大小声地“嗯”了一句，并没有把耳机戴到耳朵上还给了大曾根。

浅井不知道井深会说什么，紧张地观察着他的表情，可井深大什么也没说。浅井想，也许井深关心的总是最先进的技术，这个不是，所以引不起他的兴趣。浅井并不知道，其实井深大已经听过这种机器放出的这种令人震撼音质了。

“会长接完电话了，请进吧。”秘书说道。于是两个人走进会长室。

宽敞的会长室里洋溢着主人营造出的热情气氛，里面杂乱地摆放着正在进行中的试验机和资料等物品。自 1976 年 1 月 5 日盛田昭夫担任会长以来已经过了 3 年，这时盛田昭夫已经 58 岁了，但他仍然在争分夺秒地工作着。

1975 年 5 月推出的 Betamax 和以松下电器为首的 VHS 阵营展开了激烈交战，原本领先的 Betamax 眼看就要被赶上了。

一年多后的 1976 年 9 月，美国以“侵犯著作权”为由对 Betamax 提起诉讼，盛田昭夫担任了这场官司的阵前指挥。

如此一来，盛田昭夫同时在几大战场奋战，是索尼军团名副其实的大将。尽管如此，他从年轻时就一直坚持滑雪，两年前又开始打网球。他常忙里偷闲地约朋友和部下去滑雪场或球场，显示出与其年龄不符的旺盛体力。很多情况下，都是比盛田昭夫年轻 10 岁的部下先叫停。大家都以看超人的眼神看盛田昭夫，而盛田昭夫也感到很愉快，他真的像扮演超人一样加紧了自己的日程。

索尼产品的质量保证，并不是几个主要人物追求卓越的成果，而是所有索尼人共同向更高处迈进，不断攀登新高峰的结果，所以说，高质量来源于自上而下地追求卓越。

法则五 以人为本

——匠人的管理哲学

1986年，在索尼公司创建40周年的纪念活动中，曾有人问盛田昭夫成功的秘诀是什么。对此，盛田昭夫微笑着说："其实很简单，就是企业的经营要以人为本。"

1. 转变沉闷的会议风格

有些公司会议，因为会议主要是向上级汇报工作情况，以至于经常气氛沉闷，大家小心翼翼，每个人都怕被领导和其他部门经理指出问题，因此开会没有效率。很多时候领导也都想改变这种会议氛围，但无奈还是不能使会议轻松点、积极点、有效点。其实会议氛围，就像一支部队的作战风格，一个公司的会议风格，和主持这个会议的主要领导人的风格是密切相关的。轻松活泼的会议，往往可以产生最好的效率。

当黑木靖夫走进盛田昭夫的房间时，盛田昭夫开心地笑着，从提包里拿出一个小电视机，放在办公桌上。

"了不起吧。我们这次要销售这个。"

盛田昭夫给他看的是一部电话机大小的电视。至于显示屏，只有明信片那么大。黑木看得目瞪口呆。

盛田昭夫拔出天线，开启电源，微小的显示屏立刻映出清晰的画面。

“这可真了不起！”

黑木发出一声感叹。

“啊，世界上第一台全晶体管电视机。我们要把它销往全世界。”

黑木被流畅地活动着的画面所吸引。

“明年春天上市。你也参加销售战略会议吧。”

“我么？”

“是啊。”

黑木感到吃惊。自己进入公司只有一年，竟能参与最先进产品的销售战略会议。

黑木不禁想起了另一件事：那时他刚进入公司一周左右，在六楼的董事会议室里，业务部广告科和销售促进科的10名工作人员召开了会议。仓桥、广告科长前川馨和黑木等人参加了会议，盛田昭夫也出席了。

“诸位，需求是创造出来的。无论多方便的产品，消费者如果不懂得它的价值，产品就卖不出去。古董……”盛田昭夫热情地讲述了自销售录音机以来他深信不疑的理论，然后继续说道：“所以，要让消费者懂得产品的价值，诸位的作用是非常重要的。你们必须全力以赴！”

听了盛田昭夫热情洋溢的讲话，黑木不禁脱口而出：“既然您觉得宣传那么重要，不如您自己兼任宣传部长吧！”

说完这句话，黑木心想，糟了，毕竟对方是副社长。可是仓桥好像比黑木更紧张，他急忙站起身向盛田昭夫解释道：“他是一周前刚刚应聘进来的。”

盛田昭夫愉快地大笑起来。

“或许真像你说的那样。但是我还有其他工作，不能兼任宣传部长。所以才期待你们努力啊。不过，你叫什么名字？”

“黑木靖夫。”黑木身材消瘦，眼睛中带着纤细和敏锐的双重目光，给人一种犀利的感觉。

这次会议结束后，盛田昭夫时常来到业务部黑木的办公桌前，问道：“喂，干得怎么样？”

“是，正在努力。”黑木也轻松地回答。

索尼的腾飞如同刚刚升起的太阳，而身为副社长的盛田昭夫总是“神出鬼没”地出现在公司里，和基层的员工们直接对话。黑木被热情投入工作的盛田昭夫深深地吸引了。当时，盛田昭夫 40 岁，黑木靖夫 29 岁。

为销售好不容易完成的“SV-17”，1962 年年初，索尼公司召开了销售战略会议。地点同样是董事会议室。井深、盛田、仓桥、前川、设计师谷津等人连同黑木一起出席了会议。

首先，井深讲述了他对 5 英寸电视机的想法：

“5 英寸可以说是集约化的极致产品。因此和 8 英寸产品的概念不同。人们不会像看普通的台式电视一样观看它。大家可以在户外看，可以在车里看，可以依照个人的需求用和以往不同的方式观看。也就是说 5 英寸电视机可以满足个人的垄断欲望。”

盛田补充道：“如果不紧紧抓住这一点，卖点就会变得模糊，变成只是技术人员为自我满足而开发的稀奇产品。”

会议桌前的成员们都使劲地点着头。

会议首先从“SV-17”的昵称命名开始。

“总之，大家举一些头脑中随意联想到的词吧。”

“迷你电视机怎么样？”一名出席者说。仓桥马上将这个词写在黑板上。

“小可爱电视比较好听。”

“叫我的电视，可以说明用途。”

一些名字接二连三地被写到黑板上，大概有将近 30 个。每位提议者都讲述了自己的想法，其余人对此提出疑问。

为达成共识，大家都坦率地交换意见，没有人因顾及井深和盛田的面子而掩饰自己的想法。因为大家都知道他们不在意这些。每一个人的发言都表达了他们感性和理性最深层的东西。尽管有些紧张，但气氛是融洽的。

时间过得飞快。天色晚下来，有人在敲会议室的门，是鳗鱼店送外卖的伙计。

“总算来了。”井深这样一说，大家也都感到饿了。狼吞虎咽地吃过饭后，他们又重新开始了讨论。直到深夜，大家都发表了自己的意见，井深说：“今天就到这里吧。”

第二天，会议再次召开。经过反复淘汰，最终剩下“掌上电视”和“微型电视”两个有力的候补。

“掌上电视所表达的意思是可以观看自己专用的电视机。”

“用掌上电视，人们体会不到最先进技术的意义，而微型电视能给人这样的印象。”

在双方各执一词、需要裁决的时候，井深大说话了：“我认为微型电视比较好。掌上电视的含义不够丰富。”

“是啊，听起来像手工制作的曲奇。”盛田愉快地说道。电视机的昵称就这样被确定下来了。

第二天，仓桥向业务部成员们说道：“今天没有鳗鱼盖饭会了，明天再开。”

黑木一面微笑着，一面说道：“什么？怎么变成鳗鱼盖饭会了？”

“因为总是一面吃着鳗鱼盖饭一面开会啊。”

不知从什么时候起，相关人员将 5 英寸电视机的销售战略会议戏称为“鳗鱼盖饭会”。随着销售日期的临近，鳗鱼盖饭会也愈演愈烈。

2. 不要向员工表示你是一个艺术家

索尼在成功进驻美国后，公司急需大量的人来建立销售组织，因为当时索尼产品在美国销售得很好，业务扩展得非常快。因为急需，所以在招聘员工时，相关部门就没有仔细审查，结果新来的员工中有些人十分不合适。其中有一个新员工还惹了不少麻烦，搞得盛田昭夫非常生气，同时也为这位新员工着急。

盛田昭夫为这个员工费了不少心思，最后，他与美国的同事谈到这个员工时说："要怎么安排这个家伙才好呢？"盛田昭夫说完这个话，就发现其他人都奇怪地看着他，仿佛他说了很可笑的话一样，他们很随意地说："很简单，开除他就好了。"听到这个建议，盛田昭夫不由大吃一惊，因为盛田昭夫至今还没有开除过任何员工，尽管这个美国员工给他招了不少麻烦，他也从没动过开除他的想法。但是，在美国，此类问题就是以开除来解决的。这种做法看起来很清晰、直截了当和符合逻辑。在美国人看来，开除一个人是非常简单的一件事情。盛田昭夫不由想：美国真是管理者的天堂，在日本，管理者可不能轻易这么干。

但几个月以后，盛田昭夫又看到了事情的另一面，让他对美国的管理方式有了新的认识。当时，索尼有一位地区销售经理，能力不错，看上去非常有发展前途，盛田昭夫也很看重他，让他扩大范围，到东京去结识本部的各位同事，去熟悉索尼的经营哲学和组织精神。这位销售经理干得很好，给东京的各位同事留下了深刻的印象，大家对他评价不错。回到美国后，他继续为公司工作，大家都为他的进步感到高兴。然而突然有一天，在事先没有通知的情况下，这位销售经理来到盛田昭夫的办公室说："盛田先生，非常感谢您的栽培，不过我要离开了。"听到这话后，盛田昭夫一时简直不敢相信自己的耳朵：世界上竟有这样的员工？

怎么会有这样的“叛徒”？原来，索尼的一个竞争对手提出了两倍或三倍的工资，请这位销售经理跳槽过去，这位销售经理答应了。

这件事让盛田昭夫意识到：这是在美国，不是在日本，这就是美国人的行为方式。这件事情搞得盛田昭夫既尴尬又难过，当时他真不知道如何是好，他此前从未碰到过这种事情。

事情还没结束，几个月以后，盛田昭夫出席了一次电子展览会，而那个“叛徒”就站在索尼竞争对手的摊位上。盛田昭夫想他们应该相互回避，以免尴尬，但没想到那个“叛徒”不但没有躲着他，反而还主动跑过来跟他打招呼，热情地与盛田昭夫攀谈，似乎一点羞耻感都没有。并且，他还热情地向周围的人介绍盛田昭夫，向其他人展示他的新产品，仿佛他们之间没有发生过任何违背忠诚的不愉快的事情一样。这时候盛田昭夫才意识到：在美国制度下，这位销售经理带着索尼的市场信息和公司秘密背离而去，是不会受到任何的道德谴责的。在美国，这样的事情非常普遍，天天都会发生，因此，这里根本不是管理者的天堂。盛田昭夫决定，索尼一定要尽最大努力来避免这种管理方式。

另外，盛田昭夫还发现一个西方与日本的不同之处，那就是在西方国家，管理者在经济不景气的时候就会毫不留情地裁减工人。这让盛田昭夫大为震惊，因为在日本，除非到了山穷水尽的地步，否则绝不会这样做的，而且即使做了，也会充满愧疚。当初由于石油禁运，完全依赖进口的日本曾一度深受其害。受此影响，1973 年到 1974 年，日本的通货膨胀率高达 25%，一些公司无法继续经营，不得不让员工回家。但是这些员工却不愿意在家闲坐，眼睁睁地看着他们的公司身陷困境，于是他们又陆续地回到自己的公司，做一些打扫卫生、修剪草地的事情，尽义务地干一些杂活。比如，一家电气制品公司让员工去一个当地的电气商店里帮助那些遇到困难的零售商，充当免费的推销员。这种事情并不是出自管理者的决定，而是出自员工的自觉，他们把自己的工作与公司的命运紧紧相连在一起，无论如何，他们不会轻易离公司而去。盛田昭夫还向人举过这样一个例子：大阪有一位被裁减下来的员工，暂时在家里待了一段时间，后来回到工厂后，在接受媒体采访时说，他的妻子为他闲坐在家感到羞耻，对他说：“你们公司遇到这么大的困难，你怎么能每天坐在家里无所事事呢？”

可能由于受日本传统雇佣制度的影响，盛田昭夫实在搞不懂开除员工究竟有多大好处。盛田昭夫认为，经营者在雇人时要承担风险和责任，那么他还要继续负责使这些人一直就业。换句话说，雇员在这个决定中不承担最初的责任，因此，当经济不景气时，为什么雇员就要被经营者解雇呢？为了避免这种状况，盛田昭夫认为，公司在兴旺的时候要对增加员工的事谨慎行事，不轻易解雇一个员工，也不随便雇用一个员工。索尼的理念是，一旦雇了新员工，就要尽最大努力让他明白，在索尼大家要同舟共济：在经济不景气时，公司即使会牺牲利润也不会裁员，但他们的工资或奖金不得不有所牺牲，因为整个公司必须共渡难关。另外，还要让员工知道，管理者没有大量地侵吞奖金，在索尼，只有员工才有奖金，经理们不能享受经理撤职补偿，而只能得到对终生雇用和建设性工作的永远保证。还有一点必须说明，在公司处于困境时，最高层的经理们比下级职员先扣工资。

盛田昭夫不愿意让经理们产生这样一种感觉：自己是上帝精心挑选出来的、带领愚民完成奇迹的非凡人物。商业上的事情有其自身的独特性。在艺术的世界里，如果一个人想成为艺术家，就必须是出类拔萃的人物，比如那些钢琴演奏家，还有杂技团里走钢丝的人或者高空表演者。这些人都受过长期的艰苦专业训练，因而身怀绝技。最重要的是，对于这些人而言，他们明白，他们的任何一点错误都会在观众面前暴露无遗，并因此可能毁掉他们的职业生涯。

但是管理方面却不同，一个管理者可以连年犯错误而无人发觉。对于管理，哈佛商学院和其他人做了很多工作，获得商业管理高级文凭的人也越来越多，然而管理仍然是一个难以精确把握的行业，它不能用下个季度的底线来判断。因为在到达底线时，经理们仍然可以镇定自若，但同时却因无法为未来投资而使公司垮台。

盛田昭夫认为，衡量经理的业绩时要看他能否组织好大量的员工，如何充分发挥每个员工的作用，怎样让员工们相互合作。这才是管理，不管是哪一行业，管理都不是从资产负债表上时黑时红的底线开始的。

盛田昭夫常对索尼的经理们说:“不要向雇员表示你是一个艺术家。艺术家可以独自一个人在钢丝表演精彩的节目，但管理不是如此。你要向员工们表明，你怎样努力吸引大量的人全心全意地跟着你走，热情地为公司的成功做出贡献。”如果管理者能做到这一点，那么，其他的事就不需要操心了。

3. 领导风格决定企业精神

索尼公司现有 9000 多名科学技术专家和工程师，为了充分发挥科技人才的积极性和首创精神，他们推行一种独特的用人制度，即允许并鼓励科技人员根据自己的兴趣、爱好和特长，“毛遂自荐”去申请各种研究课题和开发项目，允许他们在公司各部门、各科研组之间自由流动，各部门领导不得加以阻拦。

索尼公司认为，一个人老待在一个地方，会因为成功而过于自信，从而失去创造力。那些不安于现状、不墨守成规、敢于在各科研组之间跳来跳去的人，最具有创新精神，能激发竞争，增强科研队伍的活力，开发出新的产品。例如，笔记本式电脑就是 34 岁的工程师平山“毛遂自荐”到英国考察后开发成功的。这种灵活的用人制度，使许多年轻科技人才脱颖而出，成为课题的负责人，或担任了公司的重要职务。

整个索尼公司，从总裁、总经理到普通职员、普通工人，都一视同仁，相互敬爱、相互尊重。上班时间，大家都穿一样的夹克衫，在不分等级的餐厅里一起就餐，像一个融洽的大家庭，每个人都是家庭中的一分子，充满着人情味。索尼公司的高级主管、各厂厂长都没有单独的办公室，而与工人们在一起，以便尽快地认识他们、熟悉他们。

“少说话。”刚刚进入公司的川田史子被自己的上司——常务董事半导体部部长岩间和夫——这样训导，老老实实地点了点头。平时很少说话的岩间继续说道："我有时会把一些人叫来训斥，被训的人也许会没面子，所以那时候你要装作若无其事地离开。"

川田见岩间十分细心地体谅下属，对常务秘书这一重任的紧张感缓和了一些。"岩间先生在吗？"一个月以后的一天，坐在部长室一角的秘书座位上的川田拿起电话，话筒里传出一位男子有力的声音。

"对不起，请问您是哪位？"

"不记得我的声音可不好办啊。"

"实在对不起……"

"MORITA"

虽然对方这样回答，可川田仍没有意识到 MORITA 不是森田而是盛田昭夫。不过她想应该向岩间传达，所以马上对里面办公桌前的岩间说道："一位叫作 MORITA 的先生打来了电话。"

"MORITA？"岩间带着惊讶的神情接过话筒。

"喂！"

岩间的表情很快缓和了下来，然后用尊敬的语气开始对话。此刻川田"啊"地小声惊呼了一下，脸上甚至冒出汗来。对方就是大名鼎鼎的盛田副社长。

不一会儿，岩间挂断电话。川田想一定会受到批评，可是岩间什么也没说就回到座位上去了。

过了一会儿，一位男士一阵风似的出现了，这个人是盛田昭夫。盛田昭夫一看见川田就笑着说："刚才是你吧？岩间先生在吗？"

"是。"

川田刚从座位上站起，盛田昭夫已经朝办公桌前的岩间搭话了。

川田史子 1961 年从成城大学毕业后来到索尼。当时，在聘用女大学生的少数企业中，川田听说过索尼的隧道二极管很受欢迎，她想也许自己能进入需要使用英语的海外部工作，所以应聘并被索尼录用。

川田对身边的井深大、盛田、岩间、大贺等创建索尼的巨人们进行了观察，发现他们的个性都很突出。

比如房间的电话响时，如果秘书不在，盛田或大贺会马上自己接起电话处理事情，而岩间自己不接电话，他会等川田回来时告诉她：“刚才电话响了。”

岩间将所有的电话接听都交给秘书，将职责范围划分得很清楚。川田觉得这一点很可贵，绝不会因为处理了自己不清楚的事情而造成失误，而盛田和大贺只要房间里的电话一响，他们一定会接听。

盛田昭夫总是开朗充满活力并富有机智。有一次秘书们聚集起来给盛田送花为他庆祝生日，盛田昭夫收到鲜花后十分高兴，然后就去国外出差了。他在国外给秘书们寄来感谢的明信片。可是阴差阳错，明信片上漏掉了几名秘书的名字。川田也是其中之一。看了明信片后，川田想到了一个好主意。她把明信片贴在硬纸板上，在旁边画了一颗破裂的心，写着“再也不一起玩了”，然后把这个东西拿到会长室。因为同事们经常有机会和盛田昭夫一起打网球、滑雪。于是，盛田昭夫在纸板上画了幅自己将破裂的心修好的插图，写道：“伤好了，再一块儿玩儿吧！”又返还给了川田。

比如，房间里的表慢了。

盛田昭夫一定会发现后对秘书说：“这表慢了吧。”立刻自己动手调整，而岩间即使发现了也不作声。大贺也是一发现就马上动手修好，然后才告诉秘书。

比如，上班时和部下打招呼。

井深对秘书说：“嗨，早上好！”走进房间时已经脱掉外套交给秘书。

盛田昭夫来到公司对身边的人打招呼：“来了，来了。”然后马上工作。他在上班路上把当天要做的事录到录音带中，一到公司就交给秘书说：“这个，拜托了！”然后马上出席会议，忙得不可开交。

秘书向大贺问候：“早上好！”他也不回答，只是和秘书对视一眼，回以居高临下的笑容。

岩间听到身边的人问候：“早上好！”只是微微点一下头，然后慢慢走到自己的办公桌前，喝完茶看完报才开始工作。他如果越过这样的程序就很难全身心投入工作。川田看到岩间已经进入工作状态了，才安排部下的预约。

岩间特别不爱说话。偶尔开口说话，声音也不清楚，很难听得懂。其他秘书在接受岩间的指令时，甚至问川田:“他这样说……是什么意思？”请川田做翻译。

部长科长会上发言时，盛田和大贺都滔滔不绝，而岩间一边想着措辞一边慢条斯理地讲话，连川田都边听边替他紧张:“好好把话讲完啊。”

“岩间先生”，很多场合盛田昭夫这样称呼进入公司后的岩间，而岩间称呼盛田昭夫为“盛田先生”或以职位称呼，绝没有因为他比自己小两岁而表现出不恭。

井深和盛田十分完美，无论在任何地方对任何人，他们都直率地表现出自己强烈的个性，这令人既敬畏又爱戴。

相反，岩间比较稳重，很少说话，一开始就争取与人和谐相处，可是领导开发部门时，他总是要求部下拿出不折不扣的成果。所以，比起无懈可击的井深大，不少技术人员对岩间抱有畏惧感。

4. 企业必须对员工负责

企业和员工是一体的，企业必须要对自己的员工负责任，对员工负责任是企业负起社会责任的首要责任。不管是在什么地方，人都是第一位的，企业只有承担起保护员工的责任，才能提高员工的向心力。人们常说员工要对企业忠诚，同理，企业也应该对员工忠诚，彼此忠诚，才能团结一致，才能为企业的永续发展创造动力。

作为日本企业及全球企业的佼佼者，索尼一贯以爱护员工著称，索尼从未轻易放弃过任何员工，哪怕这个员工犯了错。在盛田昭夫看来，员工才是企业最宝贵的财产，企业和员工是家庭和家庭成员之间的关系，大家是一家人，所以企业必须对自己的员工负责任，不但在企业兴旺时关爱他们，在遇到困境时，更应该考虑到他们。索尼经过多年的精心培养，拥有了一支具有很强归属感和很高忠诚度的高素质的人才队伍，这也是索尼能成为世界一流企业的重要原因。

在索尼公司，有个人人皆知的故事：在公司艰难创业之时，有一位美国大客户找到盛田昭夫，要求盛田昭夫分别报出订购5000、1万、3万、5万和10万台索尼收音机的单价。根据通常的做法，订货越多，单价就越低。可是，经过一番计算后，盛田昭夫却报出了令人惊讶的单价：5000台是常规价，1万台可以给一定折扣，3万台价格开始上升，5万台的单价高于5000台的单价，10万台的单价最高。这个报价单着实令所有人都大惑不解。

盛田昭夫解释说："10万台是一个大合同，如果接受这个订单就得扩建工厂、增购设备，并招聘更多的工人。如果一直有订单还好，如果第二年公司续签不到订单，那么公司就会立刻陷入困境，那些先前增添的厂房、设备会成为闲置物品，白白浪费掉，同时因为无工可开，许多员工不得不被解聘。"解雇员工一向是盛田昭夫最不愿意做的事情，他说："我们公司是负责的公司，尤其是对员工有着长期负责的义务。"

作为管理者，在成功时要记住那些为之努力工作的人，在团队出现困难，尤其是团队成员出现困难时，更要及时伸出援助之手。包括当员工家庭出现以下问题时，如经济方面的问题，家庭经济紧张，或收入突然减少，或一下子要支付一笔很大的开支而影响了家庭的正常生活等；子女方面的问题，如入不了好的学校，成绩差，落榜，失业或闯祸违法等；长辈方面的问题，如对夫妻双方的父母照顾不周，或他们觉得厚此薄彼而产生了不满，或有亲人、朋友去世等；夫妻之间的问题以及突发事件等。

纵观世界上发展成功且有数十年或上百年历史的企业，我们可以发现，这些企业在危机时，员工的忠诚度非常高，当企业出现危机或出现难以解决的问题时，员工都会像遇到自己的问题一样寝食难安，无论条件怎样艰苦，他们都愿意与企业共患难，因而，这些企业才得以在多次危机下屹立不倒。为什么员工愿与这些企业共患难呢？因为这些企业平时就注重培养同甘共苦的精神，坚持走与员工"同甘"的路线，企业的成功必须让员工分享，这样员工的忠诚度自然就高，在危机时自然会与企业共进退。

社会上倡导要“打造高度负责任、高度受尊敬企业”，而盛田昭夫这种对社会负责、对员工负责的精神，值得很多企业管理者学习。不管是管理者还是企业员工，应该认识到个人的存在和发展与企业的存在和发展是息息相关的。

5. 改善工作环境，车间比家还舒服

企业要对员工负责任，改善员工的工作环境是非常重要的一方面。努力创造和谐的工作环境，采用情感管理和人性化管理，满足员工的自尊心和幸福感，才会激发员工的聪明才智，激发员工巨大的热情和干劲，实现企业与员工的全面发展，密切管理者和员工的关系情感，让员工感觉到幸福，自愿和管理者一起努力构建和谐环境，并谋求发展。

现实中，有些企业为了最大限度地降低成本，对员工恶劣的工作环境熟视无睹，特别是一些不良企业，因为环境问题，给员工身心带来了极大的伤害。有些企业，虽然尊重员工，但却没有认真实施，认为改善工作环境必然增加成本减少利润，已经给员工涨了工资，还要再改善工作环境，有必要吗？许多企业舍不得投入这个钱。

一次，盛田昭夫在参观某著名公司的电视机组装厂时，发现每位管理者的办公室里都装了空调机，而外面的车间热得像蒸笼，让人喘不过气来，风扇噪音很大，吹出的是热风，工人们个个挥汗如雨。盛田昭夫当时就想：“工人在如此恶劣的条件下干活，怎么能够生产出高质量的产品呢？他们怎么可能忠诚于那些舒舒服服地坐在空调房间里的那些老爷们呢？！”

在日本，人们常会说，生产产品的车间比工人的家里还舒服。大多日企非

常注重员工的工作环境，愿意花巨资改善员工的工作条件，当然索尼在这方面也从不落后。在20世纪50年代的后期，索尼就于办公室之前优先在车间里装了空调机。

诚然，盛田昭夫希望每个员工都有最好的工作环境，但他并不认为豪华的、惹人注意的单间办公室能更有效率。如今，索尼在世界各地都有舒适的办公室和豪华的大楼，但设在东京的总部却只是一所改造过的工厂建筑。

盛田昭夫对日本企业的一些做法是非常认同的。对日本的大多数企业来说，资金一般都会先被投入到与产品直接有关的方面去，不会在其他地方花太多钱。通常情况下，日本企业厂区的建筑物看起来都很像仓库，但是里面却应有尽有。因为常与国外企业打交道，盛田昭夫发现，这些外国企业在陈设和装潢这些多余的东西上花费了太多的精力和资金，他认为这非常不值得。当然，对于某些行业来说，向顾客炫耀一下是很必要的，但对于搞实业的企业来说，这大可不必。有这些钱，还不如考虑改善工厂里的环境，因为这与产品质量有着直接的关系。

公司草创之初，非常穷困，也正值日本战后物质匮乏时期，几乎所有的员工连件像样的衣服都没有，员工们穿着各种各样的衣服来上班，没有什么新衣服，有的员工甚至连买旧衣服的钱都没有。后来，当公司稍有利润时，盛田昭夫立刻就用公司的钱为每个人置办了一件工作服，可以在办公室里穿。后来公司发展起来，员工的收入都有了提高，能够买得起自己的衣服，因此可以把旧工作服丢掉了，但是，每个人又不愿意丢掉自己的工作服了，因为工作服给他们一种很温馨的感觉，当大家穿着工作服一起工作时，就像是一个大家庭一样。因此，盛田昭夫决定继续提供工作服。起初领导人工作服与员工有所区别，但后来采用了与员工完全一样的工作服，盛田昭夫也会偶尔穿一下自己的工作服。

索尼公司成立35周年之时，盛田昭夫想借着这个机会为索尼员工设计一种新工作服。他让东京好几家百货商店的服装设计部门展开竞争，为索尼全公司的员工设计和提供新的工作服，但是这些设计对员工来说没有明显的好处。最后盛田昭夫便请一个朋友，一位世界一流的服装设计师帮忙。这位设计师来到索尼公司，经过仔细观察后，又经过大约一年时间，提出了一种设计得很简单但又很灵巧的灰色工作服，镶有红色的滚边，袖子可单独拆下来，使得工作服变成一件背心，因此一年四季都可以穿。

也许这是一件小事，但从一件衣服可以看出，盛田昭夫对员工的关怀。现在，索尼的员工皆以自己的工作服为荣，穿上这样的工作服使得他们是索尼大家庭中的一员，而且，凭着索尼工作服和姓名牌，一名索尼员工可以在附近的商店里信用购物。

对于企业来讲，一定要对员工的工作环境进行投入，把对员工的关怀落到实处，真正把员工当成一家人，员工才会以公司为家。

6. 领导者与员工之间实现意见透明化

一般来说，人们都喜欢听好话，而不愿意听批评意见，对于一些领导者而言，更是不愿意下属反驳自己的意见，让自己脸上无光。还有些人会错误地对待与自己不同的意见，甚至把提批评意见的人当成仇人。如果领导者容不下与自己意见不一样的人，那么公司就会形成一言堂，无人敢说真话，最后受损的只能是公司。

盛田昭夫非常推崇井深大，他常对人说井深大是一个卓越的领导人，深受员工的爱戴，员工很愿意跟着他做事。这时井深大虽然是索尼创始人之一，但从来没有因此而显得高高在上，他从来就不认为仅仅靠一两个人领导就可以成就一番事业。井深大是科技上的天才，世界电子电器工程师协会曾专门授予他马达斯奖，以奖励他领导索尼把半导体零件用于民用电子产品所取得的非凡成就。更为重要的是，井深大从不故步自封，他善于听取各方不同的意见，非常善于将他所领导的年轻工程师们，塑造成互相沟通、精诚合作的团队。

盛田昭夫还指出，要求团队达成共识，不是要埋没员工的个性，拒绝个人意见，而是鼓励大家公开提出不同的意见和建议，且不同的意见越多越好，然后经过讨论得出的结论一定很充分，这才是真正的共识。

作为索尼的最高领导人之一，盛田昭夫也有与员工发生冲突的时候。那时，盛田昭夫担任索尼副总裁，田岛道治担任董事长，有一次两人因为一件事发生了争执，互不相让。田岛道治曾经是皇室人员，是日本老牌的望族，十分受人尊敬，盛田昭夫因为不同意见和他发生了争执，两人各执己见，谁也不肯退步。最后，绝不退让的田岛道治大动肝火地说："既然我们意见不一样，那我还是离开索尼，免得我们经常吵架。"此时，盛田昭夫没有一时冲动，与田岛道治针锋相对，而是直率地说："不行，你不能走。如果我们两个人的意见总是一模一样，跟一个人没有区别，我们之中就应该有一个辞职，免得领两份薪水。正是因为我们的意见不同，才能互相提醒，互相促进，才能有借鉴和参考，这样可以大大降低公司犯错误的风险。你如果仅仅因为和我意见不同，就要求辞职，那你如何对索尼员工交代？"盛田昭夫的话，让田岛道治深受启发，他没有再坚持要走，而是留下来继续和盛田昭夫"唱反调"。

在盛田昭夫看来，无论是上级之间，还是上级和下级、下级和下级之间，都能为公司发展进行不同意见的交换，这充分体现了索尼精神——我们是一家人，敢于讲真话，敢于发表不同的意见，敢于接受不同的意见。

这也体现了盛田昭夫作为领导人的睿智和理性，他不但允许而且还欢迎员工向自己提出不同的意见，同时也展现了盛田昭夫作为一名伟大企业家的博大胸怀。

索尼之所以能够后来居上，占领大市场，其中一个很重要的因素就是以盛田昭夫和井深大为首的领导人虚怀若谷，能诚心接受别人的批评意见，勇于改正自己的错误，使个体和组织得以健康成长。盛田昭夫的这种品德，值得所有管理者学习和借鉴。

法则六

始终对他人保持善意
——匠人的心性哲学

盛田昭夫的一生可以说完全是在索尼的舞台上完成的。盛田昭夫是索尼最完美的代言人和形象大使。他不仅用尽全力、倾其一生为索尼贡献了自己的一切，为世界留下了这个丰富多彩、生命力旺盛的商业王国，也为我们留下了他的人生智慧。

1. 一山能容二虎，信任合作的伙伴

井深大是盛田昭夫一生的挚友，两人深厚的友谊是索尼成功的基石。在商场上，对许多合作伙伴来说，能一直合作到最后是非常罕见的，绝大多数合作伙伴都会因为利益或其他问题而分道扬镳。作为合作伙伴，能几十年如一日，彼此互相信任，互相扶持，这种精神确实令人感动。

井深大是一位伟大的企业家，他具有敏锐的洞察力，同时也是一为理想主义者。1946 年 1 月，在日本战后的废墟上，井深大精心写作了一个长达十页的被称为“创业计划书”的文件。在这份计划书中，井深大这样写道:“组建公司的目的，是创建一个理想的工作场所，充满自由、活力与快乐。在这个地方，极具献身精神的工程师们将能使自己的技能得到最大限度的实现。”这句话，如今已成为索尼文化的精髓。

东通工成立伊始，井深大的岳父为董事长，井深大任常务董事，盛田昭夫任总经理。井深大与盛田昭夫各有所长，井深大在技术上更有天分，而盛田昭夫更具实际的洞察力。更为关键的是，两个人有一种志同道合的默契。

井深大是一个理想主义者，有着成人少有的天真与纯粹，在技术上固执己见，性情古怪，对于公司的经营管理很少插手，主要依赖盛田昭夫。在公司的工作分配上，两人可以说是分工明确，井深大后来因为年纪和身体健康原因不再搞技术，但他把精力和时间花在了写作上，主要写了一些诸如《幼儿园太晚》等畅销书，也就是说，无论如何，他不干涉盛田昭夫的经营。而且，在公司的重大问题上，井深大毫无保留地选择支持盛田昭夫。对盛田昭夫来说，井深大不但是他的合作伙伴，也是他的精神支柱。不管有了任何想法，盛田昭夫都要先和井深大进行交流，听取井深大的意见，井深大的支持，让他在面对外部世界时充满了力量。

当然，作为性格各异的两个人，不可能在什么事情上都保持相同意见，两人之间也发生了一次也是唯一一次不和谐的事情。

彩色显像管是索尼最具有价值的资产之一，然而，当初研制它的过程却十分痛苦。对彩色显像管的研究开发进行了 7 年，在这漫长的 7 年中，索尼投入巨大，蒙受了巨大的亏损。

作为经营者，盛田昭夫迫切要求减少亏损。但井深大痴迷于技术的开发，压根不关心公司亏损的问题，对于盛田昭夫的要求，丝毫不肯让步。因为这个问题，井深大与盛田昭夫一向亲密无间的关系日益紧张。这让两个人都十分痛苦。对盛田昭夫来说，如果是自己的兄弟，哪怕是亲生父亲，如果不管公司的亏损执意研究的话，他会毫不心软地叫停，然而，面对井深大，他无论如何不能作出这样的决定。

最后，盛田昭夫还是选择相信井深大，这不是出于商业的理性选择，也不是出于对井深大的尊重，而是一种莫名的直觉，让盛田昭夫选择站在了井深大这一边。当然，这也是有代价的，盛田昭夫不得不动用了此前他利用广泛的社会关系为索尼筹措了第一笔开发贷款——200 万美元。

对井深大来说，盛田昭夫也是他在情感上的重要支持，在技术上每取得一个小进步，他都会拉盛田昭夫来一起分享。后来，已届暮年的井深大回忆说，他在索尼最值得骄傲的事情，就是带领团队研发了单枪三束彩色显像管。同时，井深大也为在危机中与他共进退的盛田昭夫感到骄傲，他为他与盛田昭夫之间的相互信赖、相互激励的精诚合作而陶醉。

在索尼，员工从来没有听到过两人批评对方的言行。如果两人在某个问题上存在严重分歧，他们会私下里解决，绝不会在外人面前表现出来。当他们在一起时，不管是探讨问题还是日常交流时，他们之间的默契是如此明显，以至于任何一个人都可以看得出来。他们之间这种默契如此神奇，将两人紧紧地连接在一起，以至于他们在一起时，连他们的妻子都无法介入。

1992年，携手创业数十年的井深大与盛田昭夫先后中风，行动和言语都受到了影响，两个人无法进行太多的交流，但他们依然用简单的话语和手势，相互鼓励。盛田昭夫晚年定居在夏威夷，井深大通过电话对盛田昭夫大声说："盛田昭夫，盛田昭夫，坚持住！"盛田昭夫的妻子每次回日本，第一个要去的地方必定是井深大的家里，充当两个人信使，转达他们对彼此的问候和关心。

1997年，井深大因抢救无效去世，终年89岁。盛田昭夫的悲痛无以言表，他的妻子代表他在井深大的追悼会上宣读了悼词："井深君，请接受我对你衷心的谢意，感谢你给了我如此愉快的一生！我从心底感激你！"在场的人不由潸然泪下。

盛田昭夫是日本一个旧式大家庭的长子，从小就被尊为王子。从孩提时代起，他就以一个家长的姿态来应对一切，他有着极其强烈的追求个人成功和被承认的愿望。但是，在与井深大的关系中，他不需要再扮演家长的角色，他的精神也需要一个可以依仗的人，而井深大无疑是一个值得他尊重、依赖的兄长和朋友。

如今，人们仍为盛田昭夫和井深大那种无私的友谊感到惊奇，据盛田昭夫的长子回忆说：当两个人坐在一起喝酒聊天的时候，其他人都不知道他们在说什么。他们似乎在各自说着各自的话，但他们之间好像能互相沟通。

在残酷无情的商业利益和人性贪欲的驱动下，盛田昭夫与井深大能携手并肩共渡难关，几十年如一日，简直也可以称为索尼创造的奇迹之一。兄弟同心，其利断金。盛田昭夫与井深大为人们完美地诠释了这一点。

2. 工作上亲力亲为的领导者

独具匠心往往会造就一个不平凡的产物，对于企业来说，一个产品的生产，一个广告的宣传或者一个展厅的布置，都可以体现一个领导者的巧妙思想。身为一个领导者，在设计上可以独具匠心，而在工作上可以不分高低亲力亲为，实属难得。

微型电视机上市两个多月后，盛田委派黑木去纽约说：“展厅的设计工作就快收尾了，位置在第五街的正中。我从两年前就开始物色了。我绘制了粗略的设计图，现在正让他们在设计室制作模型。因为空间狭小，我想在入口的墙上贴一面镜子，让展厅看起来宽敞些。”

盛田兴奋地说着，黑木仍然不知所措。

盛田说：“SONAM 没有人懂设计。我想派你去负责。”

黑木这时才恍然大悟。微型电视机上市后，盛田立刻将黑木调到海外部。黑木想，当时还纳闷为什么让我去海外部，大概盛田从那时起就准备派我去出差了。

“我想把微型电视机打入美国市场，所以想利用展厅搞一次声势浩大的推销活动。”

展厅计划在 1962 年 9 月 17 日开放，只剩下一个半月的时间。

1962 年 7 月 30 日，黑木带着 1000 美元赶赴纽约，预计在那里逗留 40 天。当时 1 美元相当于 360 日元，所以这笔钱大概有 36 万日元左右，黑木觉得自己突然变得很富有。出发前，盛田告诫他说：“你要当 1 美元是 100 日元，否则会不够用的。”

第五街的中心地段是 40 大道到 59 大道之间。展厅位于 47 和 48 大道之间，这里蒂梵尼、高档商场萨克斯、卡地亚等一流商店鳞次栉比，是纽约，不，是全世界最高档豪华的场所。盛田得意的神情在黑木的脑海中重现。盛田决意要在这最高级的场所开设索尼展厅，他已经跃上了可以大显身手的舞台。

可是，计划开设展厅的 170 平方米空间正在清除原来的内部装修。黑木感到不安。“照这个速度，9 月 17 日来得及吗？”

从那时起，黑木每天都去施工现场和制造展柜的工厂，严密监督工程的进展。

正如黑木担心的那样，工期一再延误。大楼本身已有百年以上历史，梁柱都是木制，必须一面加固墙体一面施工。所以很无奈，日期从 9 月 17 日推迟到了 10 月 1 日。从那以后，黑木每天看着工程的进展内心非常焦急。日本式的每周七天突击施工美国又不允许，星期天施工会遭到周围美国人的白眼。

工程终于有希望在 10 月 1 日前完成了。就在这时，盛田来到纽约。

开放前一天是星期日，在美国这一天不允许工作。可是如果不工作第二天展厅就无法开放。

“好吧，稻垣君。”盛田说道，“我们也帮忙陈列吧。”

“嗯。”

担任 SONAM 总负责人的稻垣茂使劲点了点头。刚好出差来到这里的木原信敏也加入了进来。

为了不让外面看见他们在工作，他们将展厅四周用窗帘遮住。在盛田的指挥下，大家分头在展示棚和展柜中摆放了微型电视机。

“要让客人能够亲手摸到。”盛田轻松地提出一个全新的建议，“否则就没有意义。”

允许触摸商品的展示，盛田在那个时候就自然地想到了。

展厅开放那天，大群的顾客蜂拥而至，狭小的展厅变得拥挤不堪。盛田、良子、稻垣还有黑木都笑得合不拢嘴。

展厅开放后，平均每天有 7000 多人前来观看微型电视机，SONAM 不断接到“什么时候上市”的询问。10 月 4 日开始上市的微型电视机像长了翅膀一样，飞到美国的千家万户。至此为止，令只销售晶体管收音机的SONAM终于松了一口气。

在企业大策略上运筹帷幄，凡是遇到具体问题需要身体力行时，盛田也不在话下，他不仅可以很好地掌控整个企业的发展动向，还了解员工的工作状况，在企业员工看来不仅有领导的权威，还有亲和力。不得不说，在这方面盛田做得很出色。

3. 授权是领导者的风范

现代社会，领导的工作千头万绪，尤其像索尼这样大型的现代企业。如果所有事情都事必躬亲，即使有三头六臂也会应接不暇。正确授权可以减少领导者的负担，使其不为一些小事缠身，而集中精力解决公司发展的战略问题。同时，授权也表现出对下属的一种信任，事无巨细都过问的领导方式不仅对领导者本人不利，还会让下属感到不被信任。另外，正确授权还可以调动下属的积极性，也有利于培养人才和发现人才。授权是领导职责的一个重要内容，也是一种领导艺术。所以领导者必须学会授权艺术。

通过选用优秀的人才可以弥补领导者自身的不足，当员工的价值得以实现，领导者的价值也会相应地得到体现。作为一名领导者，你的职责不是事事亲力亲为，而是要善于选人和用人。因为领导者不可能在所有领域都精通，这时就要靠选用人才来弥补这块短板，从而完成公司的既定目标。下属得以发挥自己的才智，实现人生理想，领导者也能很轻松。

木原信敏在开发录音机时就充分感受到了盛田昭夫一个真正伟大的领导者的风范。

盛田昭夫利用自己的个人关系帮木原争取到了可以去 NHK 观摩从美国进口的新的磁带录音机的机会，帮他打开了技术思路。但最初的试验机效果并不太理想，音质很不完美，噪音比较明显。木原苦恼地向盛田昭夫说明了试验机不能正常工作的状况。这次又是盛田昭夫出面帮他联系到正在为唱片公司和 NHK 做事的电音公司，找到了木原需要的马达。盛田昭夫遇到任何障碍都能立刻找到突破口，这让木原十分崇拜。

身为领导者，应该懂得如何使用自己的权力，更应该懂得授权的艺术。凡事不必事事躬亲，明智地舍弃一些权力，你的企业会更加良好地运转。作为老板，你既节省了精力，又培养了企业人员的独立能力以及主人翁意识，实在是一举多得的好事情。那么怎样才能做到正确授权呢？

首先，必须正确分析组织的目标。

领导者必须根据实际情况对所在组织或部门总目标进行科学的分析、分解，并逐级分配给下属，使不同职位、不同级别的经理人都有与其职位所对应的职责权限，分别完成不同的目标，最后完成总目标。在全公司各司其职的授权情况下，自然会省去老板只凭感觉来判断能否信任的麻烦，而且也增加了许多科学合理的评价成分。

其次，要正确认识下属。

在授权之前，必须对下属进行仔细的考察。清楚认识被授权人的能力是正确授权的前提，一定要根据下属的能力特点授予相应的权力。选择一个正确的授权对象是授权的关键一步，领导者应该将权力授予那些品德好、有能力的人。这就要求领导者在授权之前要对被授权对象进行细致的考察，包括被授权员工的特点、强项、弱势等在内，都应该了如指掌。

再次，明确责任，权责一致。

授权的前提是明确职责，这也是搞好授权反馈与控制的前提。若是职责不清，各行其是，就会不断发生摩擦，相互“扯皮”或“掣肘”，这是授权的大忌。所以，授权者必须向被授权者明确授权事项的目标和范围，明确被授权者的权力和相应承担的义务及责任。这样，既可以调动被授权者的工作积极性和创造性，又利于授权者对工作进行评价，授权者应当信任并支持被授权者的工作，凡应由被授权者自己决定的事，授权者不要过多地干预，以使下属能充分地行使自己的权力，发挥自己的主观能动性，更好地独立完成任务。授权时还须保证被授权者的权力与责任相一致，即有多大的权力就应担负多大的责任，做到权责统一。

最后，要及时反馈与控制。

为保证下属能及时完成任务，了解下属工作进展情况，领导必须对被授权者的工作进行不断的检查，掌握工作进展信息。领导要求被授权者及时反馈工作进展情况，对偏离目标的行为要及时引导和纠正，同时领导必须及时进行调控。当被授权者由于主观不努力，没有很好地完成工作任务时，必须给予纠正，并令其承担相应的责任；对不能胜任工作的下属要及时更换；对滥用职权、严重违法乱纪者，要及时收回权力，并予以严厉惩处，对由客观原因造成工作无法按时进展者予以适当协助。

4. 不拘泥于常规，敢于突破

盛田昭夫是在一个传统的日本家庭长大的，在这个家里，对任何事情的理解都很含蓄。彼此之间的交流总是模棱两可，从不直截了当。在这种家庭环境下，以坦率直言和正面交锋为主旨的美国经营作风又怎么会是他与生俱来的呢？他又怎么可能天生适应美国人通常的社交方式呢？盛田昭夫作为标准的日本传统主义者，到底是像他表现出来的那样，能够轻松自如地融入西方文化，还是他在模仿西方人的做法？

盛田秀夫在一段谈话里准确地描述了他父亲为了达到令他十分佩服的有效沟通而付出的代价和努力。虽然实际上可能盛田昭夫并没有完全消化西方文化，但是他却能够让西方人愉快地接受自己。

这里节选了一段日本一位著名评论家城山三郎，就日本与美国管理方式的差别问题对盛田昭夫进行电视采访时的谈话内容。

盛田昭夫：和语法和发音相比，采用西方人思维方式表达自己更为重要。他们思考问题的方法与我们截然不同。你必须改变自己作为日本人看待事物的方式，否则他们将永远不会理解你在说什么。最重要的是，他们希望马上就听到结论。因为在英语的句型结构中，最先出现的就是结论。

城山三郎：我听说我们的一位首相在首次访问美国之前向您征求意见时，您回答说，最关键的是，说话要用“yes”或“no”开头，然后做一下简要的说明。

盛田昭夫：当西方人提问题或表述一个观点时，他们希望马上知道对方是同意还是反对，所以，在英语里，“yes”或“no”放在句子的开头。我们日本人则喜欢把“是”和“不是”放在句尾。特别是当我们的回答是“不是”时，我们会尽可能迟缓地说出这个词，西方人觉得这一点简直令人难以容忍。

城山三郎：不过，正如您所说，在日本，我们不会直截了当地说“是”或“不是”，而更喜欢说“我会考虑您的建议”。我们的感觉是，在这种情况下模棱两可的态度比较容易被接受。所以，当你在美国时，说话必须直截了当；而当你回到日本时，又不得不含糊委婉。这样变来变去不觉得很为难吗？

盛田昭夫：实际情况比你所能想象的要困难得多。

在西方人的印象中，盛田昭夫已是他们其中的一员，这说明盛田昭夫颇受处于另一文化背景下的西方人的赞赏。他通过自己的艰苦努力消除了实现东西方成功交流的障碍。

从其他方面也可以看出，盛田昭夫意识到，如果他想在国际交流上取得成功，就无法避开由于两个世界观的不同而造成的矛盾，一个是与生俱来的，另一个则是不得不接受，或至少必须模仿。

5. 先去做“助人者”

盛田昭夫能在国际上享有盛誉，与他热心助人的性格是分不开的。即使与自己的利益并不相关，盛田昭夫也总是尽心尽力帮助别人，他曾帮助美国通用汽车公司董事长詹姆斯·洛奇通过谈判买下了五十铃汽车公司 30% 的股份。

在当时，日美关系非常微妙，一些日本国内人士对美国公司收购日本公司抱有敌视态度，因此通用想与五十铃汽车公司达成合作非常不容易。当时，詹姆斯·洛奇来到日本时就受到了一些日本人士的排斥，媒体也进行了相关报道，一些报纸的大标题更是鲜明地摆出怀疑的态度，并发表评论推测詹姆斯·洛奇是来接管五十铃汽车公司的，文中大谈“入侵”和“桥头堡”之类的词语，透露出浓烈的火药味。

在詹姆斯·洛奇来日本之前，美国另一家著名汽车公司的负责人也来到日本进行访问，但是，他在东京的记者招待会上尖锐地批评日本在贸易自由化的进程中步伐太慢，因而激怒了日本人，因此，詹姆斯·洛奇的到来就引起了有关人士的猜疑和排斥。

詹姆斯·洛奇曾是盛田昭夫在摩根担保信托国际委员会中的同事，两人关系不错，因而在詹姆斯·洛奇这次来访日本之际，摩根委员会驻东京的代表请盛田昭夫出面帮助詹姆斯·洛奇，向他简要介绍一下情况，并为他安排一些会见，最大限度地减少双方的敌意。

盛田昭夫一直在为促进日本贸易自由化和削弱地方保护主义而努力，他认为，日本经营多年的自由化和国际化事业来之不易，如果不能很好地处理詹姆斯·洛奇这次的来访，使双方矛盾激化，那就会使得他们之前的努力付诸东流，所以，盛田昭夫决定帮助詹姆斯·洛奇顺利完成此次访问。

盛田昭夫为此进行了周密的计划。首先，他觉得詹姆斯·洛奇应该给日本人留下一个非常正面的第一印象。当詹姆斯·洛奇刚飞抵日本，盛田昭夫就派人在羽田机场的东京旅馆为他租了一个房间。然后根据事先的约定，詹姆斯·洛奇对等在机场的记者表示，自己有些疲劳，需要在旅馆里休息一下，然后才能与媒体见面，回答记者提问。在此之前，盛田昭夫已神不知鬼不觉地提前到达了旅馆，在房间里等候。詹姆斯·洛奇到来后，盛田昭夫花了半个小时向他进行了简要的介绍。

随后，盛田昭夫出面，为詹姆斯·洛奇安排了与通产相宫泽喜一以及工商协会会长的会面，双方沟通得十分顺利。出于周全考虑，盛田昭夫还为詹姆斯·洛奇安排了首次新闻发布会的格局，针对记者们在招待会上可能提出的问题，盛田昭夫与詹姆斯·洛奇及其助手进行了详尽的讨论，并对如何回答这些问题做好了准备。盛田昭夫还特别建议詹姆斯·洛奇，在解释通用公司的对日方针和他本人此次访日的任务时，不要过于张扬，因为正值敏感时期，那样极易引起日本民众的排斥。

当时，正值“二战”后，新闻界把通用公司对日方针视为战后时期最重要的新闻，日本民众对此也是异常关注。盛田昭夫建议詹姆斯·洛奇可以坦率地对媒体发言，通用公司没有兴趣吞并五十铃汽车公司，这样必定能平息日本民众的愤怒。

一切进行得十分顺利，不过，当时外国公司必须要得到政府的准许，才能买下日本公司三分之一以上的股票，在这个问题上，盛田昭夫可以说帮了詹姆斯·洛奇的大忙。他利用自己的关系为这个计划铺平了道路。最终，“通用—五十铃计划”得到顺利实施，并没有在日本引起轩然大波。

真诚帮助别人的人，别人是不会忘记的。这件事过去了多年以后，通用公司对盛田昭夫当初的鼎力相助仍然充满感激之情。通用日本公司的负责人还专程邀请盛田昭夫一起共进午餐，并诚恳地对盛田昭夫说：“再次感谢您，我知道通用公司欠你多少人情。”后来，罗杰·史密斯成为通用公司的董事长之后，也曾访问日本，也专程邀请盛田昭夫聊天，并对十多年前盛田昭夫的支持再次表示了感谢。虽然盛田昭夫并没有从这次相助中得到利益和好处，他也并不希图别人的回报，但听到这样的感激之语，他还是非常高兴的。

助人者人助之。通过这件事，盛田昭夫在国际上的形象又有了大幅提升，赢得了国际友人的好感和信任，这也有助于索尼在世界国际业务的展开。

做“助人者”不易，因为人皆有私心，如果看不到回报，是不愿意伸出援助之手的，但只有先做“助人者”，最终才会有“人助之”的结果。

无论是什么情况，你做了“助人者”，体现了你最大的诚意。每个人，特别是接受过你帮助的人，都会看在眼里记在心里，在你遇到困难时，也许你曾帮助过的人会让你柳暗花明。

第三篇

本田宗一郎的商道法则

本田曾经说过：“如果像某些公司那样，让庸碌无能的人当社长，那员工们可就要倒霉了。”本田希望公司的管理者都是精力充沛、雷厉风行的人，而那些上了年纪的人则必须为年轻人让路。这是本田的信念，正是在这种信念的驱使下，使得本田多年来在公司领导层的人事更替上，一直坚持起用年轻人。如今的本田已经是名副其实的汽车企业帝国，它的成功是多方面的，而其中最重要的一个原因便是本田一直贯彻始终的“年轻人优先”的经营哲学。

法则一

让年轻人优先

——匠人的理念

本田公司的创新观念在世界上都是赫赫有名的。在本田看来，创新来源于一群充满活力、思维敏捷、行动力强的年轻人。所以，在经营本田公司的几十年里，“年轻化”是本田一直强调的口号。

1. 领导者要充分授权

本田第二任社长河岛喜好之所以能够接任社长，乃是源于本田对他的充分信任。一直以来，本田都秉持着“各司其职，各尽其责”的经营理念。对此河岛喜好曾说：“由于公司各部门分工明确、领导人果断授权，我的工作才变得轻松不少。”

本田的第三任社长久米也因此对自己很有信心，因为他一直就在自己的岗位上认真负责地工作着。

这种充分授权的管理理念就是来源于本田。可以说无论是河岛还是久米，他们都受惠于这一管理理念。

当年本田在任时，他便把公司除技术研发以外的所有大小事务都交给了副社长藤泽，而自己则天天待在研究所里。所以，人们通常不会在公司总部看到本田的身影。

也许在别人眼里，身为公司最高领导，本田应该是整天西装革履才对，但本田却是一个十分痛恨西装的人。在本田看来，位于埼玉县和光市的本田技术研究所就是他的第二个家。一年 365 天，他几乎都将时间花费在了那里，他身上穿的永远是一套蓝色的工作服。和笔挺的西装比起来，工作服是本田的最爱。他曾对人这样说："我可从不穿西装，打上领带，脖子被卡得十分难受。即使不是这样，大笔债款已经让我喘不过气来，还能再戴那玩意儿吗？" 堂堂一社之长，竟然说出这样不合身份的话，一旁听到这话的人都被弄得哭笑不得。

本田一天到晚想的事就是技术研发，至于销售、资金周转等经营方面的事情，他从不过问，而是全都交给了其他部门负责人。

也许有人会为此担心，但事实上，一直以来，本田这个汽车帝国都运转得十分顺利，究其原因，便是公司的每一个员工都在自己的岗位上一丝不苟地工作着。本田公司的员工各个都有着为公司献身的使命感，他们以为公司效力为荣。他们知道公司在交给自己任务之后，就不会再插手过问，全凭自己的责任心而确保工作万无一失。

这一管理理念被河岛很好地继承了。一次，河岛在和英国汽车制造商 BL 公司协商合作项目时，整个过程中，河岛只是下了一道在美国建立生产据点的指令，至于如何打开英国市场、如何进一步合作，全都是当时的专务久米的事。换句话说：河岛只管授权，其他细节则由下属负责。

对此河岛也曾说过："自己不擅长的事绝不去做，而要交给拿手的人完成。"

真是有什么样的领导就有什么样的下属。河岛对于本田观念的贯彻，使得本田也更加信任他。

从下面这件事中，我们可以看出本田对河岛的信任到了何种程度。

1978 年，已出任社长的河岛作了一个重大决定，即要在美国建厂，然后进行现地生产，厂址选在美国俄亥俄州的玛莉丝市。当河岛将这一决策公布于众时，顿时引起了轩然大波。人们都以为河岛吃了熊心豹子胆，甚至有人开始怀疑本田让河岛接任社长一职是错误的。这样的怀疑不是没有道理，河岛的这一决策在当时的日本汽车业内实属绝无仅有的。

虽然当时的本田已经在日本汽车业站稳了脚跟，但它的规模远不如当时的丰田和日产。作为日本当时最大的汽车制造商，丰田和日产还从未想过要到美国去建厂。当时只是小弟级别的本田却要去美国大显身手，这绝对是让人大跌眼镜的奇闻。

有人曾问本田："河岛的做法是否有些不妥？"本田却说："说实在话，我也不敢保证到底行不行，不过既然他说可以，我想问题应该不大，现在做事的是河岛。"从这句话中，我们可以得知本田的经营哲学：公司已经交给河岛了，一切都由他负责。

事实证明，河岛的做法是正确的。工厂于1982年开始投入生产，并且从一开始就表现出来良好的发展势头。1983年，共生产了5.53万辆汽车；1984年，共生产了13.86万辆汽车；1985年，共生产了15万辆汽车；1986年已经达到了22万辆汽车。年生产22万辆汽车对于当时的本田来说，充分显示了它的强劲实力。虽然从当时国内生产量来看，本田排在丰田和日产之后，位居第三，但在美国的产量，本田却是遥遥领先。

就销售量来说，当时本田车在国内的销售量为51万辆，换句话说，本田在美国的销售量要比在国内的销售量多出了近16万辆。1986年11月，本田车在美国市场仅月销售量就超过了克莱斯勒在美国的生产数量。

这一系列的数字证明了河岛的成功，也证明了本田经营理念的成功，同时也使得本田成功地打入了曾经称霸世界汽车业的美国。

本田曾经说过："插手自己不擅长的事，绝没有好结果。"他是这样说的，也是这样做的。几十年的时间里，他一直贯彻着这一思想，使之成为本田公司独特经营体系里的一个重要因素。

2. 相信下属可以做到最好

在本田公司里，河岛可以说是对本田的思想贯彻得最彻底的。就像是本田当初信任自己一样，河岛也一样信任他的下属。

决定在美国办厂事关重大，不可以没有计划地一味盲干，对此河岛心知肚明。为此，河岛事先成立了一个筹备委员会。当时河岛把在美国办厂的计划称为“U4”计划。虽然大部分人都知道这个名称，但至于计划的具体内容则是高度保密的。

河岛命专务铃木正已和中川和夫组织成一个由150名专职人员组成的规划小组，负责落实各项具体事宜。

本田公司内部设有3个专门委员会：人事委员会、生产委员会和资本委员会，这3个委员会分别负责公司的“人、物、钱”。这已经成了本田几十年来的传统。一般来说，只要这3个委员会充分发挥各自的职能，就能确保公司正常运转。这也是当初本田设立这3个委员会的初衷。

对于河岛的“U4”计划来说，无论是人、物还是钱，都是需要解决的重大问题。也因为任务重大，河岛的这支规划队伍里的人员都是从这3个委员会中选拔出来的精英人才。

有人认为身为社长的河岛必定会亲自负责该计划的各项事宜，事实恰好相反，河岛所做的只是下了一个命令而已，而其他具体方案都是由其下属负责的。河岛信任自己的手下和本田信任他一样，只要授权了，就相信他们可以做到最好。

当初建立厂房基地时，河岛一次都没去视察过。有人问河岛：“您为什么不去实地看一下呢？”河岛解释说：“我对美国不熟悉，去了也没用。既然我的下属认为这块地好，那就错不了，而且我也不会过多地过问公司的财务和销售方面的问题，那都是副社长该管的事。”

这样的观念在当时是本田领导者的“专利”，因为在丰田和日产等公司，它们的领导者是不会这样做的。

3. 为下一个时代的到来做好一切准备

所有理解本田的人都知道，本田是一个从不会低头认输的人，但在关系到公司未来发展的事情面前，本田绝不是一个固执己见的人。在本田心里，公司的发展要比个人的面子重要得多，所以即使是在年轻人面前，他也是该“认输”时就“认输”。

事情发生在河岛出任社长之前。1967 年，本田公司正式生产汽车。当时本田研制的轻型汽车 N360 一上市就引发了一阵购买狂潮。可以说，这款车型让本田头一次尝到了成功的滋味。

借着这股购买狂潮，第二年，本田又推出了正规乘用车 I300，同样，这款车也取得了巨大成功，使得本田从此正式跨入了汽车制造商的行列。这也正是本田走向辉煌的开始。

到了 1969 年，本田将河岛喜好、川岛喜八郎、西田通弘和白井孝夫 4 人从常务升为了专务。此 4 人分工明确、各司其职，其中河岛负责技术研发，川岛负责人事管理，西田负责销售，白井专司财务。而对于负责技术的河岛喜好来说，无论在什么时候他都是最重要的一环。由 1969 年到 1970 年，这一年对于河岛来说，则是一个对他进行考验的一年。由于在这一年当中，日本的汽车业相继出现了缺陷车、污染公害等问题，使得日本通产省出台了一项关于降低汽车排放废气标准的法令。

法令规定，所有汽车制造商都必须按照标准开发引擎，否则将会受到处罚，这便为处于技术起步阶段的本田提出了一个大难题，对于河岛本人来说也是一个巨大的挑战。

一直以来，日本各大汽车制造商都在为排放废气问题而大伤脑筋，因为这是一项难以突破的技术难关，不是一朝一夕就能获得成功的。即使是像丰田和日产这样的大企业也不得不为此捏把汗。无奈之下，他们只好利用拖延战术跟通产省周旋，因为除此之外别无他法。其他制造商也都纷纷效仿。

河岛却认为拖延绝不是一个长久之计，想要在国内汽车业立足，就必须突破这个技术难关。此时，本田还在担任着实际的技术工作。本田历来主张使用气冷式引擎，之所以如此，是因为他曾经利用这项技术成功地研发了两款乘用车型。而以河岛为首的年轻一派则对此持反对态度，他们一致认为继续采用气冷式引擎是不可能通过排放废气的检测的。

这样的反对声音当然触怒了一项以固执著称的本田。他对河岛等人大声吼道："我玩这个玩意儿已经30年了，对于这种技术我一清二楚，多年的经验告诉我气冷式要比水冷式好得多，你们想过没有？如果是在沙漠中，怎么办？"

然而，年轻的河岛并未让步，他们依旧坚持用水冷式引擎。就这样，双方陷入了僵局。

当时担任引擎设计主任的是本田的第三任社长久米是志。无疑，年轻的久米也是站在河岛一边。他说："一直以来，本田所使用的引擎都是清一色的气冷式。之所以这样，是因为本田社长认为气冷式引擎既轻便又实用，而且根本不用担心水的问题。他断定未来也是气冷式引擎的天下。但是，由此引发的废气污染问题已经引起了全世界的关注。倘若不能攻破这个难关，本田将来很可能会遭遇灭顶之灾。"

久米是志认为如果不能说服本田改变观念，便是对公司的不负责任。于是，久米将一份报告交给了本田，希望本田能够接受自己的建议。可让久米没想到的是，本田看到报告后竟然大发雷霆，呵斥道："现在是什么时候，还在唠叨个没完。"久米见本田如此顽固不化，什么也没说，起身就走了。然而，他并没有因为本田的呵斥就放弃自己的想法，相反他更加坚定了自己的信心。他说："在这样一个顽固不化的人手下做事，别指望能做出好的引擎，如果本田不改变自己的想法，我也就没有必要再在公司待下去了。"

于是，久米便以生病的名义赋闲家中，一待就是一个月。久米的心情河岛当然理解，如此拖下去也不是长久之计，河岛便找到藤泽，想让藤泽说服本田改变想法。很快，藤泽就来到了研究所，跟本田谈起了这件事。他对本田说："你是想当社长还是想当个技术员？"

藤泽问这句话其实是为接下来的谈话作一个铺垫。对于一个技术员来说，完全可以坚持自己的主张，并且据理力争，但对于一个社长来说，就必须要听取技术人员的建议，要有全局思想。此时的本田身为社长，如此不顾技术人员的反对而坚持已见，很显然是不妥的。

听了藤泽的一席话，本田如醍醐灌顶，说道："我只能当个社长。"就这样，这场水冷、气冷之争以年轻一派的胜利画上了句号。

很快，本田公司就推出了低公害的新型引擎"CVCC"。第二年，本田便推出了安装这种引擎的"喜美"汽车。结果，汽车刚一问世，就引起了全世界汽车业的关注。至此，本田又打了一个漂亮的胜仗。

通过这个漂亮的胜仗，本田清醒地意识到自己的时代已经过去，年轻人的时代已经到来。此后，在公司技术研发等问题上，本田已经很少发表意见了。此时他的心态已经发生了变化，他曾这样说道："所谓经营，不能只求一味赚钱，更重要的是要为下一个时代的到来做好一切准备。"

承认自己失败是需要勇气的，本田做到了，在他看来，公司未来的发展远比自己的面子重要。从这件事情上也不难看出本田对于公司年轻人的赏识和信任。

4. 对培养年轻员工有无限热忱

本田是一个脾气暴躁的大独裁者，但这只是他的性格使然，对于自己的事，他不喜欢被别人指指点点。但他在公司的人员管理上，特别是对公司里的年轻人，却是很和蔼可亲的。他在跟年轻人打交道时，往往把自己的姿态放得很低，对于年轻人提出的见解，他也总会洗耳恭听，如果觉得可行，就会予以采纳。本田这一点就和很多老年人不一样，大多数老年人在年轻人面前通常都是一副高高在上的样子，他们总会把“现在的年轻人啊”这样的话挂在嘴边。

本田没有这样，在他眼里，年轻人才是公司未来发展的主力军，公司未来能够发展成什么样子全都取决于这些年轻人的表现，所以，本田一直把培养年轻人当成是公司的大事。

事实证明，本田之所以能够以创新思维享誉日本乃至国际汽车制造业，跟本田拥护年轻人的思想观念是分不开的。

本田曾这样说过：“有人说年轻人都虚度光阴、无所事事，我却不这么认为。有这种观念的人，他们一定对年轻人抱有成见，其实这是愚蠢的。一个上了年纪的人如果不时刻反省自己的所作所为，不把年轻人的想法放在眼里，不紧跟他们的节奏，就会与时代脱轨，这些人还有什么资格去批评指责年轻人呢。”

本田曾经写过一本书，名叫《在速度中生存》。这是一本讲述本田管理理念的书，此书面世之后曾引发了很大的轰动。在书中，本田特别安排了一章关于如何看待年轻人的内容。他是这样说的：“我常被人冠上独裁的帽子，我却以为正是独裁，公司才得以经营下去。如果现在公司因我去世而倒闭的话，首先对不起股东，其次也对不起与公司有关的社会各界，所以必须把公司永远办下去，在这一点上我颇费苦心。说穿了就是接班人的问题，这项更新换代的工作必须顺利进行，另外，我们所取得的成绩，即使一人不能予以维持，也得由众人毫无障碍地继续保持下去。铃鹿工厂建设期间，我和专务都没有参与，全部过程都由年轻人完成，因此也发生了若干问题。但光考虑危险、不牢靠等因素，老是插手干预，其结果会怎么样呢？一遇到难题，老一辈就给年轻人泼冷水，其实，老一辈经验再怎么丰富，也必然会被年轻人取代，将来挑起公司大梁的必然是年轻人。我们年轻时，经常会被老者说成是没志气，现在我绝不会对年轻人说这样的话。我年轻时，飞机的性能还没像现在这么好，如今只要花10个小时就能到美国。时代在进步，年轻人也在进步，没有年轻人的进步，这个世界就会倒退。所以，年轻人的智慧永远是进步的。要培养年轻人，就必须让他们不断地工作，让他们打开自己的第六感之门，这也是我多年来的工作重点。”

已成为“另一个本田”的久米对培养年轻员工也有着无比的热情，其效果已在以年轻人为消费层的“城市（City）”车开发中充分显现出来。

“城市”开发小组的成员大多是20多岁的年轻人，负责人也只有30多岁。有些董监事担心地说：“都交给这帮年轻人，没问题吧？”“会不会弄出稀奇古怪的车来呢？”但久米对此根本不予理会。

年轻的技术人员平静地对董监事说：“开这车的不是你们，而是我们这一代人。”

老一辈的董监事无言以对。久米根本不去听那些思想僵化的董监事在说些什么。本田又会如何对待这种情况呢？他肯定会这么说：“这些年轻人如果说可以那么做，那就让他们去做好了。”

就这样，这些年轻技术员开发出的新车“城市”，车型高挑，打破了“汽车必须是流线型”的常规，那些故步自封的董监事肯定这么想：“这车形太丑了，这样的汽车能卖得出去吗？”但年轻技术员丝毫不担心：“如今的年轻人就是想要这样的车。”果然，“城市”车一上市，很快就在年轻人中风靡一时。

法则二

常规化不适合本田

——匠人的发展哲学

在日本几大汽车巨头中，本田是起步最晚的一个。由于刚刚起步，公司无论是在人力、资金还是技术上都没有任何积淀。在这样一种情况下，本田要想超越其他公司几乎是不可能的。所以本田认为，要想让本田技研走在其他公司的前面，就不能去走别人走过的老路，而是要另辟蹊径才行。所以，本田自从成立公司之初，就没打算循着别人的老路走。

1. 崇尚“不求人”的哲学

本田公司自成立以来，其发展速度让所有人都感到不可思议。仅仅不到50年的时间，本田就已经发展成为世界顶尖的汽车制造商。

如此巨大的成功与本田公司的管理理念是密不可分的。首先，本田人认为浪费是一种罪恶的行为。因为日本是一个自然资源极度缺乏的国家，这就在客观上对日本人提出了节省资源的要求。他们认为所有的东西都是神明的恩赐，必须要好好利用。因为在这样的环境中生存，所以日本人便养成了精打细算的习惯。本田公司也很好地继承了这一点。

其次是本田公司崇尚“不求人”的哲学，这在当时的日本产业界实属难得。

当时，日本的很多汽车制造商为了加快速度，提高产品的质量，都普遍采取从外界引进技术的策略。然而，本田却从不这么做，他认为，一个公司要想发展壮大，必须要拥有自己的技术。凡事不能去求别人，否则就永远处于被动的地位。他经常对员工们说："我们本田公司绝不会向外人求救，我们一定要把命运掌握在自己手中。只要这样，我们才能确立自己的优势，有一天跟他们一比高下。"

对于本田的这种理念，本田的继任者也继承了下来。他们认为本田的这种想法高瞻远瞩，很正确，而且对未来充满了信心。

本田之后的一位董事长久米是志曾这样说道："买技术的成本低，但一旦你向别人购买，这种技术就停留在那种水准。外来的东西毕竟不是你的一部分，如果公司不发展自己的基础科技，就永远要仰人鼻息，长远下去，公司就无法掌握自己的命运。"

确实是这样，汽车企业讲究的是技术的独创性，谁拥有先进的技术，谁就能在激烈的竞争中取胜。

对此，本田有着深刻的体会和领悟。所以，他经常强调技术的自主性。而他本人也是一个技术上的领航者。他的一生就是在不断革新技术中度过的，这也为他获得了不胜枚举的荣誉。

同时，在他的影响下，本田公司的每一个员工都视技术为生命，他们时时刻刻都把本田的话放在心里。

美国本田总裁入交昭一郎曾满怀信心地说："我们永远不求人帮忙。我们知道如何激励自己进行完美的演出，甚至有超水准的表现。因为我们知道自己可以决定命运。我们要永远紧握自己生命的火炬。"

1984 年年初，本田宣布将美国本田厂现址扩大生产能力一倍以上。1985 年 9 月 19 日，美国本田实现了扩厂而不停产，同时完成了车型改款的新纪录。这是美国汽车史上前所未有的纪录。

对于一个企业来说，成功要有成功的资本，任何成功都不是轻而易举就能得到的。本田公司的成功很大程度上受到了本田社长所倡导的"命运掌握在自己的手里""不求人"的影响。

2. 由特立独行到“洪水”经营哲学

本田可以说是日本最富有传奇色彩的企业家之一，他一手创立了举世闻名的摩托车和汽车王国。很多人都会问，为什么他的手里竟然能诞生偌大的一个公司，并且一次又一次创造辉煌呢？这都是因为本田对于经营公司有着自己的哲学。

本田天生就是一个特立独行的人，他的很多想法都跟别人大相径庭。熟悉本田的人都知道，本田最瞧不起的人就是那种故步自封、安于现状、不思进取的人，在他眼里，这样的人无论如何也不会成为一个优秀的员工。

对于自己公司的员工，本田对他们的要求向来都极为严格，甚至到了苛刻的地步。他最关注的一件事就是如何激发员工的工作积极性，他认为，一个公司要想不断强大，就必须要有充满热情、干劲十足的员工才行。公司的管理，说白了就是人的管理。如何能最大限度地将员工的积极性调动起来，应该是所有管理者必须解决的问题。

本田对员工的工作要求异常严格，倘若员工因为不细心而做错了事，他就会大发雷霆，因此，他的员工只要看到他脸色不对劲，就会想方设法逃开。

他独特的思维方式，也反映在他做事的风格上，即很少会按常理出牌。他经常会用自己想出来的独特方法去解决一些棘手的问题，从而带领公司走出困境，取得一个又一个胜利。

1953年，本田公司陷入了困境，经济上的困境导致公司没钱发工资，劳资冲突一触即发。此时，本田对全体员工说：“请大家谅解，公司实在没钱。我一定会拼命地工作，偿还大家的钱，如果做不到，我将切腹自杀。”最后，本田竟然给全体员工跪了下来，恳求他们能够鼎力相助，与公司一起渡过难关。

可见，本田虽然有其脾气暴躁的一面，但用诚恳下跪的方法来缓解劳资关系问题，也许全世界只有他一人能做到。

也正因为他有着与人不同的思维方式，使得他在本田管理公司的几十年里，创造了很多行之有效的管理方法。本田正是在这些方法的指导下，才得以从一个名不见经传的小公司最终发展成为规模巨大的汽车王国。在他所有的管理哲学中，最被人津津乐道的就是他的“洪水”经营哲学。

说起洪水，大多数人都会立马想到灾难。因为一直以来，洪水给人的印象只是那残忍无情的自然灾害，倘若洪水暴发，人们就将面临生存的危机，可是在本田看来，洪水充满了力量，他对洪水情有独钟。

他经常跟别人说起洪水，而且语气里充满对洪水的赞誉之情。为什么会这样呢？因为他觉得洪水具有巨大的冲击力，它的能力是人类无法阻挡的。正因为他如此欣赏洪水，所以他从洪水之中悟出了一套经营公司的哲学，即每隔一段时间就要故意制造一些冲击，从而逼迫企业不断地前进。

对于洪水的破坏力和爆发力，本田从来都是赞不绝口。

本田在东京的家中，建造了一条30公尺长的人造溪，并且还在里边养起了鱼。为了使人造溪跟天然溪相同，本田在水质、水温、流速、饲养等方面费了很多的心思，但到最后总是觉得还缺少一样东西，后来经过苦心研究，他终于发现人造溪缺少的正是天然溪的“洪水”。

本田兴奋地对别人说：“大自然实在太伟大了，每年一次或两次的洪水会翻动溪底的石英钟，并且还能够把平时洗刷不掉的秽物冲得干干净净。”

于是，他就在人造溪装设备，借机器的力量冲刷河床。久而久之，连溪里的鱼都变得美味可口，他的“洪水”经营哲学也由此被想了出来。他说：“洪水，有害处，但也有一定的益处。这正是一个公司应该有的东西。”

3. 谋求与供应商双赢

本田认为，本田技研的汽车制造起步是比较晚的，所以要想在国际整车制造领域谋得一席之地，就必须寻找和培育供应商，以及解决好资金不足的问题，这就要求本田要和供应商建立起互相信任的合作关系。因此，本田总是要求相关负责人在确定供应商之前，一定要小心谨慎。

1987 年，当时的本田技研刚刚进入北美市场时间不长，那时本田打算考虑和大西洋模具公司合作，让该公司承接本田的冲压和焊接业务。这是一家非常成熟的零部件企业，早在本田提出合作之前，它就已经是著名汽车制造商——通用汽车最主要的供应商之一了。

按理说，能够和通用汽车这样的企业合作的厂家，一定是在业内颇具口碑的企业。因此，大多数人都不会去考虑他们在质量等各方面的问题，但本田却没有掉以轻心。当时，他派了一名公司的中层工程师前往这家公司进行考察，整整持续了将近一年的时间。

在一年的考察过程中，这名工程师对大西洋公司的运作模式进行了非常仔细的研究，为此，他收集了很多相关的数据资料，甚至还要求查看公司的账目。所以，当他离开大西洋公司回去述职时，他对大西洋公司的运作及成本结构基本上已经了然于心。

由于这位工程师掌握了很多关于大西洋模具公司的资料，本田在 1988 年和该公司正式达成业务合作时，将费用降到了最低。这对于刚刚进入美国市场的本田来说是非常重要的。大西洋模具公司虽然在这个合作中只赚取了一点点微薄的利润，但它并不在意，因为它从那位尽职尽责的工程师身上看到了本田公司优秀的品质，它相信跟这样的公司合作，将来一定会有大的收获。这也正是本田希望看到的，他希望自己的公司能够和供应商协同管理一切合作项目。

本田对于美国的所有供应商都有着严格的规定，他希望自己能够对这些供应商了如指掌，为此，从本田在美国建厂之初，本田就对所有和本田公司有业务往来的供应商派出了自己的工程师。这些工程师的任务就是要严格督察供应商的产品质量以及其他相关工作。

此外，和其他汽车公司不同的是，本田所派出的工程师一般要在供应商那里工作 13 周。在这 13 周的时间里，工程师要帮助供应商改进相关工作，从而使得供应商提供的产品能够达到本田的要求。很多人都曾对此提出过异议，他们认为本田的这种做法是在浪费时间，并且还说本田对供应商总是存在着不信任的想法。尽管遭到了很多人的质疑，但本田从未改变初衷，他的目的很简单，就是要促使供应商提供合格的产品，而这也会让供应商从中获利。事实证明，本田的坚持是对的，所有和本田合作的供应商都成了这种方法的受惠者。在本田公司的督导之下，很多供应商都提高了生产率，而且产品的质量也提高了 30%，成本却降低了 7%。

对于美国的供应商，本田是这样合作的，对于中国的合作企业，本田也采取了同样的方法。1998 年，本田在华的合资工厂“广汽本田”在广州正式建厂。

本田对于建立这家厂的准备工作足足做了 4 年之久。1994 年，本田就开始收集供应商的信息，4 年的时间里，本田共收集了 150 多家供应商的相关信息。

由此可以看出，本田的成功都是在这样的一点一滴中积累起来的。本田深刻地知道：要想生产出优质的汽车，供应商在其中起着关键性的作用。也许有人会说本田对于供应商有些苛刻，但倘若没有本田的严格监督，供应商的生产效率和质量就会大打折扣。这不仅会让本田公司损失严重，也会让供应商面临困境。因此，本田认为，只有想方设法谋求和供应商的默契合作，才能使双方达到共赢的目的。

4. 与零部件生产商的 BP 合作模式

俗话说，远亲不如近邻。在本田看来，要想保证本田产品的质量，除了与供应商形成利益共同体之外，还要和那些零部件生产企业保持良好的合作关系。

对此，本田打算将这些零部件企业全都聚集在自己身边，广爱兴汽车零部件有限公司便是广汽本田的一个零部件供应商，这家企业专门为广汽本田提供各种内饰。

这家工厂的布局与装饰与广汽本田的车间都是一致的。不了解的人走进去，一定会以为这是广汽本田的一个车间。工人们都穿着颜色一致的工作服，在醒目的广告栏里写着各种醒目的质量管理标准。

在和广汽本田合作的过程中，它已经被锤炼成了一个质量和效率兼顾的优秀企业，在业内广受好评。它的月产量高达两万台，年销售额则高达 4.5 亿元。它可以在不到半个小时的时间里，将 30 ~ 34 辆整车所需的门饰板按照规定的顺序完全装配好，并且可以直接送至广本总装的生产线上。

广汽本田规定，它的门内饰板必须保证在被安装前 15 分钟送到，这样既不会耽误广本总装生产线的节奏，也不致在生产线上堆积太多的零件总成（即零件集合体）而影响操作。对于广汽本田的这些规定，这个企业都一一做到了。正因为本田这样严格的要求，才使得这家企业有了在业内立足的机会，而由此获得的利润也是非常可观的。

在广汽本田的周围，像广爱兴这样的“小厂”有很多，它们都分布在距离广汽本田不远的地方。如今，广汽本田的国产化程度已经相当高了。比如，雅确的国产化率已经超过了 78%，新奥德赛的国产化率已经超过了 80%，飞度的国产化率甚至已经达到了 92%，其中大约 1/3 的像广爱兴这样的供应商都集中在广汽本田总部的周围。这种合作方式便来源于本田早期的设想。

这些聚集在本田周围的本土供应商，50% 以上都与本田存在着某种程度上的资本联系。其中，一个名叫广东清远爱机的公司就是一例，这家公司主要为本田提供汽车底盘的部分配件，它是一家名为英知一的日本株式会社和它在广州注册的另一家独资子公司——广州爱机汽车配件有限公司共同组建的英知一的“子公司”，而英知一株式会社本身就是本田集团的组成部分。

不过，本田这种“近亲繁殖”的合作模式，曾遭到过业界的猛烈抨击。很多业界人士认为，这样的合作方式一方面会导致业内出现“多米诺骨牌效应”，另一方面也可能会阻碍采购过程的优化，从而对很多外部供应商造成负面影响。

何谓“多米诺骨牌效应”呢？它所指的就是由同一家供应企业提供的“问题”零部件所引发的整个产品的连锁反应，本田公司也曾遇到过这样的问题。

本田的这种合作模式被某些管理学者称为 BP 模式，BP 模式就是指最好的定位、最高的生产率、最优的产品、最合适的价格、最好的合作伙伴。这种颇具特色的合作模式是本田成功的关键因素，同时它也在一定程度上保证了本田的生产系统得以良好运转。

美国亚利桑那州立大学凯瑞商学院供应链管理教授托马斯·崔曾花了将近 20 年时间对本田的这种独特的供应链进行研究，他认为美国公司和日本公司相比，在处理与供应商关系方面存在着很多的缺陷。

据统计，本田大约有 70%~80% 的制造成本都取决于供应商，这也就是本田之所以十分重视和这些供应商们搞好关系的原因。通过这种模式，本田不仅确保了产品的质量，同时也大大降低了生产成本，除此之外，还大大地缩短了生产时间，加快了新产品更新换代的脚步。

在本田看来，这就是携手共赢。他曾经对这种方法进行过总结：与供应商联手互相学习、共同改进，做到步调一致；加强双方之间的信息共享；提高供应商的技术能力；对供应商进行严格的督导；试图将供应商之间的敌对关系变成合作共赢的关系；充分了解供应商的运作情况，与供应商共同创新等。从本田公司建立之初，本田就一直秉持着这种合作理念，他认为只有和供应商协调合作，才能促使公司提高质量，赢得长久的发展。

为此，本田给自己的供应商设定了几个级别，一级供应商要与低一级的供应商共同合作，然后一起为本田公司提供高质量的零部件。这种分级举措使得本田公司一方面可以避免任何供应意外的负面影响，另一方面也可以为两者发展长期而密切的合作关系搭建更好的平台。

这就是本田为何会经常向供应商派遣工程师，让其对供应商的运营和文化进行研究的原因。此外，本田还制定了相对完善的供应商评测制度来对供应商进行各方面的监督。本田规定，每一个供应商要定期向本田作汇报，报告的内容包括产品质量、交货情况以及事故报告等。所有这一切都是本田打造优势产品的保证。

供应商和汽车制造商之间最敏感的问题要数价格问题了，双方经常会因为这个问题而产生大大小小的摩擦，然而，这样的问题在本田和它的供应商之间却极少出现。这也是本田一直努力沟通的结果。

本田从来不喜欢杀鸡取卵式的合作方式，本田人认为只有双方达到共赢才可以保持持久的合作。因此，本田公司在设定目标价位之前，通常会先了解清楚市场对价格的承受能力，然后反推回去，以期逐渐降低成本。

本田对于供应商的能力了解得非常清楚，他们会弄清楚在某个价位上供应商是否依然能够赢利。对于那些暂时无法达到目标价格但对本田又很重要的供应商，本田则会设定一个时间表，给供应商留出一定的时间，让价格逐渐降到预定的目标。

在本田的眼里，供应商和本田公司的关系不只是一种单纯的合作关系，很多时候两者更应该像是彼此帮助的朋友，所以当一些供应商遇到某些困境时，本田会尽可能提供援助，以使供应商能够提高产品质量，进而扩大产量。

5. 不跟着别人的老路走

很多人都说本田技研不是那种老老实实、一步一步往山上爬的公司，而是喜欢寻找最佳登山路线的公司。这样的评论十分贴切。

本田公司之所以会给人这样的印象，跟本田本人有很大关系，同时也跟他的成长环境有关。

在日本几大汽车巨头中，本田是起步最晚的一个。由于刚刚起步，公司无论是在人力、资金还是在技术上都没有任何积淀。在这样一种情况下，本田要想超越其他公司几乎是不可能的。所以本田认为，要想让本田技研走在其他公司的前面，就不能走别人走过的老路，而是要另辟蹊径才行。所以，本田自从成立公司之初，就没打算循着别人的老路走。

在强手如林的美国市场，本田的特立独行表现得十分明显。当其他汽车公司都竞相发展皮卡和SUV时，本田却按兵不动、冷眼旁观，拒绝开发V-8发动机或传统的框架车身轻型卡车；当其他公司都因为油价低廉而大力开发大功率汽车时，本田也不为所动，仍然继续开发体积更小、效率更高的4缸和6缸发动机；当大多数汽车公司都不愿开发内燃发动机替代产品时，本田却率先开始了清洁柴油机和氢动力等替代产品的研究。

本田的这种独特的性格反映在生产、研发等诸多方面。虽然人们没有用“本田系统”或“本田模式”这样的字眼来加以描述，但它们的确带有较为明显的本田色彩。

本田拥有着自己独特的生产系统，本田的宗旨就是以最少的资源实现最高的效率。本田一直以来都十分重视冲压和制模工作，原因是日本是一个资源极其匮乏的国家，倘若不走节省路线的话，是很难生存下去的。所以，当很多公司都在努力通过简化和分解流程以促进流程标准化的时候，本田却反其道而行之，将尽可能多的任务集中到一个流程之中，从而实现了生产线的精简以及部件的一体化。在本田看来，这一方面可以有助于更有效地利用资源，另一方面也有利于产品的运输。

本田的车型战略也是非常独特的。与其他汽车公司，尤其是美国汽车公司相比，本田的车型一直都是最少的。在过去很长一段时间里，本田在美国市场上着力推销的一直是雅阁和思域两种车型，据统计，这两款车曾占本田在美销量的一半以上。

目前，本田在美国销售的车型数量为 15 种，而丰田为 28 种。这种策略不仅有利于提高营销的有效性，而且有利于挖掘生产方面的潜力。

本田不仅以保持车型数量精简著称，也同样以使用基本设计来设计其他车型而为人称道，其目的十分明确，就是要降低零部件的差异性，并且尽可能地减少供应商数量和生产线数量。所以，很多年前，本田就已经实现了一条装配线同时生产 8 种不同车型的目标。早在 1997 年，对于著名的雅阁车系，本田就实现了一个平台 5 条生产线，而且还可以根据不同的市场要求进行调整。

本田十分强调流程的标准化，本田人认为只有这样才能确保生产的高效和弹性。因此，本田在世界各地的工厂都实行标准化的生产车间。

和日本汽车业的老大哥丰田公司相比，本田在作风上似乎显得更加大胆、更加标新立异。本田曾经使用一个新的产品开发中心来开发一款新车，而且还使用新的生产系统进行生产。对于很多汽车公司来说，这种做法无异于飞蛾扑火。但本田却从不畏惧，大胆尝试。本田正是用它的大胆尝试为自己赢得了成功的喜悦。目前，这款车在 12 个国家生产，在美国市场，它一直是最畅销的汽车。

本田的另外一个显著的特点就是叛逆和严谨紧密结合。按理说，这两种特质是水火不容的，但本田却将两者完美地结合在了一起。

在生产方面，本田一直都在坚持着整齐划一、严把质量关的原则，但在研发和塑造企业文化方面，本田却又显得相当叛逆。

特别是在研发方面，本田的叛逆精神最为突出。在本田，所有负责研发的人都有着开阔的视野和创新的思维，它所涉足的领域非常多，其中包括发动机、摩托车、汽车和超轻型飞机、机器人、清洁能源电池等。

本田技研是从之前的本田汽车公司分离出来的独立机构，它的历任首席执行官都是曾在研发部工作过的人。对于研发，他们都有着丰富的经验和见解。对于这个部门，本田高层基本上很少插手，为的就是要给予每一个工作人员最大的独立和自由。

本田的整个组织结构是一种利于创新、利于资源配置以及跨职能共享和协作的组织。本田里的内部界限，特别是在产品开发、生产技术、制造部门以及采购等各部门之间的界限并不明显，这就使得本田更易于实现跨部门的协作、有利于问题的解决以及新产品的迅速推出。这种独特的组织形式正是本田企业文化得以繁荣的保障。

本田的企业文化也是和其他公司大相径庭、个性十足。一直以来，本田人都把赛车精神当成是他们的精神内核。何谓赛车精神呢？即雄心、挑战、目标、迅速。本田人认为即使成功制造出了一台好车，但时间太长的话，也是没用的。他们认为，要获得比赛胜利不仅需要好车手，还需要教练、技术员、工程师和管理人员之间的良好协作，培养赢的意愿，如果失败就要寻找原因，并在下一轮比赛前竭尽所能地解决问题；要有灵活性，因为每轮比赛的条件都是不同的，必须灵活地调整和改变自己。

在这种赛车文化的熏陶下，本田人从来不会去步别人的后尘。很多公司为减少风险，都倾向于采取新车配旧发动机或旧车配新发动机的策略，可在本田人看来，这种做法未免过于保守，所以，他们一直都在坚持每种新车要配新发动机的做法。

对于质量的完美追求，本田人也同样遵循着这种挑战精神。例如，2000版本田思域的门缝是5毫米，而2001版已经缩小到了3.5毫米；本田车身前挡板与保险杠之间的距离在2000版思域中是3毫米，到2001版已缩小到0.5毫米。如此精确的标准便是本田人追求质量的最好体现。

有人曾这样说："本田总是采取不同的方法去做，这正是他们成功的关键所在。"

6. 与藤泽合作——组合经营的胜利

一个企业能否获得良好的经营，并且运转顺利，跟公司管理层人员能否协调合作是分不开的。

如果公司管理层的“第一把手”和“第二把手”能够保持默契的合作，那么这家公司就比较有可能沿着良好的轨道发展，否则就会产生严重的管理问题而最终导致公司走下坡路。

这样的例子不胜枚举。当年，日本的富士钢铁公司和八幡钢铁公司合并为新日本钢铁公司后，就出现了“第一把手”和“第二把手”互相冲突、争权夺利的事情，结果导致公司走向了末路。当时身为社长的永野重雄和时任副社长的藤井丙午之间产生了尖锐的矛盾。永野认为藤井总是对自己的位子虎视眈眈，而藤井则认为永野是想把自己排挤出去，自己独吞公司的财产。结果事情越闹越大，终致无法调和的下场。

与这个公司不同的是，原东急公司副社长田中勇则是一个甘当绿叶的典型人物。田中当时的年龄比社长五岛升年长几岁，所以在管理经验等方面要优于五岛，然而他并没有因此轻视五岛，相反却给予了五岛悉心的辅佐。身为社长的五岛也是对田中充满信任，从不会对田中产生疑心。

一次，五岛为了在海外购置土地，大举借款，最后使得公司陷入了无法偿还债款的境地。田中盛怒之下责问五岛：“你是不是想把公司搞垮啊？”随即就切断了公司对海外的一切投资。为此，使得五岛也大为恼火。可是尽管五岛胸有怒火，却还是接受了田中的建议。看得出来，田中之所以敢抵死相谏，是因为他相信五岛绝不会为此跟自己交恶，而五岛之所以能接受田中的意见，则是因为他相信田中对头把交椅没有野心。

同样，本田和藤泽也是这样一对让人称赞的好搭档。

本田最关心也最擅长的就是研发技术，对于公司的日常管理不擅长，也从不插手，将公司这些事务全都交给了藤泽去做。对于这位老搭档，本田十分信任，而藤泽对于本田也同样忠心耿耿。

公司所有人都知道本田是从不离开位于埼玉县和光市的本田技术研究所的。这里可以说是本田的第二个家，一年365天，如果没有什么极特殊的事情发生，本田大多都是在这里度过的，所以这里的工人经常会看到本田的身影。在研究所里，本田一般都是穿着一身工作服，四处溜达。这里摸一摸，那里看一看，时不时地和工作人员展开讨论，那种神情既认真又严肃。有时哈哈大笑，有时低头不语，一张口不是技术，就是研发，似乎那就是他生活的全部。

有人问他有关公司营业额的问题，他通常都会有一搭无一搭地说一句：“我不清楚，那都是藤泽的事，你可以问他去，就连公司的重要印章都在藤泽那里。”人们大多称呼本田为“技师本田”，却不会称他为“经营者本田”，道理很简单，那是因为本田对于公司的营业数字、中长期规划等类似的问题是全然不知的，或者只是一知半解。他曾对人说过：“关于公司那些技术以外的事情，我听了都头疼，实在是无法把精力放在那上面。现在有了藤泽，我就更不用担心什么了。”

本田就是如此，对于自己的搭档藤泽，本田从来都是坦诚相对、充满信任的。这在其他公司是十分罕见的。

无疑，藤泽对于本田技研的作用不容忽视，他每天需要处理的事情多如牛毛，但本田对于他的能力却十分有信心。一直以来，藤泽都扮演着为本田保驾护航的角色。对于这一点，本田也看得十分清楚，而本田之所以如此信任藤泽还因为本田知道藤泽对于他的位子是没有丝毫觊觎之心的。这一点对于两人通力合作至关重要。

从某种程度上说，本田技研的成功便来源于这种组合经营的成功。对于二人的组合，忠心耿耿、尽职尽责的藤泽曾这样说过：“我认为一号人物有一种莫名的女性化之处。如果手下太出风头的话，就会担心自己会被超越而失去地位。因此，一号人物对二号人物总抱有这样的担心：‘这家伙将来会对我构成威胁。’想想看，如果两个搭档如此怀疑的话，还有什么协调合作之谈呢？恐怕这只会让两个人更加彼此怀疑甚至是仇视。我从没有让本田有这样的疑虑。”

无疑，藤泽和本田这对琴瑟和鸣的老搭档是最让人羡慕的，也最让人钦佩的。两人之间这种默契也不是一天两天培养出来的，早在藤泽刚刚加入本田技研时，他们就成了搭档。那时，他们几乎每天都待在一起，可以说是形影不离。他们经常针对公司发展的问题展开讨论，看得出来，对于本田技研的发展，他们都有着相同的期许。两人曾有过这样的约定：本田技研不是本田宗一郎一个人的，也不是藤泽一个人的，而是属于本田技研每一个人的。因此，他们谁也不能把自己的孩子包括亲属安置到公司上班。

两人处于监督自己的考虑，还把这份协定贴在公司的公报上，目的就是为了让公司所有人监督他们。当时，本田的弟弟本田辩二郎是本田的常务董事。为了践行自己的诺言，本田解除了弟弟的职务。事实上，本田辩二郎从公司成立之初就在公司工作，可以说是公司的元老，但本田认为虽然如此，让弟弟留在公司对于藤泽还是不好交代。

本田的个性是众所周知的，但藤泽的个性也同样极具特点。按照常理来讲，个性极强的两个人做搭档是很难做到和谐相处、同心同德的，但本田和藤泽却是一个例外。两人从最初的合作直到 1973 年双双退位，从没产生过任何大的矛盾。他们一个在研究所开展工作，一个在八重州的总部开展工作，默契的配合之下，使得公司不断地发展壮大起来。业内人士将本田称为“世界的本田”，这样的赞誉背后是两人多年精诚合作的结晶，他们的才能是有目共睹的，他们之间的信任更是使得公司得以成为世界级大公司的坚实基础。

法则三

让干的人喜欢，卖的人喜欢，用的人喜欢

——匠人的经营哲学

本田说："从建立公正和公平的目标来看，实现'三喜欢'触及了企业发展的根本。"曾经有人提出这样的一句话："既有集中，又有民主；既有纪律，又有自由；既有统一意志，又有个人心情舒畅、生动活泼。这样的一种局面，既是国家兴旺的源泉，也是企业持续成长的源泉，它应当是企业制度建设长期努力的方向。"

1."三喜欢"原则

本田刚开始创业的时候，就曾立下了雄心壮志：一定要成为世界摩托车大王，一定要使自己的企业从一家名不见经传的小企业成长为世界级的企业。后来，本田遇到了藤泽，两人都有相见恨晚的感觉，二人经常彻夜长谈，最后他们便悟出了一个非常简单的道理，就是"三喜欢"原则，即让干的人喜欢，卖的人喜欢，用的人喜欢，满足了这几个条件，就不必再为企业长不大而发愁，也不用为成为世界领先企业而发愁了。

"三喜欢"原则密不可分、缺一不可。就像一个3条腿的凳子，已经构成一个极其稳定的支撑面，只有形成这样一个稳定的支撑，企业才有可能成长起来。

干的人不喜欢，就不会让用的人喜欢；只是让干的人喜欢，也不一定能达到让用的人喜欢的目的；合作者、供应商如果不喜欢，干的人和用的人的喜欢就不可能持久地继续下去。

“三喜欢”是一种良性的循环，处在循环链条上的每一个环节既是起点，也是终点。顾客是起点，只有满足顾客的要求，才可能满足干的人和卖的人或合作者的需要；反过来说顾客也是终点，企业最终一定得靠满足顾客的要求来寻求发展。干的人看起来是起点，但也是终点，办企业的目的是什么？人们为什么要加入你的企业？为什么要为你的企业目标献身呢？这些都是由于存在目标的协同，也就是在实现组织目标的过程中同时也实现了个人的目标。如果企业不是为了员工，就没有目标协同。

本田认为，企业实现“三喜欢”的目的就是为了赢得忠诚，其中包括员工的忠诚、顾客的忠诚、合作者的忠诚。只有讲忠诚才能使企业立足。按照这个理论，企业收入和利润的增长来源于忠诚顾客的重复购买，顾客的忠诚来源于顾客的满意，也就是顾客认同服务的价值；服务的价值来源于直接为顾客提供服务的一线员工的工作效率和工作质量，一线员工的恪尽职守来源于他们对企业的忠诚。员工有忠诚，才可能有奉献，才可能有专注，只有长期地专注于某一个问题、某一项工作，才可能有发明和创造。

创造忠诚的不仅仅是金钱，也不仅仅是工作环境，也不仅仅是终身雇用，而是在这 3 个条件上的企业的公正和公平。建立企业内部公正的关键，就是员工的评价和报酬要坚持公正公平的导向。要依据业绩和工作能力来评价并确定薪酬标准，而不是根据所谓的态度、学历、资历等似是而非的东西，要做到这一点，不是靠企业家和经理人的人格，或者说那些所谓的企业的核心价值观，而是要靠程序，因为程序才是制度的核心。

本田说：“从建立公正和公平的目标来看，实现‘三喜欢’触及了企业发展的根本。”曾经有人提出这样的一句话：“既有集中，又有民主；既有纪律，又有自由；既有统一意志，又有个人心情舒畅、生动活泼。这样的一种局面，既是国家兴旺的源泉，也是企业持续成长的源泉，它应当是企业制度建设长期努力的方向。”

本田的伟大，不仅在于他在追求梦想的过程中取得了较大的成绩，而且还在于他的经营理念，同样创造了国际性的典范。他以身作则，自上而下地灌输了自己的本田精神，打破了日本企业的传统管理风格，而且他的大公无私与自由平等的精神，熏陶了本田技研公司的上下同人。

在本田66岁时，也就是本田技研成立25周年时，他不但没有将社长的位置交给自己的儿子，并且还极力说服副社长藤泽一同隐退，并劝其弟也同时离开公司。因为本田想让公司一直保持蓬勃发展的生命力，并为此制订了新社长由公司内高级职员升任，任期为10年的制度。

2. 让顾客满意才是王道

顾客就是上帝，一直被很多人视为经商的原则，但如果非要较真儿地去检查市场中所有的商家，就会发现真正做到这一点的少之又少。

但是作为一个以成为国际企业为目标的公司，本田做到了，并且做得相当出色。他曾说道："本田公司的发展壮大，靠的不是我们自己的力量，而是所有顾客的支持和信任。"

在本田看来，最有资格对产品作出评价的不是生产商，不是经销商，而是广大消费者，因为他们才是最终使用产品的人。对于产品的优点和缺点，他们都了如指掌。所以作为一个生产商，所要做的一件事情就是要尽量生产出质量合格的产品。只有这样，才能够得到广大消费者的信赖和支持。如果某一个商品受到了广大消费者的追捧，这对于这款商品来说将是一种极大的荣誉，生产者应该为此感到骄傲和自豪。

本田曾对员工们说："我相信，我们公司产品的价值不但存在于消费者对我们产品的宣传中，更重要的是我们能够让购买我们产品的消费者感到满足和喜悦。”这是本田的希望，也是他一直都在坚持的工作原则。

本田认为，任何一个公司都不能靠国家的扶持发展壮大，想要在强手如林的商场立足，就必须生产出让广大消费者信得过的产品。如果一个企业连这一点都做不到的话，它就会遭到淘汰。

一次，美国本田公司的设计人员为一个车厢的设计伤透脑筋。于是，他们特地到迪士尼乐园的停车场，观察人们是如何把物品放进车厢里，又如何取出来的。设计者没有聘请外界的研究人员来收集有关资料，而是直接从现场取得了第一手的材料，最终他们成功地完成了新车厢的设计。

一位本田的车主说：“每到周末，我把车子当平台式货车使用，显然，轿车不是用来载木材的，但我把后座折叠竖起来，就可以把木板放进车厢。我以为只有我使用阿科德，但后来跟别的车主谈起来，才发现他们也是这样用的。”

在当时，很多汽车生产厂家都是依靠设计工程师来开发新车的，但本田却采用的是 SED 的方式（即销售、工程、设计）。一般来说，本田开发两种新车通常需要 3 至 4 年的时间，这种速度整整比当时的其他生产厂家快了一倍。

对此，美国本田公司副经理舒米林曾说：“我们开发新车的秘诀是，让来自各部门的人‘彼此交谈’，这样看起来很容易，事实也是如此，但在汽车业却不多见。”他还说：“本田的销售人员与工程师彼此尊重。整个本田集团只有 3 位经理，每位都有工程背景。我想，这种方式还要持续很长一段时日，而工程人员如此和谐共事实在不错。你看，我们基本上是个工程公司，公司里，产品就是一切。既然工程人员不干预行销人员如何卖车，他们就会密切注意行销人员对车型与潮流的建议，而在任何事情决定之前，他们总是先听行销部门的意见。”

本田公司是一个十分善于听取经销商意见的公司，因为从他们那里可以直接听到顾客的声音。每个经销商都可以直接打电话给最高行销主管，陈述自己对本田汽车的看法和要求。

除此之外，本田的工程师和制造经理也要经常到美国各地去考察，目的是听取经销商们的意见。当他们推出第二代先躯（Prelude）车系时，并没有装上动力方向盘，这使女性驾驶员感到颇为吃力，她们抱怨方向盘太重了。本田员工听到这一反映，在6个月内就全面换装上动力方向盘。

可以说，本田公司和经销商的关系处理得非常好。一次，有人问一个经销商："本田到底是一个什么样的公司？"这位经销商脱口而出道："本田总是在努力创造更好的产品，他们致力追求完美！"

美国本田资源业务副经理艾略特说："自从我们开始在美国行销本田汽车以来，我们就有3个销售特点。我们卖的是价值、省油和品质。日元的强势，削弱了我们相对于美国车的价格优势；由于上次的石油危机，使得燃油成本不再是个主要因素，因此多年来已将重心转移到质量及顾客服务方面。我们针对这个主题进行研究，发现顾客欣赏的是本田汽车的耐久、可靠及坚固。质量是我们根本的主题。本田一向强调'日本制'的质量，而自1982年11月以来，我们开始在美国制造汽车，第一辆滑下装配线的车子就必须接受严格的检查。如果美国本田无法生产出与日本本田一样的质量水准，我们质量优良的声誉就可能毁于一旦。"

在本田，从最高主管到装配线上的每一个人，都在思考如何才能为顾客服务得更周到、更完美。美国本田公司经理经常提醒员工们："你的工作质量，就是你的职业保障！"

本田人始终把服务和质量融入产品之中。美国本田的资深服务副经理鲁坦说："本田汽车的质量很高，所以和其他车厂相比，我们的顾客关系部门相对小了许多。有些人员误以为，质量问题是人为的因素，美国工人无法制造高质量的产品，我不敢苟同！1987年本田在美国卖出的汽车，有一半是在美国制造，由美国劳工装配的，而质量与日本本厂所制造的一样好。这种差异主要来自管理阶层的态度，以及对质量的承诺。"

提供优质的服务是本田的第一要务。许多公司还在争论成本与顾客满意之间的关系时，本田却从不会因吝于花钱而牺牲顾客的利益。因为他们的最高主管是工程师出身，他们比其他车厂更注重工程。他们常常在想，一旦把产品交到顾客手中，顾客使用时会遇到什么状况？

“只要我们的新车有毛病，就不会出厂，因此我们必须立刻把它修复。我们愈早处理，情况愈有利。”鲁坦说。本田经常要求经销商针对新车可能发生的毛病提出意见。车子有了毛病，要寻找一个快速而又专业的解答，最快的方式是打本田的技术热线电话。

接电话的都是一些经验丰富的技师，他们会解答修理厂无法解决的问题。如果技师一时答不上来，他可以查阅电脑档案，看看以前有没有遇到过类似的问题；如果电脑也无法解答，技师就会参考本田车系所有配线系统图，以便追踪下去，直到问题获得圆满解决为止。

技术热线的另一项重大利益，是可以将处理过的问题迅速回馈到新推出的车型，几小时之内就可以将信息传到工厂，从而做必要的修改。技术热线部门每天早上都要开会，交流前一天的情况。

本田汽车打进美国市场时，公司的每一个员工都要学习如何为顾客服务。本田非常强调：经销商必须在所有领域（包括销售、服务、零件及旧车等）满足每一位顾客。当经销商做到这一步时，利润保证会提高。

美国本田公司副经理艾略特说：“我们经常与经销商联系，因此他们的推销员自然知道如何做好售后服务。汽车推销员必须有足够的产品知识，当然我们也要求他们知道如何服务顾客。顾客服务的内容不胜枚举，像签约之后，确保交车的细节完善，即车子必须干净、正常运转，且附送车主手册，等等。许多人不知道正确的开车方法，业务员甚至必须指导车主开车。当然，接车技工与会计人员也要显示同样的礼貌。再怎么说，经销商的工作并不是拿了钱走就完事了，没有任何经销商愿意留给人不好的印象。因此，我们一而再、再而三地向我们的经销商强调：卖车只是个开始。我们不断地重复：‘服务、服务、再服务，给顾客足够的服务，让顾客即使只是想到要和别的经销商打交道，都觉得是种罪过。’”

服务顾客不是一朝一夕的事，优秀的经销商懂得，它是长久之计，正如艾略特所说："要想在汽车业获得真正的成功，提供卓越的服务是最根本的，而且这种服务要能使顾客在下一次买车时再回来。只要想想看，一个人的一生要拥有多少部车，就不难了解一部车的销售只是冰山的一角而已。一位顾客未来可能带来数十万美元的生意，而再度光顾的顾客也是公司最有力的口碑广告。假使一位终身忠诚的顾客说服一个朋友或家人成为我们另一位终身忠诚的顾客，那么未来的业务量就会成倍增加。如果这个新客户又带来另一个，生意就会源源不绝。"

"顾客永远是国王！"这是本田公司成功的一个最重要的原因。

3. 如何避免库存积压问题

本田公司在几十年的发展中，它的库存量从来都是很少的。很多人都为此感到很吃惊，他们到底是怎样做到的呢？他们的一个最主要的做法就是控制供应量。本田认为只要把供应量控制在适当的范围内，就没必要再为库存积压问题而头疼了。据统计，本田在各大汽车制造商中用于销售方面的花费是最少的。

一直以来，本田所采取的生产方法都让很多企业羡慕不已。本田所采取的一条生产线同时生产 4 种不同产品的做法，在整个世界的汽车生产市场里都是独树一帜的。

由于采用了这样的生产模式，本田的两条生产线上，每过 6 辆同样的车型便要更换到另一套生产模式，以生产另一个车型或者喷另一种颜色的漆，这就是本田高效率的根源所在。

但是更换模式的过程需要 50 秒，在这个时间段内是可以再生产一辆车的。对于更换过程所用去的 50 秒，本田人却认为这不是浪费时间。他们经常说："50 秒钟为我们带来的却是稳健的发展。"采用这种方式，使得本田生产汽车的成本大大缩减了，它可以根据每款车在市场上的销量情况，来及时调整某一款车的产量。

为了避免大批生产造成损失，本田特意制订了一个平衡供需的应急计划。

在福特等其他汽车制造商都通过指定自己的每家工厂生产一种车型来提高生产力的时候，本田却反其道而行之，改装了旗下的各家工厂，使这些工厂几乎都可以在生产线上生产本田各种型号的汽车。无疑，这一举措大大减低了本田的生产风险。

比如，如果奥德赛厢型车的需求出现了下降，本田可以迅速调整工厂的生产结构，增加使用相同零部件的 SUV 车或其他车型的生产量。

在大批量生产方面，本田公司在北美一直都很有优势。它的一个核心策略就是开拓细分市场。本田有一款名为 Element 的车，该车型的外形结合了流行冲浪板以及传统的运奶卡车的线条的特点。当初设计者在设计这款车时，就把消费群定在了自婴儿潮时期以来首次拥有汽车的消费群体的身上。这是一个相当大胆的尝试，为此，他们进行了大量的市场前期调查工作。通过对大学生和海滩停车场附近的一系列考察，设计师们最终设计出了这款具有乐高玩具风格、内部深陷的车型。

但是这个消费群体不喜欢直接向他们定位销售的产品，所以本田在最初销售这款车型时非常谨慎，但是 Element 的价格在目标群体看来完全可以接受，销售前景相当不错，本田认为这款车一定会大卖。接着本田作出了控制供应量的决策，他们对外宣布这款车型只生产 5 万辆左右。顾客为了能够抢到车，开始竞相购买，Element 车型很快就出现了供不应求的现象，因此，本田根本不用担心产品会出现积压的情况。

4. 如何利用创意营销开拓市场

本田进入美国市场时面临的情况是：大多数美国人从来不坐，也不驾驶摩托车，对骑摩托车的人印象极差，只有少数狂热者才购买并使用摩托车。

另外，美国也是一个摩托车技术水平发达的国家，虽然产销量并不大，但哈雷摩托车技术水平高，世界闻名。技高一筹的哈雷，是本田需要面对的一个强大对手。

因此，这对本田来说既是障碍又是机遇。

为了把摩托车从狂热者手中解脱出来，成为连妇女也能驾驶的普通交通、娱乐工具，本田决心改变美国人的传统观念。

为了扭转穿黑皮夹克的摩托车手给人们造成的不良印象，本田公司力图树立“骑摩托车很好玩”的观念，并打出“假日与本田”和“寻求快乐，请找本田”的广告宣传口号。

本田首先将推销目标锁定在年轻人身上。他们专门选择最受青年人喜爱的40家电台做商业广告，还在225家大学报刊上登出整版广告，广告词句主要是解答关于校园停车问题，在其他报纸上也刊登了大量广告。

为了最大限度地向公众展示本田形象，公司还制订统一的方案，利用广告牌做宣传。早期的本田广告共表现了9种不同的人：老人、年轻人，不拘小节的人、一本正经的人等等，但他们有一个共性，即他们都是好人，为公众所接受，并且他们都骑着一辆本田摩托车。

同样主题的广告被用于杂志、电视、电台、报纸、户外招牌、农场刊物以及直邮信件。广告在《生活》《观察》《周六晚报》《体育画报》等报刊上也广为宣传。

广告媒介尽量直接针对非传统型的自行车拥有者以及那些从未想到要拥有一辆摩托车的人。

由于广告宣传活动的大力开展，社会公众最终接受了本田的促销主题:“与佳人相会于本田。”渐渐地，人们对穿黑皮夹克的摩托车驾驶者的坏印象得到了纠正，代之以积极向上的年轻人和普通人的良好形象。

本田继续以创新的精神进入美国市场，接下来他作出的决策是要“慎重选择经销商场”。

因为在以前，美国大多数摩托车经销商场都设在市郊，这是个让公众无精打采却让穿黑皮夹克的流浪汉备感舒适的地方，环境杂乱不堪、嘈杂喧闹。这些场址使那些一般消费者感到不太自在。看到这种情况，独辟蹊径，本田将其经销商场大都设在市中心。本田曾一度在纽约市的麦迪逊大街设立经销商场，这里距中心火车站和班车集中地仅 3 个街区之遥。1965 年，本田在美国各州设立了 1500 多家经销商场，确保产品供应及时、方便。

本田除了销售摩托车并提供相应服务外，还积极向经销商提供另一种服务，即开发新市场、发掘新主顾。

本田为那些开始不想买而想租摩托车的人提供租车服务。1965 年，本田的租金收入达 4000 万美元左右。这不仅增加了额外收入，还使不少顾客由租用转为购买。

出租为试用新型交通工具提供了一种有效途径，通过出租业务，可使顾客了解到摩托车的使用是否顺利、是否经济实用等等。公众一般不租用庞大、昂贵的哈雷摩托，而倾向于租用轻便的本田摩托。

就这样，一个并不出名的外国“入侵者”轻而易举地打进了早已被人占领了的传统市场，并且仅用几年时间就完成了整个过程。

在这个过程中，不断创新的营销管理策略是本田成功的关键所在。

5. 战略是什么——不断尝试并修正

1959 年，英国的企业在美国摩托车市场占了将近 50% 的份额，远远超过其他国家。然而到了 1966 年，本田公司就已经力压英国，占有了美国摩托车市场 63% 的份额。如此巨大的市场占有率，让英国企业大为吃惊，于是，英国政府便不惜重金，聘请了波士顿咨询集团公司来对本田公司进行详细的分析。

他们想知道，本田公司到底是如何以如此快的速度成功抢占美国市场的。经过一番调查之后，波士顿咨询公司向英国政府提交了一份详细的报告，上面详细地介绍了本田公司的营销战略，他们并对此作出了结论：本田公司的成本要远远低于那些老牌企业，这就是本田的优势所在。

他们的报告正确吗？

针对这一点，美国斯坦福大学的理查德·帕斯卡尔教授曾采访了当年亲身参与开发美国摩托车市场的本田公司管理人员。结果这些受访者的说法与波士顿公司的报告大相径庭。

其中一个受访者说："其实，当初我们根本没有制订任何战略，我们只是想知道自己的产品到底能不能在美国销售而已。"正如这名受访者所说，早在本田公司进入美国摩托车市场的前 8 个月，本田和公司其他管理人员都有一种直觉，那就是，在美国出售在日本市场上大受欢迎的 50CC 型的小型摩托车是不明智的。本田认为美国消费者从来都喜欢大一点的摩托车。

鉴于此，本田一直对像 250CC 型和 305CC 型的大型摩托车十分有信心。本田认为，这种大型摩托车的车把造型十分独特，这将会吸引很多美国的年轻人前来购买。但是，事实并非如此，这种摩托车只卖了几部就再也卖不动了。本田公司因此受到了很大的打击。就在本田公司为此愁眉不展的时候，一个机会拯救了他们。有一次，本田的员工骑着 50CC 的小型摩托车出去工作，引起了很多美国人的注意。

于是，很多顾客都开始给本田公司打电话，表示要订购这种摩托车，但本田仍然担心这样会损坏公司在大型摩托车市场上的形象，所以一直犹豫不定，但由于当时的大型摩托车销量不佳，本田也只好大胆一试了。于是，他们便制订了 50CC 型摩托车的销售计划。

然而，让本田人没有想到的是，这种摩托车的销量惊人，而且一路高涨。就这样，本田摩托车成了美国消费者心中的最爱，甚至很多中产阶级都骑上了本田摩托车，无论是小型摩托车，还是大型摩托车，销路都变得非常好。

更有意思的是，当时在本田公司品牌战略中最著名的“骑上本田，让你成为最帅的人”的宣传广告都不是本田人自己做的，而是借用了加利福尼亚大学洛杉矶分校的一个大学生为一个班级活动想出来的口号。

这是一个被战略管理领域所津津乐道的本田案例，这一案例对于人们的启示是非常深远的。

很多时候，人们一提到战略，就会不由自主地想到理性的思考和详尽的分析。其实，就像本田的经营方法一样，他们所谓的战略并不是来自于那样的思考与分析，而是来自于现实生活中的一些自然发生的东西。

很多公司的经营者，每当要实施一个计划之前，就会召集一些人坐在办公室里，自作聪明地做着各种各样看起来十分合乎逻辑但实际上毫无用途的分析。本田公司之所以能够在美国的摩托车市场上立足，就是因为他们从不会像那些人那样，制订一个什么战略，然后依据战略进行工作；相反，他们会把更多的时间用在尝试各种不同的事情上，他们会不断地试验、汲取教训，然后作出改正。这是所有想要壮大公司的经营者都要学习的地方。

6. 销售方法不能一成不变

本田说过:“销售的方法应多种多样。如果总是采用一成不变的方法销售,是很难打开市场的。比如,如果在美国市场仍然采用在日本市场所采用的方法,就很难打开美国市场。”

本田曾为进军美国市场制订了一个明确的计划,即到20世纪90年代初,要实现在美国年产50万辆以上汽车的目标,在加拿大要争取年产辆达到8万辆。实际上,这个目标早在1987年就已经实现了,当时,本田在北美市场的销售量已经达到了73.8万辆。据统计,本田公司每年在北美的销售数量将会达到100万辆,相当于其全球销量的一半左右。这在当时的汽车业界是一个极其庞大的数字,它意味着本田公司已经在世界汽车行业里牢牢地站稳了脚跟。

此外,本田还是世界上最大的摩托车制造商,占了摩托车市场50%以上。美国本田摩托车事业部的一位负责人曾说:“身为摩托车业领袖,我们不仅要持续争第一,还要扩大市场,我们永远不能自满。”

1986年,本田囊括了美国10项重要赛车冠军。本田的产品应有尽有,无论是售价400美元的小轮摩托车,还是最高级的休闲摩托车——1500CC6汽缸的“金翼”,全都是当时的畅销车辆。

此外,本田非常注重于广告的运用,它的摩托车的广告在业内是最具特色的。一次,本田为了推销一款小轮摩托车,特地制作了一个别具一格的广告,它是以小轮摩托车的特写镜头开始,然后配以旁白:“你痒吗?尽情去抓!”这则广告的意思就是:如果您对骑小轮摩托车充满幻想,就请去尽量实现这个梦想。

刚开始的时候,本田公司在美国的销量并不好,直到后来推出了配有CVCC

引擎的喜美汽车，本田公司才赢得了美国消费者的喜爱。因为价格便宜，所以很快就受到了广大经销商的关注。

当时，美国著名的杂志《读者文摘》曾为此发表了一篇文章，对 CVCC 引擎的汽车进行了专门报道。这篇文章的题目为:《来自日本——一部省油的洁净车》，其中有一部分是这样写的:“1972 年底，3 部配置新式引擎的本田汽车运抵密歇根州安娜堡的美国环保署废气排放测试实验室。这 3 部车没有装置触媒转换器或其他附加配件，却全部远远优于预订在 1975 年实施的严格废气排放标准。举例来说，联邦规定汽车每行驶 1 英里，排放的碳氢化合物不得超过 0.41 克，但 CVCC 引擎在测试动力计‘跑’了 5 万英里之后，平均每英里排放的碳氢化合物只有 0.24 克；一氧化碳，标准是每公里 3.4 克，本田引擎平均只有 1.75 克；氧化氮的排放上限是每英里 3.1 克，本田的废气每英里平均只有 0.65 克。除此之外，还有另一项叫人惊奇的事：本田工程师在一部 1973 年生产的雪佛兰羚羊牌车 8 汽缸引擎上装上了本田的汽缸头及化油器。美国环保署为这部车进行实车测试，发现本田的修改大幅降低了废气污染，省油性能也有所提升。与此同时，日本政府完成了一批本田 CVCC 引擎的测试，发现此种引擎排放的废气远低于日本新实施的排放标准，日本标准比美国标准还要严格，此后本田便开始大量生产这种引擎。本田在日本推出 CVCC 引擎驱动的小型 4 门车后，成千上万的日本摩托车骑士改开本田汽车，享受每加仑跑 40 英里的省油性能。随着本田汽车年产量达到 36 万部，本田开始把 CVCC 引擎的轿车与掀背式车型外销到美国来。”

在文章的结尾，作者还算了一笔账：新引擎虽比传统内燃引擎贵 170 美元，却省下触媒转换器及其他附件，合计 350 美元，净省 180 美元，“由于新引擎的省油性能，车子跑的里程愈多，就愈省钱”。

本田的员工看到这篇文章后，惊喜万分，随后便购买了几万份，寄往全国各地。除《读者文摘》以外，还有很多权威杂志也对本田汽车进行了大量报道。就是在这些杂志的推波助澜下，本田汽车很快就赢得了广大消费者的信赖。

对于经销商的选择，本田也是极其慎重的。他们的宗旨是只选择跟那些有销售经验的经销商合作。曾任本田公司资深副经理的毕尔默对此深有感触，他曾说:

“网罗曾为美国三大车厂卖车的经销商，能使他以往的杰出表现也在本田发挥出来。”他曾这样回忆道：“当时，我曾设法拉拢一个专营奥斯摩比车系的优秀经销商，因为他的地段很好，每月大约可销售200部车。我第一次打电话给他的时候，他说正在考虑另一厂牌的进口车，那时，他还不知道本田公司是什么，于是，我便立刻开着车跑过去看他。他一看到车，就说：‘这车子太小了！’我答道：‘我的个头和您差不多高，我既然能开，您肯定也能，为何不试一下呢？’于是，他便和一个销售经理一起试车。结果，他们对车子非常满意。很快，我们就签订了合作协议。”

1974年，本田在美国市场的销售量达到了4.3万部。很多经销商都纷纷抱怨说：“如果你能给我更多的车，我就能卖得更多。”

不久，美国本田的两位负责经销商事宜的经理接获通知，回东京参加年度会议。在会上，经销商们提出了下一年度的需求数量。当被问到下一年的销售计划时，有人竟然毫不犹豫地回道：“15万部。”这让两位负责人相当吃惊，他们惊讶地问道：“你们一开始只卖4.3万部啊，一下子增加那么多，恐怕有难度吧？”

可一些经销商却信心十足地说：“如果我们获配15万部车，一定可以卖完。我们在美国市场从来不曾因为估计错误而卖不完。我们老是遇到供不应求的情况。”

对于美国的这些经销商，本田公司一直都给予了他们足够的自由。一个负责人曾说：“本田确实与众不同，因为我们不告诉经销商如何经营事业，只给予十足的尊重。当你与懂行的经销商合作时，根本不用有过多的担心。”

为了支援经销商，本田在全美建立了10个地区事务所，所有负责人都是经验丰富的经理。一位负责人说：“我们尽量雇用有推销汽车经验的人。我可以把批售业务要诀都教给我们的现场业务代表，我不需要任何没有卖车经验的人站在那儿教我们的经销商怎样卖车。”

这是一种本田特有的管理方式，这种方式大大地增加了本田产品的销售数量。

当时，著名的汽车杂志《华德汽车世界》曾对消费者进行过一次调查，结果发现超过半数以上的消费者愿意购买本田产品。事实上，本田的销售商按平均卖车数计算，数量总是最高、库存最少，赚钱也是最多的。

本田认为，在美国销售汽车，就要讲究“入乡随俗”。但对于那些美国汽车大厂的销售方法，本田从来不会模仿。

7. 卖车只是服务的开始

本田对售后服务十分重视。本田在各地的经销商都必须依照本田的要求行事。

本田认为，要想让公司树立一个良好的形象，就必须提高售后服务的质量。顾客只有享受良好的售后服务，才会对本田车产生好感，并且产生持久的信任感。

对此，本田要求各地经销商要专门为顾客提供一些额外的服务。比如，如果顾客在店里买了一辆车，那么从买完车的那一刻起，经销商就要为顾客提供全程服务。而且这样的服务是不间断的，也许只有购买者出国了，服务才会停止。本田经常对这些经销商说：“买车只是个开始。”

每逢购买者的生日、各种节日，经销商都会寄上漂亮的生日卡和节日卡片以示庆贺。除此之外，还会寄出晋升、毕业、结婚等人生大事的贺卡，他们认为这样做会和顾客拉近关系，让顾客感觉到自己受到了尊重。如果车子出现了什么问题，只要打个电话，本田的工作人员就会在第一时间派人将车子开到维修店，他们会以最快的速度将车修好，再送回府上。

有这样一个故事：一次，一位中年妇女在本田店里买了一辆车，车子的质量很好，虽然已经开了整整 3 年，没有出现过任何问题。突然有一天，她打算开车去接孩子放学，结果半路下起了暴雨，车子突然熄火了，这位妇女怎么都打不着火。情急之下，她给本田维修店打了一个电话，其实就在她按下电话号码时，她还在担心店里的工作人员是否会前来维修，毕竟车子已经买了3年。过了几秒钟，电话通了，那边传来了维修人员热情的声音，这位妇女便告知了对方车子所在的位置，表示希望他们能马上过来帮忙。结果，仅仅过了15分钟，维修人员便带着工具赶到了现场。他们冒着暴雨钻进车底下进行维修，经过半个小时的修理，故障终于被排除了。这位妇女激动得不知该说什么好，但两名工作人员只是淡淡地说了句："这是我们的义务。"随即转身走开了。

像这样的故事，在本田维修店不胜枚举，几乎每一个维修人员都做过这样的事。

在日本，汽车业是一个竞争十分激烈的行业。要想在这种激烈的竞争中取胜，本田觉得必须提供优异的服务，没有这种优异的服务就别想成功。

本田技研当初在美国设厂时，本田要求全体员工都要学习如何服务顾客。本田想要让每一个本田员工知道，这种优良的服务不是三天捕鱼两天晒网的事，而是一个长期的过程。本田认为，车主与经销商打交道时，最重要的3个接触对象分别是：一、卖车的业务员；二、车主送车子去维修时接车的技工；三、车主付款时的经手人员。

如今，全球竞争日趋白热化，很多大型企业都在试图渗透到国外市场。各种产品的成本与品质存在着很多分歧，服务质量也正在萎缩。相形之下，最爱护顾客的公司就拥有了竞争优势。本田便是如此，从创业之初，他就秉持着这种观念，几十年来，这种观念甚至已经成为每一个本田人信奉的服务哲学。

经销商每当被问及本田的服务哲学时，都会这样说："无论我们做什么，只要是服务顾客的事，都是合理的。卖本田汽车很容易，但若顾客不满意，他绝不会回来买第二部、第三部及第四部车。就像我们的广告所说的，有些家族有10部以上的本田车。要让客人再度光顾的不二法门，就是使顾客的满意程度极大化。"

优良的服务不能只是一时头脑发热的想法，也不只是针对少数特定的顾客提供的。"顾客永远是国王！"这是任何一个行业的生存准则，本田公司用实际行动做到了，他们奉顾客如上帝，敬顾客如拜神。他们认为为顾客提供良好的服务是一种日复一日、持续进行、永不停止、不屈不挠、温馨满怀的活动。

任何一个顾客都希望商家能够为自己提供满意的服务，对于服务质量的好坏，自然消费者也一定会作出评价。就像本田所说：“说到使顾客满意，每一位本田车主对我们都很重要。不管你在什么行业，都得花上一辈子的时间才能建立好名声，一旦你做到了，你必须加倍努力去维持，否则之前所取得的一切成绩都将前功尽弃。”

8. 明确企业的可为与不可为

对于一个公司来说，管理者的能力决定着公司的发展能力，管理者的眼界和思维也必然会对公司产生深远的影响。很多时候，如果一个决策失误了，对于公司来说，就很可能是灭顶之灾；相反，如果决策对了，就会给公司带来丰厚的利润。

1960 年，对于本田技研来说看似风平浪静，其实那是极不平常的一年。因为在这一年，本田技研面临着一个足以影响公司前途的抉择。“是否生产轻三轮车”成为焦点问题。

在此之前的 3 年，日本市场上刮起了一阵狂风。被人们称为简易卡车的轻三轮车销售火爆。之前的三轮车是棒式方向盘，驾驶台没有车篷。这对于骑车的人来说是非常不方便的。尤其是到了寒冷的冬天，驾驶员不得不穿上厚厚的衣服来抵御风寒。即便如此，也还是冻得手脚僵硬。因此，这种三轮车很快就成了人们不闻不问的弃品。但是随之出现了一种经过改良的三轮车。这种三轮车为圆形方向盘、封闭式的驾驶室。驾驶员驾驶这种三轮车要比之前的那种舒服得多。而且它的排气量不到 360CC，比之前的三轮车轻便了很多，所以被称为轻三轮。由于其轻便小巧，能在狭窄的路面自由行驶，价钱也要比购买小型卡车便宜得多。对于那些蔬菜店、小型工厂的经营者来说更为实用。这种经过改良后的三轮车一夜之间就成为广大消费者竞相追捧的抢手货。

由于十分畅销，很多汽车厂商都开始纷纷投入生产，特别是那些由此获利丰厚的代理商们更是一再要求本田技研扩大生产规模，但本田却明确地拒绝了代理商的提议。这让很多代理商无法理解，并且怨声载道。

人们不禁会问："这种车如此受欢迎，倘若扩大生产，必会财源滚滚，本田为何不继续生产了呢？"甚至本田公司经常与那些代理商打交道的人也不理解，他们对本田说："现在代理商都十分热衷于经营这种三轮车，这正是我们赚钱的绝好机会，我们当然要生产这种车了。"

但本田仍不为所动。这可激怒了代理商，他们甚至威胁本田道："如果你们不生产这种三轮车，我们就要终止与你们的合作关系，而去跟其他公司合作。"

这样的威胁对于本田来说无疑是一种巨大的压力。本田和藤泽深知，现在的这个销售网络是他们经过多年的苦心经营才建立起来的，倘若他们真的取消合作，势必会对本田接下来的营销造成灾难性的打击。

他们拒绝代理商提议的原因又是什么呢？是因为他们意识到，这种三轮车只能是风光一时的产品，无法长久经营。倘若非要大量生产，将来一定会为此付出巨大的代价。鉴于此，藤泽对代理商解释说："确实像你们所说的，现在是销售轻三轮的最佳时机，销售这种车要比销售梦想号轻松很多，而且利润也相当丰厚，但是这种热潮很快就会散去，如果我们执意要生产下去，总有一天我们会为此感到后悔。"然而无论藤泽如何苦口婆心地劝说，代理商们还是无法接受藤泽的建议。随着抗议的代理商越来越多，本田技研的销售网络已经到了濒临崩溃的边缘。如果继续恶化下去，无疑又是一场难以承受的灾难。

但是就在本田和广大代理商冷战之际，仅仅过了一年，轻三轮车的市场开始急剧萎缩。很多执意销售这种车的代理商为此吃了一个大大的苦头，事实证明了本田和藤泽策略的正确性。从1959年到1960年，日本市场出现了"岩户景气"。一直以来的消费低迷突然间烟消云散，取而代之的是广大消费者的疯狂购买行为。汽车市场也是如此，自1959年日产汽车公司推出"蓝鸟"汽车以后，日本汽车市场进入了自用车时代。此时的轻三轮车已经成为寒酸的代名词，没有人愿意再骑着一辆粗糙简陋的三轮车在街上跑来跑去了。很多有购买能力的消费者开始把目光盯在了四轮汽车上，而这正是本田和藤泽一直以来都极力倡导和宣扬的销售策略。

此事过去之后，藤泽曾在一次接受采访时举了一个有关桑树的例子来回答记者的提问。他说："农林部一直宣扬今后将是化纤的时代，所以很多养蚕的农民砍倒了苦心经营几十年的桑树，改为经营菜圃。然而，没过几年，国际市场上的丝绸就出现了严重的供不应求的现象，导致生丝价格一路狂涨。然而对于那些曾经养蚕的日本农民来说，即使价格再怎么涨也跟他们无关了，因为桑树已经被砍倒了。"联想到自己的公司，藤泽说："农林部和媒体由于只看表面现象最终却被表面现象给蒙蔽了。如此宣扬化纤时代的来临，等于是给广大农民封死了后路。这和汽车市场现在的情况如出一辙，开始人们都大谈特谈两轮车的时代已经成为过去时，而此时正是三轮车的时代，从而把两轮汽车抛在了脑后。这是极其不明智的做法。一个想要有所发展的企业，我们绝不能这样做。不要被一时的假象所迷惑，我们要时刻擦亮双眼、看清真相，唯有如此才不会走入绝境，这就是我们为什么不跟风生产三轮车的原因。"

本田和藤泽就是这样一对心明眼亮的经营者。他们从来都是按照自己的步伐一步步地走下去。不管外面如何谣言四起，不管面对多么大的压力，他们都不改初衷，一往无前。他们知道经营一个企业，只有明确什么可为、什么不可为，才能避免被表面现象所蒙蔽，从而沿着自己的方向前进。

法则四

向顾客提供世界水平的产品

——匠人的产品哲学

“以国际企业为目标，通过向顾客提供世界最高水平的产品贡献社会。”这是本田公司一直以来的工作宗旨。为达成这一宗旨，本田建立了先进的质量管理体系，试图从多个方面保证产品的质量，同时还坚持不懈地培养具有品质意识的优秀员工团队。创新、引领、质量、由小开始，是本田宗一郎一贯执行的产品哲学。

1. 采用“生来即小”的策略

本田虽然脾气暴躁，但在对待公司的发展上却是一个格外谨小慎微的人。这大概是受到了日本民族精神浸染的结果。本田的工作作风向来都是：由小做大，稳扎稳打。

回顾一下本田几十年来的发展轨迹，可以清晰地看到它每次推出新的车型之前，都会采取定量生产的办法。在本田看来，对任何一款的销售情况在没有准确的了解之前，是不能大批生产的；否则一旦销售情况不佳，就会导致产品的积压，这对于公司来说将是一个巨大的损失。本田常常将这种策略称为“生来即小”。

具体来说，什么是“生来即小”呢？一般来说，大多数人都会认为只有大才能强。但本田却并不这么看。他认为，小不一定就不能强大，所谓千里之堤溃于蚁穴，说的便是“小”的威力。因此，每当要推出一款新车时，本田都会要求其销售量必须占据同类车型销量的前 3 名，要想让每款车都成为精品，就必须确保产品的技术和品质。这在本田看来是所有本田人都应该有的一种工作态度。

为此，本田公司曾安装过一个被称为 Ultimate Flex 的新的生产系统，这个系统就充分体现了它的“生来即小”的理念。

在这之前，本田要想推出一款新车型，基本上要花很多钱，而且周期也很长。原因在于，当时的工厂只是实现了一部分的生产能力。而且，组装新车型所需要的焊接装置和工具的安装、新的零部件的加入、组装线上工人的重新分配，都需要很长时间才能完成，而且运作起来相当复杂。这在本田看来，实在是有些浪费时间。

因此，本田召集所有人员开会讨论这个问题，结果便有了 Ultimate Flex 系统的诞生。这个系统能够简化生产线的变更程序，它使得本田公司的生产效率要远远高于其他汽车制造商。这样一来，本田就能够以最快的速度推出新的产品，从而在市场上占据主动。

本田曾推出过一款名叫飞度的新车型，这款车的外形很像一端被斜削去的面包，这个特别的设计，立即引起了广大美国消费者的关注。就在本田决定将飞度推向美国市场时，很多日本经销商也表示要经销这款车。当时的时间已经非常紧迫，为了抓紧时间，本田随即又制订了针对日本市场的开发计划。在所有人员的共同努力下，本田公司将飞度面市的时间整整提前了 3 个月。结果，飞度一上市就立刻成了当时市场上最走俏的车型。

为了避免裁员和过于超前市场，本田在进入新市场前通常要等待数年，可以说，本田在大规模投资建厂和开发新车型等方面一直十分谨慎。

本田的经营理念就是，绝不贸然行动。当初，本田汽车进入美国市场时，也同样是谨小慎微，采取点滴渗透的方式。当时，本田汽车侧重于生产轻型卡车。20 世纪 90 年代，当美国的消费者排起长队购买道奇面包车和福特探险者时，本田并没有像其他企业一样一哄而上，而是站在一旁静观时局的发展。经过长时间的观察和研究，本田确定生产大型汽车的时间到了，于是便开始迅速投入生产。

起初，本田在销售大型汽车时，走了一些弯路。首先，它将低功率的小型奥德赛厢型车引入美国市场，然后它从五十铃（Isuzu）收购了RodeoSUV，将其重新命名为本田Passport。

结果，美国的消费者却对奥德赛狭窄的内部空间感到不满意。与此同时，他们也发现笨拙的、毛病很多的Passport根本达不到本田车的标准。

针对这种情况，本田开始迅速行动起来，他重新设计了奥德赛，扩大了车型，增强了马力，外观上也更符合美国人的审美标准。

此外，本田还开发了其他一些车型，其中，Pilot车型是典型代表。这辆定价3万美元的SUV结合了本田的精湛工艺、细节设计以及大众化的风格。

本田的风格就是如此，它从不会让事态的发展超出自己的控制能力，它永远相信“由小做大”的威力。

2. 创新、创新、再创新

本田十分注重培养员工们的创新精神，因此，公司的员工们大都喜欢在一些与汽车、摩托车和动力产品等核心业务关系不大的特殊设计项目上花费心思。

本田公司曾经用了16年的时间，投入了将近几亿美元的资金，研发了一个人形机器人，本田人给它取名为Asimo。这个机器人十分智能化，能攀登楼梯，还能和人握手。这在当时着实让人眼前一亮，但对于这个机器人的性能，他们还不是很满意，他们还希望这个机器人的后代能帮助救火或处理危险品等等。

他们的发明创造有很多，机器人只是其中之一。他们还曾经研发出了一台商务机。他们当时的想法是要制造出一款质量和本田汽车相媲美的商务机，这款商务机要具有出众的外形和卓越的节约燃料的效果。

像这样的研发项目，在本田公司有很多。当然这也曾经引起过非议。很多人认为，一个制造汽车的公司竟然整天把精力放在跟汽车毫不相干的东西上，实在是有些浪费，甚至还有人把这说成是不务正业。但本田却不这样看，他认为作为一个研发人员，他的工作就是要尝试研发各种产品，就是要力争创造出先进的技术。这些发明创造恰恰可以充分调动员工们的积极性，能够彻底激发出他们的创造欲望，这对于一个公司的发展创新来说绝对是一件好事。

事实证明，“不务正业”的做法并没有给本田的业绩带来丝毫的影响。本田在美国市场推出的 5 种新款车型，其中包括两种轻型卡车和新款雅阁，一直都是本田的畅销车型。巨大的营业利润使得本田已经成了能够和保时捷、宝马公司并驾齐驱的顶级企业，它每年创造的利润一直排在世界汽车企业的前列。

欧洲一位著名的管理学家曾经这样说道:“本田的经验证明，较晚进入一个行业的企业依然可以凭借制造工艺的独创性、精明的管理，以及源源不绝的产品而立足世界。本田丝毫不逊色于世界上其他任何一家汽车制造商。”

确实如此，本田正是由于有着这样创新进取的精神，所以才在短短几十年的时间里成为一个令全世界摩托车、汽车制造者都望而生畏的传奇。本田本人既是一位卓越的技术专家，又是一位胆识过人的创业家和经验丰富的企业家，同时还是一位实干家和冒险家。他所信奉的经营哲学就是“创新、创新、再创新”。

那么，本田信奉的创新都包括什么呢?

1. 技术创新

现代的科学技术在当时已经呈现出了一种综合化的趋势，“代替性技术”的发明已经开始慢慢走向末路，尤其对于汽车企业来说，想要在行业中立足，就必须制造出具有创新性的产品。

对于这一点，本田一直都有着清醒的认识。其实，本田的成功，就是因为他的这种特点。他能够最大限度地吸取别人的优点，然后在此基础上创造出具有自己独具特色的产品。

1952年，本田到世界各地进行参观考察，目的就是为了吸取别人的优点，回到公司后，他便组织一个专门的研究团队，对各国先进的样品进行详细的研究。最终经过长达两年的研究，他们终于在此基础上研制出了自己的产品。这让本田十分高兴，他当时就向全体员工宣布："本田要吸纳万国之长，不步他人的后尘，要创世界第一流的技术水准。"在本田充满热情的鼓舞之下，公司的每一个人都热血沸腾、激情澎湃，他们个个都铆足了劲，致力于新技术的研究和开发。

两年之后，他们参加了世界摩托车TT大赛，虽然那次大赛没有取得好成绩，但却给本田的研究团队打了一针强心剂，让他们的创造欲望更加强烈了。1959年，本田公司又一次参加了TT大赛，结果获得了第6名的好成绩。两年之后，本田公司的产品质量已经大大地上了一个台阶，在这种高质量的保证之下，他们在当年的TT比赛中一举夺得了125CC级和250CC级竞赛项目的第1名至第5名。这样的胜利顿时让其他企业对本田刮目相看，从此，本田公司名声大噪，本田也因此被称之为"当代著名技术专家""日本摩托车之父"。

本田在进入汽车行业以后，同样一如既往地把精力放在创新之上。他总是对员工们说："创新决定成败。"在这样的鼓舞下，本田创造出了一项又一项独具个性的产品，从而扬名世界。

第一，"FF方式"的前轮驱动方式的发明。"FF方式"的前轮驱动方式，现在已成为每一家汽车制造厂商的常识，但在当时的技术水平下，它却是一项具有划时代意义的发明。第二，研发出了本田喜美厢型汽车。这种喜美厢型汽车在当时可谓是一个全新的创造，一经问世就立刻引起了丰田、日产、三菱等的高度关注。为了不被本田落得太远，它们也开始竞相模仿制造起来。如今，这种厢型汽车已经成为小型汽车的标准体型。第三，360CC轻型汽车AT车的发明。AT车就是自排汽车，本田公司制造的360CC轻型小汽车就是全自动的AT车。这项发明的成功使得本田公司登上了汽车业的最高峰。今天，这种轻量小型的AT车已经成为本田汽车的代名词。第四，低公害的CVCC引擎的发明。作为降低有害废气排放的对策，当各个厂商都在研究开发利用触媒净化的引擎时，本田公司就率先开发出CVCC的低公害引擎，使得日美各家汽车生产厂商不得不向他购买专利权，模仿 CVCC 方式制造引擎。第五，N360 轻型汽车的发明。这款 N360 轻型汽车是本田公司正式走入生产汽车的第一步。N360，是 360CC、31 马力、前轮驱动方式，当时的市场价仅为 31 万日元，产品上市之后，低廉的价格使得它受到了广大消费者的热烈欢迎。后来，本田又推出了 NSX 型汽车，这也是一款令业界大吃一惊的产品。可以说，本田公司的日新月异的技术创新，在业界一直是最让人津津乐道的话题。这使得人们一谈到它，就会不自觉地想到“创新”两个字。

第二，经营创新

本田不仅重视技术创新，而且还十分重视经营创新。为此，他特地设立了一个营业研究所——本田营研。这个研究所专门负责研究独特的行销方式，亦即不采用一般汽车厂商的“业贩方式”，而采用“直贩方式”销售产品。这种独特的营销方式可以说在当时的业界又是一个让人大为惊叹的发明。这种不走寻常路的做法，为本田创造出了巨大的营业利润。

本田公司参加国际竞赛也是为了扩大销售自己的产品，这也是本田“异想天开”的举动。他曾对员工们说：“本田的理想是以全世界为目标，我们每一个人都要为这个宏大的目标而奋斗。”本着这个目标，本田决定首先开发世界最大的汽车市场——美国，将畅销的车型作为主攻的有力武器大作广告，开拓分销渠道，亮出本田机车在国际 TT 竞赛的名声，并在那里建起“美国本田”公司，结果本田很快就赢得了美国消费者的青睐。在美国市场获得胜利之后，本田随即又把目光放在了欧洲，于是他又以“世界的本田”品牌形象向欧洲市场进军，结果，也同样取得了可喜的成绩。

第三，人才创新

本田极为注重招揽各方面的优秀人才，这是本田公司始终充满活力与生机的原因。他特别用心地发现、培养和使用年轻人才，甚至从年轻人身上去发现自己的不足，虚心向年轻人学习，即使这个年轻人比自己年轻得多。他风趣地说：“我只有小学文化程度，我不用担心向别人讨教而有失体面。”

本田在美国建厂时，就想尽办法把当地优秀的技术人才和管理人才招进厂里，然后把他们送到日本的本田厂进行培训。他这样做的目的就是要让他们熟悉本田的生产标准和管理程序，结果取得了很好的效果，这些美国员工在生产技术上丝毫不输给日本的员工。这种职业培训是十分严格的，他规定，任何人上岗前要进行岗位培训，只有拿到合格证的人才能上岗工作。同时，他还设立了一个研究所，每年给研究生提供大笔经费，让科研人员和设计人员进行新产品和新技术的研究开发。可以说，在本田的精心管理下，本田公司的工作氛围和其他公司比起来更加活跃、更加自由，也更加具有凝聚力，这有力地促进了本田公司的发展。

第四，观念创新

20世纪70年代初期，一股世界性的减排风潮席卷而来。当时，美国率先颁布了限制汽车排放废气的法令，随后，世界各国也开始相继模仿。这无疑对于世界上的汽车企业来说是一个晴天霹雳。就在其他企业的负责人都一筹莫展时，本田却摆出一副轻松的样子说："这可是我们本田超越其他公司的最好时机，错过这个村，就没这个店了。"

此时的本田，仅仅是一个刚进入汽车行业的小公司，所以它和那些实力雄厚的企业比起来显得有些势单力薄，但本田却并没有一丝一毫的退缩。为了能够抓住这次反超对手的机会，本田当即就决定成立一个研究小组，专门负责研制省油减排的新型汽车，而研制这种汽车的关键就在于发动机。

这种发动机对于当时所有汽车业的巨头来说，都是一个无法逾越的巨大障碍，因为依据当时的技术水平根本无法研制出这种发动机。

但是本田面对这个难题却显得十分兴奋，他说："汽车业的厂家今后能否生存下去，关键在于能否研制、开发出这种新型发动机，我们可要加油啊！"不久，本田就召开了一个针对研发这种发动机的动员大会。他对所有研制人员说："只有开发出低公害的汽车发动机，本田技研工业总公司才能取得与老牌汽车厂家并驾齐驱的机会。"

员工们就在本田的鼓励下，开始投入到了紧张的研发工作中，本田也和他们一起奋战在第一线。他与研究人员一起收集资料、查阅文献，经过反复研制，最终在1972年10月，成功地开发出了符合《马基斯法》规定值的低公害发动机——

CVCC 发动机，这就使得本田公司比当时的福特、丰田、日产抢先了一步，本田因此受到了世界各国的高度评价。由于 CVCC 发动机具有非常好的社会效益，公司在销售方面也就获得了非常客观的经济效益。这种社会效益与经济效益的双重成功，使本田受益匪浅，他说："这次的成功，不是企业间竞争的成功，而是一种神圣的社会责任感的成功。它使我为之惊叹，一种新的价值观、有关企业和社会之间的联系等一系列问题的新感觉和建立在这一基础上的新经营观念已经完全形成。需要我们具备这种新的经营观念的时代已经到来了。"

第五，不断创新

对于一个讲究创新的行业来说，唯有不断地创新才能在强手如林的市场上赢得一席之地。然而，创新是没有任何捷径可走的，唯有专心致志和坚持不懈，才能最终克服一切障碍，获得成功。

本田的成功就是一个典型的例子。从修理汽车到生产摩托车，从生产摩托车到生产汽车，他一直在不断探索和不断创新。本田曾这样说道："创业家必须主动确定未必可能实现的目标，并乐意遭受失败。"

伟大的发明家爱迪生曾说过："只有坚持不懈，才有可能成功。"对于本田来说，用这句话来描述他是再合适不过了。爱迪生说："创造力依据的是 99%的努力和 1%的灵感。"对此，本田十分赞同。他认为他的成功来自于一次又一次的失败，而这一连串的"失败"是他不断尝试错误的探索性的试验，也是成功创新所必需的。他说："我从自己的经验中体会到，创造发明不是异想天开，而是走投无路、迫不得已时的智慧结晶。"可以说，这种经历一次又一次失败而绝不放弃的不屈不挠的态度，正是本田成就伟大事业的基石。

3. 竞争从来都是走在最前面的人的游戏

1970年，美国国会对“净化空气法案”进行了修订。新法案规定：从1975年起，美国将实行严格的汽车排废标准。随着新法案的颁布，很多公司遇到了难题，因为新法案的颁布会导致它们的汽车销售额因为排气标准不达标而下降，但对于本田来说，这却是一个占领市场的绝好机会。

事情是这样的，在美国国会宣布法案之后，美国便派了一位用户监察员前去日本的各个汽车生产企业进行访问。然而，对于这个监察员的到来，日本的很多家企业都不大欢迎，它们在潜意识里对这位即将到来的监察员存在着敌对心理，所以，当监察员到达日本时，向来彬彬有礼的日本汽车生产商却表现出了前所未有的冷漠。

本田却没有加入它们的行列。本田对身边的人说：“这是一个我们了解美国消费者的大好机会，如果我们能够和他就汽车问题讨论一番的话，相信我们定会有不小的收获。”

于是，本田便让人准备了一顿丰盛的晚餐，盛情款待了这个监察员。席间，本田和这个监察员就汽车问题整整谈了将近两个小时，结果当本田送走这位尊贵的客人之后，他暗自高兴起来。因为从谈话中，本田已经知道了美国人对于汽车问题的一些看法，而这正可以为本田下一步研发汽车提供依据。

很快，本田便召集了公司的所有设计人员，向他们宣布要着手设计一种新型汽车，研制的目标是要力求减少汽车排出的污染物以及尽量节省汽油，并由此研制生产出了“CVCC引擎系统”。

很快，装有这种系统的新型本田汽车就被推向了市场。因其在排气和节油方面的独特优势，使得这款车一经面世就在业内引起了巨大的轰动，各大媒体竞相报道，广大消费者也一哄而上。并且，就在这款汽车上市仅仅一个月之后，闻名世界的“石油危机”爆发了，很多阿拉伯国家为了和美国等资本国家抗衡，相继推出了限制石油开采的法令。也因此，本田的这款新车以其引擎能保证油气充分燃烧、最能节省汽油的性能，一时间成为世界汽车市场中最耀眼的明星。

对于一个置身于竞争激烈的国际汽车业的公司来说，只有做到反应敏捷、行动快速，抢先一步作出正确决策，才能最先达到目标，从而赢得主动权。特别是对于当今这个复杂多变的世界环境，时间就是金钱，效益就是生命。倘若能够像本田那样，在第一时间抢先收集各种新动态、新信息，进而在第一时间推出新产品，便能迅速占领新的市场。这是一个企业战无不胜、攻无不克的经营法宝。

本田就是这样一个人，他永远要走在别人的前面、永远要抢先一步。他说：“竞争从来都是走在最前面的人的游戏。一个公司如果不能开发出先进的产品，迟早会惨遭淘汰，所谓优胜劣汰，在汽车市场也同样适用。”

法则五

尊重个人精神

——匠人的管理哲学

在日本，本田公司是日本大学生毕业后最喜欢去的企业之一，他们都以能去本田工作而自豪，而在日本的商业界，本田则是技术和活力的代名词。人们一提到本田，就会将它和创新两个字结合在一起。可以说，本田之所以能以“创新”立足商业界，这和本田一贯的人才管理策略是分不开的，其中，“为自己工作”的理念更是成为本田尊重个人精神的最佳代表。

1. 本田对人才培养的 4 点看法

综观本田的经营哲学，他的原则和规定一直遵循着其技术创新和经营理念，并且这种理念渗透到了企业的每个员工和每个角落，从而打造出世人所知的本田管理模式。

对于公司的人才培养，本田有着自己的见解和方法。

首先，他认为每个人的思想都是不尽相同的，因为这种不同，才有组合在一起的价值。鉴于此，本田通常会将不同性格的人组织在一起，以充分发挥他们各自的能力。

本田十分擅长与性格完全不同的人一起工作，这也成为他的工作信念之一。他曾说过：“和我性格相同的人，相处起来固然十分轻松，但公司的经营必须有各种类型的人才才行。”这一点，从他和藤泽长达几十年的合作就可以看得出。众所周知，本田和藤泽是两个性格完全不同的人，正因为这样，本田才给他和藤泽进行了明确的分工。本田负责技术和产品，而销售和经营完全由藤泽全权负责。

其次，本田认为握有大权的人不应该过多干预别人的工作，应该大胆授权，把工作交给适合的人去做，所以，他和藤泽尽管在公司拥有着至高无上的地位，但他们从来不会对别人的工作指手画脚、胡乱指挥。

1964 年，作为公司专务的藤泽向本田提出担任公司副总裁获得同意，此后他们开始物色公司专务继承人的人选。也就是这一年，本田的全部董事聚集在当时的公司总部八重洲，设立了“董事办公室”，所有董事在同一个办公室办公。自这个举措开始，确定了由公司两雄（本田宗一郎与藤泽武夫）向集团指导制的思路转移。之后，藤泽不再在公司露面，本田也逐渐专注于技术研究所的工作，不再出现在公司总部。本田说：“从一开始，我就不想出席董事会，就是要我出席我也不去。因为一旦我出席，大家就会依照我的意见行事，这是我不愿意看到的，因为这将是独裁的开始。振兴公司与公司的壮大发展是两码事。创业时期的人员并不一定要加入到公司未来发展企划的行列。”

再次，本田认为既然选择了一份工作，就不应该对工作有任何怨言，所以本田在挑选他的继任者时，便把目光放在了那些从没有过任何怨言的人身上。

在本田公司，有许多员工都是大学毕业生。本田经常对他们说：“你们在学校也许做过机械，也许学过设计专业，也许是出色的专家，但是大学 4 年仅仅学过一般性的基础课程，有各种假期，有停课，还有旷课等，拿它与一天工作 7 个小时来比较，也就是在工厂上班 3 个月的程度。虽然相比于从没有上过学的人，上过学的人上手要快一些，但是人生是一次马拉松赛跑，仅抱有那种优越感的想法是错误的。”

对于公司总裁的物色，本田认为应该挑选那些没有任何怨言的人。同时，为了保证权力确实能够交给有能力的人，他要求，在企业中担任领导人的亲属一律不得进入公司工作。身为公司总裁和副总的本田自己和藤泽也不例外，虽然他们是公司的大股东，但是他们从没有让自己的子女进入过公司。本田解释说：“我们不问此人来自于哪里，只看他的能力如何。只要他能胜任，就可以做公司的总裁。”

最后，本田认为工作是用来享受的，而不是用来苦熬的。本田经常对员工们说：“你们不是为了公司而工作。也许你们是本着为公司而工作的决心而来，这确实让人钦佩。但是为了自己才来工作是一个绝对条件，大家在拼命工作的同时，公司也不断向上和良性发展；如果仅仅是公司发展好了，却牺牲了自己，这种像过去军队的做法我是绝不赞成的。”第二任总裁河岛喜好对此做出了他的理解：公司前总裁和最高顾问本田宗一郎一直向公司新进员工强调：“进入了本田技研，就必须为自己而工作。”

在他看来，为自己工作，指的是不要因为是为了自己而不好意思的工作方式，它是为了培养自己，从而也使公司能够良好发展。但它又不是仅仅为了自己，而是包含了为了自己、也为自己同事和周围的人能够做点什么的想法，这是非常重要的。

2. 对充满好奇心的员工偏爱有加

本田是一个充满好奇心的人，好奇心和冒险一样存在在他的骨子里。当年在学校里，他每天都要问老师很多问题，对此很多老师都不胜其烦，但本田的好奇心却并没有因此减少。在他创立了自己的公司之后，他还是依然如故。

他的“为什么”多得数不胜数，很多在别人看来很平常的现象，他也总是会问个为什么，倘若得不到答案，他便开始自己动手去探究一番。

事实上，正是这样无休止的好奇最终成就了本田，成就了本田技研。所以，本田对于充满好奇心的员工总是偏爱有加，他经常对员工们说：“从事我们这行，好奇心是必不可少的，只有不断地探究，才能做到最好。”

1981 年，本田曾在大学教师及本田公司研究员们的协助下，制造过“磷火”，地点是在埼玉县荒川河川敷本田机场的一个偏僻的角落。本田让人铺上电影摄外景用的轨道，让产生乙烷气的小车子在轨道上慢慢向前滑行，然后将空气中凝聚的乙烷点燃。这样，就能看到青白色的磷火带着尾巴数秒间在空中燃烧起来。

为什么本田会召集人来制造磷火呢？其实他是在圆自己童年时期的一个梦。本田小时候是在农村长大的，他曾见过磷火燃烧的现象。当时他就十分奇怪：好端端的为什么会自燃呢？从那以后，他便不停地追问。直到他已经成立了本田公司，他依旧对这个问题念念不忘，为了弄个究竟，他决定亲自做这个磷火实验。

这便是本田与别人不同的地方。大多数人都是在小的时候爱问为什么，随着年龄的增长，好奇心就会慢慢减弱，但本田却是例外，他永远都在问为什么，小时候如此，成年之后也同样，当了总裁之后依旧没有丝毫改变。

对于这一点，本田自己也十分自豪，他曾说：“好奇心重的人是多么快乐啊！”本田的好奇心在整个日本业界都是众所周知的，有人曾这样评价他：“本田这个人，像小孩子一样充满好奇心，一天不问为什么，他就憋得难受。”

好奇心人人都有，但并不是每一个人都有亲自试验的习惯。本田刚好相反，从开始工作的那一天起，他便把由于好奇心做过的事跟工作紧密地联系了起来，并且还不断加以应用。本田曾说：“包括‘磷火实验’在内，不可思议地和我晚年的奋斗目标——使汽车用发动机完全燃烧联系起来了。”

本田说：“如果观察一下员工的生活，你就会发现不少人总是重复一种生活模式。每天往返某一条路上下班；在同一时间、同一辆电车、同一个门前排队，甚至包括回家时顺便去什么地方都基本上不变。平时读的书，不管是经济杂志还是一般周刊杂志，总在车站的同一书店购买，在电车内读，回到家里吃晚饭、喝酒、看电视里的棒球比赛。如此日复一日，一成不变，想让自己的生活充满好奇心是不可能的，这真让人遗憾。好奇心可以促进人类社会向前发展，这不仅使自身增长见识，也使整个社会不断发展。在企业界工作，你如果不充满好奇心，就不能充分地懂得社会上的需求。只有用自己的眼睛、耳朵亲自接触、了解社会需求，才能开发出畅销的汽车，这样的企业才能有广阔的发展前途。”

本田曾经这样告诫自己的员工：“你要想使自己的生活充满好奇，首先要抛弃似懂非懂的态度，如果你谦虚一点儿，就会发现‘在工作上，有各种各样你不知道的新鲜事’。弄不懂的问题就向他人请教，亲自体验未知的世界，在你眼前就会展现出一个新天地，你就会对自己的工作产生浓厚的兴趣。”

有人做过这样的实验，将被实验者放入四面全是墙壁的屋里，3顿饭全供以精美的食物，屋内装有空调，环境舒适无比。但是，不给他输送任何信息，就连送饭的人也不许看到，也不让他和人说话，这种情况如果持续两三天，就会使人精神异常。对一个人来说，如果10天左右不给他饭吃，他还可以挺过去，但是，如果不给他满足好奇心的信息，他马上就会受不了。有人说：“假如人一天见到40个人，就会引起情绪障碍。”人原来是好奇心很强的动物，而你却不让他的好奇心燃烧，不让他从自己的小天地里走出来，始终禁闭在一个环境里，这岂不是泯灭了他的好奇心吗?

好奇心对于本田技研这样的公司来说，无疑是一笔巨大的隐形财富，它是取之不尽、用之不竭的，本田一直希望他的员工能像他那样对工作充满好奇心，对那些自己不明白的问题进行探究，这是一种良好的品质，也是一种良好的工作态度。

3. 创造协调的工作程序

“创造协调的工作程序”，这是本田公司一项由来已久的制度。

“协调”指的便是“协调之美”，“工作程序”就是指经营的主体。“创造协调的工作程序”在本田看来，这项制度对于本田技研的发展是非常有意义的。他曾经对人这样说：“经营是一门艺术，作为一个公司的经营者，如果不懂得协调之美是不行的，公司在这样的人手里一定不会有太大的长进。”

何谓经营？良好的经营就是要把人、物、钱和时间有机地协调起来，摒弃无用的、无理的、不平衡的东西，必须要确保公司的运转呈现出一种高效的、功能的美；另外还需要调动起公司每一个员工的积极性和创造性，让他们永远富有活力、充满生机，同时还要保持他们的个性，争取让每一个人都能够最大程度地发挥自己的个性，这样便可以使得公司无论是在生产管理、人才管理上都呈现出一种美感，这种美感便是公司文化的最好体现。说到底，这就是经营的本质所在。这对于公司的管理者来说无疑是一种极高的要求和极大的挑战，它需要管理者自己对一切美好的东西保持持久的敏感度。

人之所以为人，从审美层面来讲，乃是因为人能够对一切美好的东西产生一种美好的感受，同时也喜欢去追逐所有美好的事物，这便是指人的感受性。

本田认为，一个缺乏感受性的人是一个不容易动情的人，对于身边所有美好的事物，也一定不会有所触动，至于其中之美，他更是感受不到。对于公司的员工来说，倘若缺乏感受性，便不会对工作中的问题充满热情，没有热情便不会深入探究，这样的人充其量只能是一个平庸之徒，绝不会有什么大作为。

本田自己就是一个感受性极其敏锐的人。作为本田技研的当家人，可以说他那敏锐的感受性多年以来就像细雨洒落大地一样，浸润了整个公司。他无时无刻不在追求一种美的感受，比如公司整体的美、管理效率的美、员工个性的美，对于这些看不见的东西，本田一直情有独钟。本田技研之所以能走到今天，本田的这种追求美的精神起了巨大的作用。

大多数人在谈到感受性时，都会认为这是人与生俱来的东西。那些享誉世界的艺术家之所以能够成为流芳百世的艺术家，就是因为他们那与生俱来的天赋所起的作用。其实这样的观点未免有失偏颇，感受性也可以锻炼出来，这也是本田一直以来都坚持的观点。

在他看来，人是可以通过不断接触美好的事物而加强自己的感受性的，美好的东西总是会让人们充满感动之情，对于汽车也是如此。当广大消费者看到一辆性能好、外观好、各个方面都制造精良的汽车时，必然会产生一种美的感受，所以对于一个汽车制造企业来说，就要努力制造出这样的汽车来，而这就对工作人员的能力和态度提出了极高的要求。

本田曾对员工这样说道："诸如冒牌货、陈旧物、三流的东西，全是些不会让人真正受感动的次品，经常接触它们，感受性是不会得到锻炼的。如果看绘画，那你就不要看印刷的画集，应该去看货真价实的展览会、画廊中的真品；如果听音乐，就去听由一流音乐家现场表演的演奏会，或者自己试着亲自画一画、弹一弹。不行归不行，能明白要做好某件事并不容易就行。"

多年之后，本田出版了一本名叫《我的生涯》的书。在书中，他记述了一次他去参观一家日本画展馆的事，谈到自己的感想时，他说："当我站在一副花的作品面前时，我感觉到那些画的花瓣有些厚，哪怕是用嘴吹一下，它们都不会动一动，花瓣的厚度应该和纸差不多。"如此细腻的感觉，恐怕不是每一个人都会有的，而本田之所以有，是因为他经常画画的缘故。他说："我画画的时候，从来不考虑那些理论性的东西，理论是僵硬的，和美感是相冲突的。"这就是敏锐的感受性。花本是一种美的象征，人们观看它，是想要从中得到美的享受，所以绘画之人就要从自己的感受性出发进行创作才行。本田在自己绘画的过程中掌握了这种感受性，所以他懂得一幅画美在哪里。

本田对于美感的追求不仅仅只在于绘画上，日常生活中，他也时时不忘获得美的享受，比如他对于自己座驾的要求就很高，他认为乘车就要乘世界一流的车。这当然不是为了炫耀，而是在于一辆好车可以让驾驶者充分体验到它究竟好在哪些地方，这样便锻炼了自己的感受性。有了这种敏锐的感受性，就可以发现自己造的车存在哪些缺陷，从而能够立刻改正。

本田十分善于以亲自实践来锻炼自己的感受性，对于技术方面的问题，他的感受性更是极其敏锐。

确实如此，感受性只有在接触到好东西时才能得到磨炼，感受性也能从人和人之间的关系中产生，并且磨炼得更敏锐。

4. 不存在所谓的“高管”待遇

在本田公司，平等主义弥漫在每一个角落。

在本田的厂房里，有一个大大的停车场，在这个停车场里，并没有专属车位，任何人都可以随便找个位子停车。其实大多数公司的停车场都是有专属车位的，厂长、经理的停车位都是固定的，普通员工是不能把车停在那里的。

除此之外，本田公司没有设置专门的私人餐室、浴室、专线电话。上到公司高管，下到车间员工，所有人都在同一个餐厅用餐。如果有哪位高管来了，员工们也不会给他让座，大家都是各吃各的，高管当然也不会因此生气。

在本田公司，很少看到哪个高层主管或经理整天待在办公室里指手画脚、高谈阔论，他们把更多的时间都放在了车间里，他们要和工人一起干活、亲临现场督导生产。

本田的所有汽车厂、摩托车厂和引擎厂的办公室都是开放式的，里边的每一个人，不管是高管还是员工都穿工作服，很难在一群人里分出谁是经理、谁是员工，但找人却很容易，一眼就可以认出要找的人，根本不需要通过秘书传达。

很多公司都设有工会，但本田却没有。本田的这一做法曾让很多人不理解。事实上，在本田公司，管理层和员工之间的关系却是最和谐的。对于这一点，本田认为，如果雇主对员工足够好，工会就是个多余的部门。有一位员工曾说："工会要收会费，我对公司的待遇已经很满意了，为什么要付钱请工会代表我呢？"

事实上，本田的员工待遇与那些有工会保护的工人相比，一点儿也不逊色。1986 年，本田的员工就可以分享本田的全球利润了，每 100 美元的利润工资可以多领 11.84 美元。加班费视时间不同而给予一倍半到 3 倍的工薪，再加上每月的全勤津贴，工人们的收入已经高出了同行很多。正是因为这样，本田的员工才认为根本没有必要组织工会。

早在 1979 年的时候，美国本田工厂正式投入生产之后，当时的美国汽车工人联合工会就曾经试图说服美国的本田员工组织工会，但却遭到了员工们的一致拒绝。

5. 提案制度——展示员工的才能

在管理本田技研的过程中，本田可谓是花样百出。他向来重视对于公司人才的管理，因为他认为人才才是公司发展壮大的最根本的动力源泉，只有让所有员工将自己的能力充分释放出来，他们才有可能为公司贡献自己的力量，因此公司才会不断地发展。

为此，本田特意设立了一种提案制度，这项制度的宗旨就是充分尊重员工们的劳动，并给予肯定，目的就是要为他们提供一个能够展现自己的平台。本田告诫公司所有管理者要时刻切实履行这一制度。事实上，这个提案制度一直以来都为公司做出了巨大的贡献。

曾经有人对此作过统计：很多时候，员工的一项提案可以为公司节省数千美元。比如，员工们使用的喷漆滤嘴是一种用精密钢材做成的工具，每一个的成本为 25 美元，但是员工发现这种喷漆滤嘴很难彻底清洗干净，所以为了保证喷漆质量，每用一段时间就要重新换掉。对此，涂装部门的员工们作了一个大致的统计，他们认为如果总是换新的话，每个月所耗用的滤嘴就会高达 200 多只，这是一种巨大的浪费。于是，为了节省开支，有 3 个员工开始着手进行实验，以期能够制造出一种可以有效清洁滤嘴的化学配方。

他们分别用了 3 种不同方式进行尝试，大约 3 个月后，终于配制成一种成功的配方，用这种配方清洁滤嘴，滤嘴很快就能够被清洗干净，但是他们认为用人工方法清洁滤嘴是一件十分浪费人工和时间的事，所以他们决定设计一种可以自动清洁滤嘴的清洁器。经过一段时间的努力，他们取得了成功，这种清洁器一次可以同时清洗 6 个滤嘴，整个清洗过程只需 15 分钟即可。据统计，用这种清洁器进行清洁，每个可节省 6 万美元左右。

装配汽车时，通常有一道工序需要两个人（车子的一旁一个）手持挤压枪，在车门铰链及挡泥板孔附近打上黑矽胶。这是一项十分无聊的工作，而且非常浪费时间，这引起了两个员工的注意。于是，他们便使用废弃器材的零售件，再配上自己设计的电脑程式，制造出了一种新机器人。这种新机器人的诞生，对于那两个工作人员来说，简直是一个大救星，这意味着他们可以把这个既费时又无聊的工作完全交给机器人去做，而他们自己可以转而去做工序复杂的工作。据统计，这项提案自投入使用之后，每年可为公司节省 10.5 万美元。很快，其他部门也开始使用这种机器人进行工作，公司由此所节省的资金又增加了几倍。

一次，本田技研推出了一种雅廓车系的车，然而这款车本身存在着一些缺陷，比如它的竖立式头灯特别难校准，员工在调整过程中，很容易会把喷好的漆掉在头灯罩子上，因此就不得不重新喷漆。就是这个问题，给本田技研添了很多麻烦，这让具体负责头灯校准的几个员工感到非常头疼。就在他们愁眉不展之际，一个线上的员工想出了一个对策，他用塑料玻璃设计了一种夹子，上面附有小指针，工作人员在操作时，可以在喷漆后把头灯组固定在定位上。在整个校准过程中，夹子会将灯组牢牢地固定住，只要把指针拉上，就可以轻易地把夹子卸下来。这个提案使得掉漆的问题得到了很好的解决，其实，这只夹子的成本仅仅只有 0.1 美元，但每年因此而节省的人力与物力却高达 5 万美元。

有一位在汽车焊接部门工作的员工，他在刚刚进公司不到半年的时间就发现了一个问题，他发现点焊机器人上面的焊头是可以设法改进的。这个焊头实际上是一支较大的轴，只有一端有焊接功能，每支成本在 14.5 美元左右，但麻烦的是，这种焊头需要每 4 小时就要换一次，一天下来，竟然能整整废掉 60 支。他觉得如果不对此加以改进的话，每年就会浪费很多钱。于是，经过很长时间的研究，他设计出了一种两段式的焊轴，这种焊轴的一端是用来焊接的焊头，工人在进行操作时，只要把这个焊接头（成本为 1.79 美元）弄下来扔掉，整个轴就可以继续使用。结果，这项创新提案每年可为美国本田节约将近 20 万美元。随后，其他的本田工厂也开始采用这种两段式的焊轴，不久之后，这项发明便提出申请专利。

本田的这种提案制度说到底就是要对员工们的创意和发明进行肯定，只有对他们的劳动给予了充分肯定，员工们才会干劲十足。

本田的其中一位总裁入交昭一郎便是一个提倡提案制度的典型例子。一般来说，他每个月要抽出二三天的时间去各工作区域视察监督提案的具体实施情况。他每到一地，提案员工就会十分自豪地向总裁说明这些节省时间、提升品质或提高安全的创意产生的来龙去脉。提案人员说得认真，他听得也十分认真，对于不懂的地方甚至还要他们当即操作给自己看。在他看来，员工们的新点子是值得本田的管理层亲自予以肯定的。

这种提案制度在美国本田分公司也同样获得了很大的成功，甚至已经出乎了很多经理人的意料。其中一个美国经理人这样说道：“我们原来预期，这项提案制度起码要经过 5 年的推行才能见成效。第一年的时候，我们完全依照这种制度来做，但效果并不理想，于是，我们对很多程序进行了修改，许多繁文缛节都被省掉了。日本人是很有耐心的民族，这是众所周知的，他们似乎不在意提案通过层层关卡，但我们的员工们一向追求效率，一旦他们有了好主意，就会立马实施，因此，我们修改了很多方法以满足他们的需要。目前看来，这种提案制度确实非常成功。”

1987年，美国本田的提案制度被评选为成效最佳的提案制度。根据提案数量及实际实施的数量来估算，美国本田的提案制度比美国各大公司的提案制度领先了10~15年的时间。

一个公司的成功不是一件简单的事，它需要众多条件为前提。本田独特的管理理念是很多公司管理者不具备的品质，提案制度对本田的成功起了很大的作用。

6. 鲶鱼效应——每年外聘新人才

本田是一个时刻都在观察、思考的人，他经常思考的一件事就是：如何调动员工的积极性。

经济学里有一个著名的名词叫“鲶鱼效应”。这个名词来源于自然界的一个现象：在北欧的海洋里生存着一种名叫沙丁鱼的鱼类，这是挪威人的最爱，正因为这样，沙丁鱼一直是鱼市最畅销的鱼类，可是有一个问题让渔民们很头疼，因为沙丁鱼很难存活，每当运到码头，不一会儿就会死去。在码头死掉的沙丁鱼因为吃起来味道不好很不受顾客欢迎，而且卖给顾客的活沙丁鱼的价格比死鱼高出几倍，所以每个渔民都在寻找延长沙丁鱼存活时间的方法。

为了能延长沙丁鱼的存活时间，渔民想出了一个方法，就是在装有沙丁鱼的鱼槽里放几条鲶鱼。鲶鱼是沙丁鱼的天敌，专以捕食沙丁鱼为生，所以将鲶鱼放进鱼槽后，鲶鱼便会四处捕杀沙丁鱼。有了这样的天敌在身边游窜，沙丁鱼为了活命，只好不停地游动，如此一来便保持了旺盛的生命力。就这样，渔民们便把一条条活蹦乱跳的沙丁鱼运回了渔港。

对于一个公司来说也是如此。时间久了，员工就会因为互相熟悉而丧失活力与新鲜感，从而对工作产生懈怠。特别是老员工，工作时间一长就特别容易厌倦、懒惰，没有一丝活力。倘若让一些竞争力十足的“鲶鱼”进入公司的话，公司的气氛就会立马活跃起来。

从马斯洛的需求层次理论来说，人到了一定的境界，其努力工作的目的就不再仅仅是为了物质，而更多的是为了尊严、为了自我实现的内心满足，所以，当把“鲶鱼”放到一个老团队的时候，那些已经变得有点儿懒散的老队员迫于对自己能力的证明和对尊严的追求，不得不再次努力工作，以免在业绩上被新来的队员超过。如果输给了新人，老队员颜面何存?

对于那些在能力上刚刚能满足团队要求的队员来说，“鲶鱼”的进入将使他们面对更大的压力，稍有不慎，他们就有可能被清出团队。为了继续留在团队里面，他们不得不比其他人更用功、更努力。

可见，在适当的时候引入一条“鲶鱼”，在很大程度上是可以刺激员工战斗力，使之重新焕发精神的。这个现象引起了本田宗一郎的注意。

一次，本田受邀考察欧美企业。这是一次难得的机会，本田一直很想知道自己的公司和国外公司有何差距，于是他欣然前往。在考察的过程中，本田发现了一个问题，那就是在大多数企业里，基本上都存在着3种类型的员工，第一种是公司的顶梁柱，这样的员工约占二成；第二种是工作勤勤恳恳的员工，这样的人约占六成；第三种是浑水摸鱼、拖企业后腿的混日子员工，约占二成。

本田由此联想到自己的公司，实际情况也跟这些企业差不多。本田已经意识到了问题的严重性，公司的战斗力说到底取决于员工的工作表现。倘若公司里尽是些浑水摸鱼的员工，可想而知，如此下去，公司在将来必定会毫无战斗力。

想到这里，本田决定对公司的人事制度进行改革。改革的目的很明确，就是要激发员工的敬业精神。

显然，要淘汰那些混日子的员工是不现实的，于是本田想到了“鲶鱼效应”，公司的销售部成了本田第一个“开刀”的对象。本田观察到，销售部负责人的管理理念跟公司的主体精神不大合拍，由于负责人的思想守旧，使得销售部的下属都变得懒惰、迟缓起来。本田认为如果这样继续下去，必会严重影响公司的销售业绩。只有找一条“鲶鱼”，才能彻底打破销售部维持现状、行动迟缓的沉闷气氛。

经过一番深思熟虑之后，本田想到了松和公司销售部副经理、年仅35岁的武太郎。此人是一个精力旺盛、雷厉风行，而且热衷创新的人。很快，本田就把武太郎挖了过来，让他接任公司销售部经理的职位。果然，武太郎并没有让本田失望，武太郎凭借自己丰富的市场营销经验和过人的学识以及惊人的毅力和工作热情，使得原本死气沉沉的销售部有了很大的改观。员工们个个热情高涨，像是一个个即将奔赴战场的战士。在所有人的共同努力下，公司一度低迷的销售业绩开始直线攀升，甚至在欧美市场的知名度也有了很大的提高。

本田十分高兴，因为武太郎的上任不仅盘活了死气沉沉的销售部，而且还给公司其他部门开了个好头。在销售部的带动下，其他部门的员工也都开始变得活跃起来，本田公司像是被注入了新鲜的血液。

鉴于此，本田把“鲶鱼效应”上升为公司的一项固定的制度，即每年要从外部聘用一些精干的、思维敏捷的、30岁左右的青壮年来充实公司。有了这些虎视眈眈的“鲶鱼”，本田相信，公司所有的“沙丁鱼”都会时时有种危机感，进而就会更加拼命地工作。

7. 一人一事，自由竞争

本田的搭档藤泽认为，在一个公司里，要想让每一个员工的能力都能得到最大限度的发挥，能够专心从事研发，对于一个其组织结构为传统金字塔形的公司来说是很难做到的。所以，我们应该废除这种结构，转而采取一人一事、自由竞争的管理原则，才能达到目标。

何谓一人一事呢？藤泽的看法是，就是要将强迫一个员工去做他不能胜任的工作的做法彻底废除，从而保证每一个员工都有自由选择的权利；所谓自由竞争，就是大力倡导公司内部进行不同性质的竞争，这对于激发员工的活力非常重要。

这个制度可以使得每一个员工为了能够达到共同的目标而努力开发自己的潜力，提出自己的设想，并且通过它找到适合自己研究的领域，这样就能够在公司内部建立一种充分竞争的工作机制。无疑，这种竞争机制将会不断推动公司向前发展。

为此，本田要求在本田研究所里，如果一个研究员提出一个课题被采纳了的话，就要以这个研究员为中心成立一个项目攻关组，所有关于这个课题的研究工作全部都要交给这个研究员一个人负责；如果有两个以上的研究人员分别提出类似课题而同时被采纳的话，他们就可以各自组成比较独立的项目攻关组，然后通过自由竞争来夺取成果。

可以说，本田技研在组织结构上充分实现了“镇纸型组织”的横向组织的要求，它的顶端就像是镇纸上的提钮，有几位高级领导（他们是评审会的重要成员），下面的研究人员全部处于对等的关系，尽管形式上分为设计室、试制室等部门，但室长级人员也是具体工作人员，并不是专职管理干部。

无疑，这种一人一事、自由竞争的管理方法，充分调动了公司每一个员工的积极性，在这些员工的积极努力下，公司的每一个员工都充满了活力。多年来，在这种活跃的氛围里，本田技研创造了很多令人难以置信的奇迹。

8. 先为自己而工作

绝大多数人对于自己都不是十分了解，或者说是一知半解，所以他们在进行职业选择时，往往会走错方向、选错路子，而且就事实来看，很少有人会把自己不擅长的事做好。把自己的精力和时间放在自己不擅长的事情上，实在是一件浪费时间的事，对此，本田有着深刻的体会，他曾说："人们只能做好自己擅长的事情。"他的意思是：如果我们没有利用自己的优势，我们终其一生都可能是平庸的。

正因为如此，本田告诫公司的每一个员工："要了解你的优势所在，再努力使自己在最大程度上充分发挥这一优势，才能够获得成功。"

本田自创立本田公司以来，始终坚持着自强不息的工作态度。公司是他毕生的心血，他相信只有这样做，才能将本田变为世界上最大的汽车生产商之一。回顾本田长达 40 年的经营历程，在这个过程中，本田经历了诸多失败和挫折，甚至有些危机已经将本田逼上了绝路，但本田从未有过一丝气馁。他知道公司的成长是和困难相依相伴的，只有勇于面对困难，才有绝处逢生的可能，而一个伟大的公司也需要困难和危机的磨炼。因此，本田总是以一种斗士的形象去面对各种困难，在他的眼里，唯有坚持不懈，才能勇往直前、创造辉煌。

他经常说的一句话是："对我来说，最重要的东西就是我自己。"这句话不仅是针对自己说的，也是针对公司所有员工说的。与日本许多其他公司不同的是，本田公司鼓励员工首先要为自己而工作，然后才为公司工作。本田说："每个人都应该为自己而工作，这一点很重要。大家不是来为公司而牺牲自己的，他们来公司工作是为了自己的享受。"然而，这种享受是很多人无法看到的，因为它源自对工作精益求精的满腔激情。

《本田之道》一书的作者舒克曾在书中这样评价本田："人们意识到他的动力来自一种痴迷。他是个能够启发和鼓舞别人的人，而别人也会像他那样挑灯夜战。"

本田已经成为一家著名的大型跨国企业了，但本田仍然每天站在工作第一线上。本田传记的作者桑德斯说："本田几乎每天都会出现在正在进行研发工作的实验室中。"并引述本田公司一位工程师的话说："即便是作为公司的总裁，他也会像一名研究员那样工作。每当我们遇到问题时，他都和我们一起研究。"

对本田来说，失败是自我激励的主要动力源。他曾说："对我来说，只有通过不断的失败和反省才能取得成功。实际上，成功只代表着你工作的 1%，而它又是被称为失败的其余 99% 的结果。"

在他看来，失败是成功之母，是任何想要获得成功的人都必须经历的东西。无论是在艰难的日本市场，或是在更加艰难的全球市场，还是在最为艰难的赛车场，他都不相信有快速的胜利和唾手可得的成功。

本田走遍世界各地的赛车场并研究竞争对手生产的摩托车，然后把这些产品信息带回日本，努力生产出更好的赛用摩托车。正是由于他这种自强不息的实践，本田摩托车实现了自第一次国际比赛时表现令人失望到 5 年后荣获制造商团队奖的大跨越。

本田去世以后，他的这种热切的自我激励精神却并没有因为他的离去而消散，相反地，这种精神被公司的继任者继承了下来。曾任本田公司首席执行官的福井威夫为展示该公司生产的高速赛车性能而亲自驾驶 BAR-Honda 一级方程式赛车，广受媒体关注。他还骑了辆本田赛用摩托车在赛场上高速绕了几圈。相信，这样的管理者一定是本田所欣赏、所喜欢的。

管理者要实现自我激励，就要学会向内看，而不是向外看。人们寻求职业方向的通常做法是关注外部的机会，然后再研究如何去满足获得这些机会的要求。相反地，本田建议管理者要把目光放在自身，要在优势、个性、价值观和兴趣方面做到了解自己，要先为自己工作。所以本田成为世界著名的大公司，而它的员工也是世界上最好的员工之一。

9. 研发部分要采用“资格制”

大多数情况下，实力指的就是某人在某一方面实际的能力、力量比别人强。然而，在本田技研里，“能力”这个词几乎没有出现过。对此，本田的继任者河岛喜好就曾说:“人与人之间没有能力优劣的差别，仅仅是个性的不同。”

河岛所说的“个性的不同”和所谓的“比自己有实力的人”，说的其实是一回事，但是表达却不同。所谓特长，在本田公司领导层看来，仅仅是一个人在某个方面能充分发挥自己的实力而已，说到底就是此人比较适合做某件事，而不是他的能力比另外一个人强。因此，在工作上，本田认为一个优秀的管理者一定要能够接纳其他人的意见，而不能认为自己是管理者就比下属能力强。

在本田看来，一个能够在上司做错事时敢于提出反对意见的下属便属于可以为公司做出贡献的人。如果某位员工为了完成某项工作，非常需要某个人的帮助，那么即使这个人比自己的职位高，也可以请他当自己的助手。本田是这么想的，也是这么做的。

一直以来，本田都在切实地贯彻着这一思想。特别是在研究所里，本田已经将这种思想上升为每一个人都必须遵守的制度。对此，本田的态度十分明确:“某一项目的负责人，可以在整个研究所内挑选有实力的人，要求他参加自己的研究小组，而这些人决不能提出任何异议。”

本田的研究所和公司的生产部门一样，采用的是资格制，享受总经理待遇的是首席研究员，享受常务理事以上待遇的是次席研究员，此外，还有主任研究员、研究员，共分为 4 个级别。如果提出研究方案的是一个普通研究员，但他却是这个研究项目的负责人，那么，他的建议也可以采纳；如果他认为某个人对这一项目有贡献，即使是主任研究员也可以成为他的部下，听他的差遣。本田总是提醒研究所的每一个人，哪怕是和总经理同等待遇的首席研究员，倘若别人请他帮忙参与研究，他都必须无条件地接受。

多年以来，本田技研一直都是这样做的。这样做的效果非常显著，事实证明了本田制度的正确性。正是因为这种工作体制，使得本田技研的研发在整个日本汽车业内都声名赫赫，每当人们提到本田技研时，每个人必会想到它那雄厚的研发实力。

本田的研究所之所以能做到这一点，是因为它的研究部门是“镇纸型”的组织。最高处是总经理，研究员则平行排列。所谓资格制度，其实就是衡量某人专业水准的标准。衡量的依据只能是某人的专业水准，而不是上下级关系，因此，对研究小组的研究项目有用的专业技术人才，无论是谁都可以加入研究的行列。

本田认为把这个观念作为一项制度确立起来十分必要。因为，如果只是停留在说一说而已的层面上，这项制度将因为上下级之间森严的等级关系而没有人敢切实执行。任何人都不会傻到对自己的上司说：“我有一个研究项目，请您参加。”这样的做法对于任何一个员工来说，如果不是有公司的制度保障，都是非常愚蠢的做法。

当然，这样的制度只有在本田技研这样的公司才可以行得通，换成任何其他别的公司都是很难行得通的。在那些公司里，即使提出研究方案的是普通研究员，在这个项目研究中他也一定不能扮演管理者的角色。

正因为这样，很多公司对于本田的这种制度十分不解，他们认为这是荒唐的行为。事实证明，真正荒唐的不是本田技研，而是他们。在这个制度的规范下，本田公司不仅充满了生气、部下充满了干劲，而且还增强了研究所人员“委托”和“被委托”的信赖关系。大家都在这样的制度保障下进行研发，创造欲望也被大大地激发出来。

在本田，这个制度不仅在研究所里适用，在生产、销售等其他部门也同样适用。比如，如果生产部门想要制造一种新机器，然后用和以前完全不同的流通渠道来销售，作为销售行家的高级职员，有时就会加入开发新销路的部下职员的推销小组中，这样做将使得生产部门和销售部门之间的合作十分顺畅。

本田认为所有创造性的部门，其组织形式和研究所都必须是一样的，所有员工都要横排并列。因而一旦出现问题，需要组织起来研究的时候，就会不分地位高低，有实力的人员就能很快加入组织，迅速开展工作。

本田说："没有人愿意给别人当部下，如果抱着这种想法，只把不如自己的人安排在身边的话，一旦他看到部下想发挥实力，就开始想剥夺他的权利。更严重者，会把自己的所有心腹都安插在自己身边，以此来巩固自己的地位。如果用这种方法构建工作小组的话，人与人之间将很难做到相互信赖、通力合作。这样的管理者绝不会做出什么大的成绩来，他顶多只是个鼠目寸光的无能之辈。"

法则六

探索没有止境

——匠人的心性哲学

“探索没有止境”，本田便是如此。综观他的一生，我们会发现本田的成功正是源于这种不安分的心理，而冒险通常都是不安分的人经常干的事。因为敢于冒险，所以本田创造了如此辉煌的事业。本田用行动证明着，冒险精神对于一个人而言拥有极其重要的意义。

1.“不安分”没什么不好

本田的冒险精神是与生俱来的。小时候的本田就是一个不安分的人，无论是坐着还是站着，他的手脚从来都是不停地动来动去，为此他曾被母亲说成是多动症患者。俗话说，江山易改，本性难移。这句话放在本田身上是再合适不过的了。即使是成年之后，甚至是功成名就之后，他的“多动”也丝毫没有改过。

从本田身上我们可以看得出来，一个小时候就不安分的人，必定是一个思想上也极其不安分的人。综观他的一生，我们会发现本田的成功正是源于这种不安分的心理，而冒险就是不安分的人最喜欢也最经常干的事。

因为敢于冒险，所以本田创造了如此辉煌的事业。这不得不让人承认，冒险精神对于一个人的成功而言拥有极其重要的意义。

日本工商会议所的会长五岛升曾说过这样的话："在战后，日本的所有经营者里，属于真正创造财富的人有两个，一个是索尼公司的井深大，另一个就是本田技研的本田宗一郎。"

对于一个企业来说，缺乏冒险精神就意味着因循守旧、缺乏创新，这会造成公司发展的后劲不足，继而难逃被淘汰的厄运。

事实上也正是如此。当时在日本企业界，很多从事新兴行业的公司都是因为这个原因而不得不宣布破产。

本田技研起初只是一个小小的街道工厂，如今本田已经成为在世界上赫赫有名的大公司，是什么促成了本田今天的成就？答案只有4个字：冒险精神。这都要归功于本田身上不安分的因子。

从本田开始成立之初，本田就已经为公司的员工定下了目标：时刻不忘冒险精神，时刻探究新领域，永远保持勇敢挑战的姿态。在本田看来，只有这样的企业才能称得上是"Adventure"（冒险）企业。

本田还有另外一个特点，他很不喜欢总是待在一个地方。即使是跟人说话时，也从来没有老实过。他总是不停地晃动，一会儿抱着胳膊，一会儿又把手搭在扶手上，好像屁股底下放了钉子一样，而他说话时也是指手画脚，比画个没完。那兴奋的样子足以把他的情绪传染给每一个人。

对于自己的这些习惯，本田也十分清楚。他说："我睡在哪里都不安分。大脑随时都在运转，一想到什么，身体便会不由自主地忙活起来。这是我小时候养成的毛病。一遇到不懂的事，搞不清楚，我就心里难受。不过等我搞明白了，我的兴趣也就没了。有时睡下了，脑袋里突然冒出个想法，哪怕是深更半夜，我也会爬起来，将其记在本子上。"

身为公司的社长，本田自然希望自己的员工也能像自己一样。他希望每一个员工都要具有强烈的求知欲望。很显然，本田的愿望实现了，如今，本田的每一个技术人员都"遗传"了本田的性格，他们对待工作那种如饥似渴的欲望足以成为所有人学习的榜样。

2. “我只喜欢做我喜欢做的事”

1950年3月对于本田技研来说是一个重大的日子，因为在这一年，本田首次在东京开设了营业所。当别人问本田为何这样做时，本田说：“像我这样的人，整天待在滨松那样的小地方，总感觉喘不过气来，我的一言一行都要受到别人的评判。这是一件很讨厌的事。我不喜欢别人对我品头论足，我只喜欢做我喜欢做的事。我喜欢扎红领带，对此我并没有觉得有什么不妥，可别人总会说我行为夸张。有时我半夜喝酒晚归，别人就会传言我有什么风流韵事。我真是听够了这样的话。我认为只要不做妨碍别人的事，就不要管别人怎么说。老是待在这个小地方，我活得一点儿个性都没有，还指望能有什么新创意冒出来？所以我觉得我应该离开那里，搬到东京去。那样我就可以随心所欲做我自己的事了。”

本田在日本企业界是一个出了名的怪人，他的很多行为都让人无法理解。比如说本田特别喜欢红衬衫，这是所有人都知道的。一次，本田在出席自己八十大寿的宴会上，竟然穿了一件鲜红的红衬衫和一件藏蓝色的外套。

当本田走到来宾面前时，所有人都吃了一惊，甚至有人打趣地说：“一个80岁的老翁竟然还如此赶时髦。”尽管他们的声音传到了本田的耳朵里，但本田却只是淡淡地一笑。

过后，他对人说：“真是无聊至极，如果穿件红衬衫就被人说成是太耀眼、太花哨，那金鱼怎么办？它可是浑身一片通红啊。这只是因为年轻人穿得太素净了。我可一点儿也不觉得鲜艳，我就是喜欢红色。谁说老年人就不能穿红色衣服？”

关于他的红衬衫，还有这样一个故事，那是在本田技研刚搬到东京的时候。

一次，松下幸之助到工厂参观，藤泽陪着他四处转，突然松下对藤泽说：“你们厂有个很精神的伙计啊，就是那个穿红衬衫的。”此时松下还不认识本田，所以他没看出来。

在本田看来，选择什么颜色完全看自己的喜好，没什么合不合理之说。同样对于汽车，本田也是这个观点。他说：“不同型号的汽车价格不同，却不受颜色的影响。只要价格合适，管别人怎么说，买下来就是了。”

本田就是这样一个张扬个性、强调自我的人。有人把本田的这种性格特点称为是一种“强力的反叛精神”，其实这也正是本田富有冒险精神的表现。这种冒险的精神以及“我只喜欢做我喜欢的事”的态度，推动着本田技研一直在蒸蒸日上、节节攀升。

3. 向“不可能”挑战

本田在日本企业界是一个极具声誉的人物。早在本田成立本田技研之前，本田就已经在业界获得了很高的评价。当时具有中兴日本乐器制造鼻祖之称的川上嘉市就曾对本田给予过很高的评价，他把本田称为是“昭和的爱迪生”。

他曾在自己的书中这样写道：“我认识的人当中有个天才技师。他从当工人起家，到现在建立了自己的机械制造厂，里边所有的机器都是他自己发明创造的，无论是机械还是电气他都很拿手，甚至连铁的定量分析他都能亲自操刀。就连高频电气炉和高频发电机，他的工厂都能制作出来。如此天才般的创造力是别人所没有的。对于他来说，没有什么是不可能的。”

确实如川上所说，本田确实拥有着天才的技艺，这使得他能够迅速在日本企业界崭露头角。

当时正处于战争期间，受其影响，日本的物资前所未有地紧缺。这对于所有日本汽车制造商来说，无疑是个巨大的困境。

一次，本田需要水泥和石灰，但受当时现实条件的影响，根本买不到。本田索性就自己动手制作起来。据说甚至还有一次，他自制了一种玻璃板。当别人知道这件事时，都惊奇地睁大了眼睛，而本田只是一笑而过。他的理解是既然没有，就自己制作出来。别人都说不可能的事，不一定就真的不可能。

凭借着这种向不可能挑战的精神，本田关掉了汽车修理厂，转而开始研究摩托车，并在摩托车界取得了令人艳羡的成功。继而他又将目光转移到了汽车制造上。他所研制的“喜美”“城市”“今日”等车型在国际汽车界掀起了巨大的轰动，它们彻底改变了人们对于汽车的一贯看法。

直到现在，本田这种勇于挑战的精神依然存在。就像本田说的：“冒险的精神永远不灭。”他们勇于向“不可能”挑战。

4. 想做就不顾一切地做

曼岛是英格兰附近的一个海上岛屿。1907 年，曼岛举行了第一次摩托车赛，此后被称为“TT 赛”，即“越野杯赛”。

对于这个比赛，本田一直情有独钟，很早的时候，本田就梦想着有一天可以参加比赛。1954 年 6 月，本田终于如愿以偿，亲自观看了这个比赛。此时本田深刻地意识到自己之前在国内参加的比赛是多么不值一提。

早在 1936 年，本田 30 岁那年，他驾驶着一辆自制的比赛用车参加了在多摩川赛车厂举行的全日本汽车速度抗力赛，争强好胜的本田是抱着必胜的信心去的。然而，老天偏偏和他开了个玩笑。就在临近终点时，本田和别人的车子撞在了一起，本田的赛车被撞出了数公尺外，翻了几个跟斗后重重地摔在了地上。赛车当场报废，本田自己也身受重伤，差一点就一命呜呼了。然而躺在救护车上的本田还依然念叨着：“干什么呀，我还能开呢！”

这是一段插曲，但却让我们清晰地了解了本田不达目的不罢休的性格。

曼岛摩托车赛对于赛车的要求是相当高的，赛车的最高时速甚至高达每小时200公里，而且还是在普通的赛道上行驶。

这让本田大开眼界，这样的速度和规模使得本田感受到了自己的差距和不足。但从不服输的本田并没有因此退却，他说：“既然别人能行，我也可以做到。”本田昂扬的斗志感染着身边的所有人。

本田最看不惯的一种人便是整天把“我不行”挂在嘴边的人，他认为这样的人绝不会做出什么惊天动地的事儿来，他所欣赏的人大多都是冲劲十足、不达目的不罢休的人。

从那次比赛开始，本田就开始考虑本田技研的技术创新问题。他希望本田技研能够制造出能在这种比赛中获得优胜的机车。当然，要想实现这样的想法，光靠嘴说是不行的，它需要公司所有人的探索。只有不停地探索，才有成功的可能。

本田对工作人员说：“探索是没有止境的，要想成功就必须走在别人前面。”

本田在看完曼岛比赛后，特意到欧洲诸国考察了一番。每到一处，他都耐心观看和倾听。可是他仍觉得不够，于是他掏尽了兜里的钱买了很多赛车用的钢圈、轮胎、化油器等带回去仔细研究。

由于飞机上规定，旅客随身携带的物品不得超过30公斤，倘若超过，每斤要加收费用。于是，本田打好了一个30公斤的包裹，然后把余下的车胎、胎环挑在肩上，一些小五金类的东西就装在手提袋里。到了机场，一测重量，竟然超了10公斤，可此时的本田已身无分文，根本没钱付费。本田便问工作人员：“既然我来时不计手提行李的重量，为何回去时就要测呢？”可工作人员并不理会本田，只说了句：“当然要算重量的。”本田还是不停地辩解道：“那个妇女又怎么算呢？她那么胖，连座位都坐不下啊！是不是也该算重量呢？”工作人员说：“人不是行李！”本田一听，随即把准备托运的行李包打开了，然后拿出所有的衣服，全都套在身上。套完之后，他对工作人员说：“这下总可以了吧？”工作人员还从没见过这样的旅客，只好说了句：“可以了。”

本田就这样登上了飞机。当时正值盛夏，气温很高，本田套着这么一身厚厚的衣服坐在那里，简直成了一个怪物。很多旅客都在窃窃私语，但本田就像没听见一样，照样坦然地坐着。

回到公司后，本田立刻召集员工，满脸兴奋地对他们说：“我打算参加曼岛比赛！倘若能在这样的比赛中获胜，我们公司就可以被全世界的人知道，到那时我就可以向别的国家出售摩托车了。”

带着这种一定要在曼岛比赛中夺魁的信念，本田很快就成立了规划小组。从此，本田带领着所有小组成员开始忙活起来了。

那段时间对于本田和所有员工来说是不分白天和晚上的，他们每一个人都像是被打了兴奋剂一样，干劲十足。身为领导者的本田更是忙翻了天。他每天都在想如何加快引擎的转动速度、如何提高马力这样的问题，甚至有时饭吃到一半就跑了。

对于那些从欧洲买回来的零件，本田更是一天到晚都将其拿在手里，翻来覆去看个没完，他在研究到底这些零件和自己生产的零件有何差距。功夫不负有心人，渐渐地，本田便懂得了里边的奥妙。

本田的执着和热情被所有人看在眼里。当时还是本田助手的河岛曾就这样说：“本田工作起来就像玩命一样，对于周围的一切他都不管不顾了。”

5. 认准了的事就想方设法做到最好

机动自行车对于本田技研的发展具有十分重要的意义，本田当初是突发奇想，将一个小型引擎安装在自行车上，造出了名为“吧嗒吧嗒”的机动自行车。这种自行车构造极其简单，生产工序也非常简单，但它的受欢迎程度却十分高。

“吧嗒吧嗒车”一经面世，就吸引了很多市民前来购买。随着购买者越来越多，这种自行车已由月产二三百辆最后增加到月产上千辆，甚至当时远在枥木和冈山的自行车经销商和黑市商人都千里迢迢跑到滨松进货。甚至有人把这种车说成是“黑市商人的交通工具”。

不管怎么样，这种自行车让本田看到了希望，也坚定了本田继续研发的信心。在本田的心中，一直有着一个梦想，那就是亲自制造出一台真正的摩托车。为此，就算付出再大的艰辛，他都可以承受。

就像很多人所说：“那种自行车只能说把发动机装在了自行车上，根本就不能称为是摩托车。”对此，本田当然也有着清晰的认识，要想让自己的梦想成真，要想证明给别人看，就必须要努力、努力、再努力。

从此，本田和工作人员们开始了废寝忘食的研发之旅。

1949 年，本田终于实现了自己的愿望，研制成第一台真正意义上的摩托车。这是本田和所有工作人员用辛苦和汗水浇灌出来的一辆车，为此本田激动万分，为了表达自己的欣喜之情，他把这台摩托车命名为“梦想号”。看着这辆摩托车，本田激动得说不出话来。

为了庆祝这辆摩托车的诞生，本田特地举行了一个盛大的庆祝活动。他举起酒杯，和每一个为此付出努力的工作人员碰杯，表示自己对他们的感谢之情。

这种摩托车有一个很显著的特点，由于它在排气时会发出轻快的“嘭嘭”声，所以很多人都把它叫作“嘭嘭”。和当初那台机动自行车一样，这辆摩托车也取得了巨大的成功，甚至静冈一带的人已经把“嘭嘭”两个字当成了摩托车的代名词。

本田亲眼见证着摩托车的成功，感慨万千之余，本田的雄心也进一步膨胀了。就像他所说的：“探索没有止境。”他觉得现在的成功只是万里长征走完了第一步，要想把公司做强、生产出更好的车，还需要继续奋斗。

1951 年，本田又在“梦想号”上装了四行程 E 型引擎。这无疑又是一次飞跃，当时在整个日本摩托车业内引起了巨大的轰动。

为什么说这是一次巨大的飞跃呢？因为在这以前，日本还没有一辆国产摩托车能够一口气驶上箱根山。一般日本国内生产的车都会在途中熄火几次，为的是要让引擎冷却一下，然而这也不大管用，最后一段路程通常都是推着车上去的。

为了达到能够一口气攀登箱根山的目标，本田同样经历了一番“寒彻骨”。故事要从 1950 年 9 月说起。这一年的 9 月，本田打算凭借着“梦想号”的成功在东京北区上十条建一个装配厂。本田有这样的打算当然是可以理解的，因为“梦想号”的成功是有目共睹的，所以本田对此是胸有成竹、信心满满。

可是事实并未像他想象的那样顺利。当他向通产省提出建厂申请，要求建造一间月产 300 辆摩托车的工厂时，他受到了巨大的打击。

通产省的官员对本田训斥道：“每月生产 300 辆？这简直是痴人说梦。如果摩托车真的那么好卖，所有人都要开厂了。你是不是为了多弄点儿汽油配给啊？竟然申报如此不切实际的产量？”本田看着那些顽固不化的通产省官员，没有作任何解释，也许他认为花时间跟他们解释，简直是浪费时间。

之后，本田和藤泽经过一番研究之后，认为要想达到月销量 300 辆的目标，光靠二行程引擎是远远不够的，必须开发四行程引擎才行。

本田认为，如果装有四行程引擎的摩托车能够登上箱根山，对于日本摩托车界来说，一定是一个爆炸性的新闻，必然会引起广泛的关注。如此一来，车辆的销路必然会很好。

本田的性格从来都是说做就做、雷厉风行，很快他就成立了一个研究小组，把“箱根山”当成目标，开始研制四行程引擎。

为了能够研制出这种引擎，本田和所有工作人员又开始了废寝忘食、昼夜颠倒的生活。

此时的河岛已经是本田的左右手了，他们成了工作上的默契搭档。经历了很多个日夜奋战之后，他们终于研发出了四行程 E 型引擎。多少天以来，本田的神经都绷得紧紧的，现在他终于可以松一口气了。

接下来他们就要进行实地验车了，本田刚刚松懈下来的心再次异常地紧张起来，倘若试验失败，自己和同事们多日来的努力就将付诸流水了。

带着战战兢兢的心情，本田和藤泽驾着一款美国汽车，而河岛则驾驶着试验车一起向箱根山驶去。这一段路对于本田来说实在是太漫长了，以致多年之后本田在提起这件事时仍然显得有些紧张。

从滨松到箱根山口这一段约 150 公里的路比较平坦，车行驶起来没有任何问题。再往前约 20 公里，一直到海拔 850 公尺的箱根山顶那一段路却相当崎岖，到处都是陡坡，这就对试验车提出了严峻的考验。

本田原本以为试验车起码要在途中歇两次才行，否则很难登上山顶，于是，本田让河岛先走，他和藤泽随后出发。

这时，大雨从天而降，河岛冒着雨出发了。过了一会儿，本田和藤泽也出发了。本田对藤泽说：“他肯定会在途中休息，我们很快就能追上他。”他们边走边往外看，却一直没见到河岛的身影。

这时，本来就紧张的本田突然担心起来。他心想，河岛该不会掉进山谷了吧？带着这样的担心，本田和藤泽爬到了箱根山的山顶。就在本田打算回头去找河岛时，突然发现河岛正在一棵树下躲雨，浑身都已经湿透了。

本田不敢相信自己的眼睛，使劲地拍打藤泽的肩膀，大声喊道：“那是河岛吗？真的是他吗？”当河岛向他们走过来时，本田激动得热泪盈眶，3 个人紧紧地拥抱在了一起。他们终于成功了！

这个成功对于本田来说意义实在太重大了，从此本田技研开始飞快地发展起来。

本田就是这样一个人，认准了的事就一定会去做，并且会想方设法做到最好。研制引擎对于当时很多生产商来说都是一件极其困难的事，但本田却成为第一个吃螃蟹的人。研制引擎的过程异常艰苦，然而本田却沉醉其中。这是他对事业的执着、对信念的坚守。在他的影响下，本田技研的每一个人都有着和他一样的特质。无疑，这是本田技研成功的保障。

第四篇

松下幸之助的商道

从火盆店的学徒工到单车行的小工，从灯泡厂的普通职员到自营工厂的老板，从小公司的经营者到国际大企业的总裁，松下幸之助凭借自己的匠人之道实现了人生的不断进阶。他在经营中提出的“自来水哲学”等经营理念被众多企业家奉为经典。什么是企业的核心竞争力？松下幸之助也有独到的见解。

法则一

企业即人

——匠人的理念

什么推动着企业的不断成长？是市场，是需求？虽然决定企业成长的因素很多，但最关键的因素是人。一个企业的成败往往是和企业中的人有关，如何经营这个“人”的事业？松下幸之助给出了我们一些答案。

1. 企业是“人”的事业

人是企业中的最重要要素，因此善于经营企业的人，一定也是善于经营人、组织人的。

“人”的因素是各行各业都会考虑的要素，特别是当今社会，对于人性尊严问题更得重视。

松下幸之助对此也是颇有见地，一次，他在接受一位记者的访问时说：“过分地竞争都是不好的，凡事都要有个度。数百年前，有一位武将上山谦信，他把自己的食盐赠送给了自己的敌将武田信玄。虽然双方彼此敌对，但并不意味着就得是恶性竞争。上山谦信的这种行为，确实高尚。大家都知道，在日本的武士道中，如果你偷袭对方，这是一种卑鄙的行为。在格斗中，对方跌倒，也要等对方站起来；倘若对方的刀子掉了，也要等对方重新将刀捡起，即便是意见对立，也是要光明正大地挑战。唯有如此才是真正、正当的竞争。”

记者说道：“您讲的是古时已有的崇高的竞争精神，但是目前的日本到处充斥着恶性竞争的现象，存在着偷袭行为，这种非武士道精神比比皆是。可是，为什么现在的日本人会有这样的行为呢？”

松下幸之助回答说：“大家现在都没有真正了解人究竟是什么？已经忘掉了人性的尊严、使命是什么。人应当具有做万物主人的使命感，而现代的人们往往因为缺乏这种自觉而出现各种问题。现代化、资讯化的社会，更注重电脑万能，可是电脑也要有人操作控制，然而眼前有种趋势，似乎人反而被电脑控制。要避免这种情形，就要大家不分贵贱，了解人性的尊严。现实生活中，常会出现意料之外的事件，这是因为我们只看到一个表面现象，就想要掌握人的本质，这十分困难。作为一个领导，要是能透彻地了解此点，相信会有助于领导效能发挥到极点。”

在松下幸之助看来，只有从人性出发，并以此建立起经营理念及管理方法，这才是正确而有利的。

从业人员、顾客、所有的交易对象、直接参与经营管理的也是人，因此经营管理可以说是由人所进行的，是人类彼此之间，为人类造福的一种活动。从这个意义上讲，彻底了解“人是什么”和“人具有什么特质”才是正确的经营理念，是恰当的经营管理的关键。

大至人类所进行的一切活动、国家的经营，小至企业经营、人生经营，其实都是如此。作为一个人，如果对自己认识不清，他的活动也就不可能是真正适当的。比如，先民们在饲养牛马或其他动物时，也都是在彻底地认识它们时，才想找到最适当的饲养法。

人类也有天生的特质，主要是靠自己的双手，通过劳动等行为，共同经营群体生活。因此，要提高人类生活的品质，进入一种理想的状态，我们就应该正确地把握人性的本质。

人类在万物中是与众不同而出类拔萃的，是万物之灵，但是，人类也要顺应自然法则，充分发挥自己的才能，善于运用万物，才能不断地创造生活的福祉。

用“万物之灵”来形容人类，或许有点高傲，然而，松下幸之助所谓的“万物之灵”，是以慈悲和公正的心为前提，是既具有主宰一切的权能，又负有支使万物的义务和责任的人，并非单单只是满足自己的欲望或感情等而贪婪地支配万物。人类首先应当以身为万物之灵而感到伟大，并且要努力实践其身负的责任和义务。唯有如此，人类才会显现其伟大和崇高的本质，并会逐渐脱离不幸或烦恼、纷争与贫困。以这种观点来看看人们彼此的立场及工作吧。对于一个经营主体来说，其经营者就是它的“王者”，因此他被赋予任意动用经营主体内一切的人、物、资金等的权限。同时，他也得对这些人、物、资金等赋予相应的义务和责任，他必须有爱心和公正，必须对方方面面关照得妥帖周到，从而促进他们发挥最大的能力，并且要带领着所在的经营主体不断向前发展，这也是经营者的责任。倘若经营者不具备对权限及责任应有的自觉，他也就无法经营出相当的成果。身为“万物之灵”的人类，需要顺应自然法来驾驭万物；作为各个企业的经营者，也必须透彻地了解人性、了解自己的权能和责任，才能建立起良好的经营理念，并在这种理念支持下实现强而有力的管理。要发挥领导效能，也先必须从根本上了解人性的尊严，如若不是，就无法将事情引至正确方向。

就企业而言，一名员工能在这个企业工作而非另一个企业，这是在许多特定因素作用下的结果。对员工而言，他可以通过劳动力市场来实现这一结果，员工可以根据某些理由在劳动力市场中去选择进入某一企业工作；对企业而言，它也可以按照自己的需要物色合适的员工，这就是所谓的自由择业的原则。当双方的这种选择被确定下来，那么，员工和企业的关系也就顺其自然地出现了。劳动力市场的这种交易，是以双方义务和权利确定作为结果的。对于员工来说，只有当他承担起相应的义务时，企业才会保证他的权利，因此，他就必须承担义务。这些权利和义务浑然构成了企业和员工的基本关系。

松下幸之助认为，社会法律法规的强制保护是员工权利能够实现的有力保障，而义务在某种意义上更多的是来自企业内部的约束，并非是强制，是一种自觉自愿的行为，其实质就是一种伦理承诺。这一关系的强制的一面，我们可以从严格的厂规厂纪和基础管理制度中感受到，比如老板有权辞退员工，对于严重违纪触犯刑律的还可以用民事或刑事的方式进行起诉，当然这都不是基本的做法。可以理解，如果一个企业整日都要处理这类事件，那就不是经济组织，所以说，基本的方面还是在于员工内在的道德义务。

对社会秩序和规范的认同和遵守，是员工内在的道德义务的源泉。这并非是媚俗的境况，而是因为人们的社会行为是在社会秩序下自然而然地演化而成，它并非是用强制或公共权威所决定的。每个人都应用自己的知识，都有自己要做的事，而这些都是在普遍的没有具体目标的社会规则之内的。松下指出，个人的修养品格和在社会中形成的道德律令，是人们内在道德义务的源头。作为一种做人准则，人们应当承认现实的道德律法并自我约束遵守。同时，作为一名从业者，他的内在道德义务还来自于所在企业约定俗成的伦理规范，例如职业道德。

说到职业道德，它是员工所从事工作的职业性质所决定的行为、道德准则和义务。然而，现实的职业道德往往将内在道德义务的不同方面也涵盖其中，这样就混淆了职业道德与职业化的道德二者的区别。职业化的道德反映的是人们职业生存特点，是一种内在道德义务的体现，而前面提到的职业道德，则多是从职业性质出发来考虑的。

现代企业的员工关系，是把人们对社会的责任用契约方式移植到企业中，是将对员工基本伦理意识的培养和自觉形成。由于基本的伦理出发点不同，企业和员工的关系会出现不同的结构。很多企业在自身的实践中总结出“命运共同体”“利益共同体”的不同模式。

以物质利益作为员工关系的凝聚因素的是利益共同体。在这种关系下，企业物质财富的不断增加，是通过全体员工的共同努力和辛勤劳动来实现的，当然职工的个人收入也会相应地增加，以不断满足、提高员工生存的基本需要。可以看出，这种企业结构，人的行为始终是围绕物质利益目标而展开的。员工所关心的主要问题是分配原则和制度，也是日常人际关系的重心。有利则聚，无利则散，这种结构的企业的一大弊病就是，高频率的人员流动，内部不稳定。

另一种利益共同体结构，则是有着深层的伦理背景。人们在选择职业和企业时，往往会从生存境况、企业伦理要求来考虑。要求企业实行利益共同体的结构，在做一份工就要保证拿一份钱。

第三种是命运共同体，它是在全力提升员工的理想追求和价值信念下，充分调动员工的积极性，使其形成共同的使命感。职工主要不是关注自己能够从中得到多少物质利益，而是更加关注自己在完成崇高使命中获得的尊严，精神报酬等劳动成果，这明显高于物质享受。

从前文的描述中，我们可以感受到，松下电器公司是恰当地运用了命运共同体的模式而取得成功的典型。1918 年自松下公司创办伊始，松下幸之助就开始探索命运共同体之路，并且在创业过程中不断遵从这种认识。松下幸之助认为，信任员工的个人品格，这一点可以从创业初期将原料和制法的保密的方法，直接传授给刚进厂的小徒弟看出。当世界性经济危机蔓延时，很多企业都采取解雇职工的做法，但松下幸之助却认为职工非常不容易找到这份工作，不但不解雇还变更为半日工作，工资照发。

他的这种做法，的确异于常态，但是却是塑造人的尊严和培养人的使命感的体现。这也正是松下能够赢得了巨大的成就、不断进步、历经大半个世纪而不衰，成为世界最著名的电器集团的重要原因。自 20 世纪 50 年代以来，这种命运共同体的模式逐渐成为各国企业效法的榜样。

这种命运共同体的完型并非一朝一夕能够实现，它将改善员工生存的层次需要，作为实现共同体命运的使命，并且在企业的不同发展时期不断提升员工的价值追求。因此，采取这种模式的企业往往有很强的凝聚力，尤其在企业经营出现危机时，这样的企业往往在这种凝聚力作用下渡过难关，走向胜利。当然，这种共同使命的追求也必须具有一定的物质利益基础，否则就会起到消极的作用。

无论是什么样的模式，其中心都是以人为本，要将人作为企业的中心，要将尊重人的生存愿望和价值追求作为目标，并且能够显示人性的丰富内容。

2. 善于创造企业所用之人才

企业运作、发展、前进的动力全赖于企业中的人，因此企业的根本就是人，要善于创造企业所用之人才是关键。

松下幸之助一直认为，好的企业，应该在出产品前先出人才，而松下电器最大的产品就是人。松下公司是培养人才的公司，一直秉持着“造人”先于“造物”的宗旨，并且也确实做到了在制造产品前先培养人才。正如松下幸之助自己所说：“松下电器是培育人才的公司，并兼做电器产品。”

“造人先于造物”，这是松下幸之助人才观的集中体现。他很注重发挥人才的作用，并为公司制定了一整套“精神法则”，比如人们熟知的松下“公司信条”“松下七精神”“松下纲领”，等等。这些法则并非是要让员工对公司的愚忠，而是要让员工能够明明白白做人，造就员工的自主性。

松下幸之助认为，企业是由人构成的，那么基本的经营方针就应该是人才立业。要想实现企业的使命，在他看来就得有合适的人，而这人不仅要有技术，有经营能力，更要有价值观念和坚韧精神。因此，松下幸之助认为，价值观和人生观是人才培养的重要方面。在企业当中，只有让员工充分理解和认同所在企业的使命，培养起这种使命感和经营理念，使得他们为实现使命而废寝忘食地去工作。只有员工们在心中慢慢滋生出这种使命感的苗头，才会使他们融入一起，才能让他们在自己责任和权限范围内独立自主地施展创造力。

我们再来看看松下幸之助的几种培养人才的方法：第一，恰当的人才配合，领导者要考虑员工之间的相互配合，能够让每个人都发挥出个人的聪明才智；第二，每名员工都会在某些方面强过领导者，作为领导者要善于任用这些员工，才能有成功的希望；第三，要避免在商道上产生不好的影响，最重要的是注重人格上的锻炼；第四，人在不同的环境中，会有不同的发挥，要尽量提供能够让员工发挥所长的环境，这是提高员工工作效率的关键；第五，在日新月异的现代工作中，小的错误可能带来毁灭性的后果，因此要特别注意对员工细节性、认真性的培养；第六，对于任用的员工要完全信任，要有一种宁可对方负我之心，才能赢得其真正的效劳；第七，合理安排升迁，这是最能鼓舞士气的做法，也是最能带动员工进步的方法；第八，经营者的责任之一就是对员工进行精神上和常识上的教导，要注重培养员工的精神；第九，注重专业知识，要培养员工的专业知识和正确的价值判断，具备专业知识才能胜任工作，具备正确的价值观才能促进公司的繁荣和发展；第十，竞争意识是每位员工都要具备的，因为在竞争意识下员工才能发挥自身的潜力。

以上是关于松下幸之助人才培养的理论介绍，其实他还做了很多实践性的工作。比如，他为了使松下公司的员工得到良好的训练，在公司设立“教育培训中心”，这个中心下属有 1 个高等职业学校和 8 个研修所。高中毕业生和青年职员主要是在高等职业训练学校接受培训；国内的外贸人员、在国外工作的松下员工则由海外研修所负责培训；营业管理者、销售人员主要是由营业研修所来培训；主任、科长、部长等领导干部的培养工作，主要是由中央社员研修所承担；各地方的松下职员可以在东京、奈良、宇都宫和北大孤 4 个地区接受相应的研修培训；技术人员和工人主要是在制造技术研修所进行培训。

员工从刚进松下开始，就要进行 8 个月的实习培训。为了使大家在适合的位置工作，松下的人事部门还规定了下列辅助办法：其一，通过申请并经公司批准，技术人员可以到公司内办的学术或教育训练中心去学习知识，并且，对于急需专业的人才，公司会根据事业发展的需要优先批准；其二，对于有一定工作时间的干部，可以主动向人事部门“申请”，经考核合格后可以调动或升迁职位；其三，技术、管理人员会被择优选派到海外留学，比如派遣到欧美各国，中国的北京大学、复旦大学等；其四，对于空缺职位，人事部门会在公司内部招聘适当人选，而不一定要论资排辈依次提拔。

松下幸之助在人才选择上也有其独到的见解：不强调“最优秀”，但却要“适当”。他认为，100分人才十分难得，也是很好，但可遇而不可求。因此，他提出“70%原则”，也就是善于用70分的人才。在70%的层面上获得均衡，这种管理思想，或许可以追溯到中国的“中庸”思想，而这种中庸可以有效地处理用人中的矛盾。在松下发展的初期，松下幸之助吸收三菱、三井、住友等大企业不要的人。正是在这些所谓的“次级人才”，在松下幸之助的带领下，创造了松下公司的辉煌。这就是70分人才的独特的优势。因为，他们有追逐顶尖者的动力，他们往往有一种与顶尖者较一较劲儿的心理，这就会使他们发自内心地产生前进的动力，而顶尖人才常常处于独孤求败的状态，他们全靠自己约束而挖掘前进的动力。这种场景其实大家并不陌生，就像是看马拉松比赛时，第一位的选手往往因为前面漫漫长路，空无一人，而时时回头看后面的人在哪里，但是跑在第二位的选手则会死死地盯着第一名，同时可以避一避风，待时机成熟时，奋起直追。

70分人的第二个优势就在于：顶尖人才总有高处不胜寒的感觉，他们会因才高八斗、高高在上而看不起下面的人，以自我为中心而听不进下面人的话。但是，70分的人不同，他们会经常低头思考自己的不足，容易融入团队，并且善于也希望借助团队的力量使自己成长，更好地完成主管安排的任务。

70分人的第三个优势是：顶尖人才常常埋怨工作，并且在公司的培养下即便成为高层干部，也并不特别感激公司，认为那是应该得到的。70分人才更忠诚于公司，更感激主管、公司给的机会，他们常常认为自己的成绩是主管和公司对他们的培养和器重的结果。他们心存感激。在这一点上，很多中型民营企业的老板已经在这么做了。他们在招聘时，往往宁愿选择一个自考生，也不愿招收一名名牌大学的毕业生。因为，在他们看来，如果自己苦心培养这两种人，最后一定是自考生更忠诚于公司。

松下幸之助不仅在培养人才方面有一套独特的做法，在使用人才方面也是“量才使用”，善扬其长，力避其短。扬其长，一来可以使所用之人发挥出最佳效能，二来可以使公司自身在商战中制胜；避其短，一则可以避免出现精明人变愚蠢的现象，二则不会出现或少出现市场败绩。这也就要求领导者应具备远见卓识，在经营中做到识人之能并用人之才。下面就具体说说使用人才的具体做法：

其一，要注意全面考察评价，要唯才是用。摒弃“任人唯亲”“论资排辈”，应当不论资历、不论是谁、不论文凭，讲求是人才就用。要在公司内形成人才成长、发展的良好环境。

其二，掌握员工的性格、特长、能力，根据这些，将不同类型的人才放在恰当位置使用，从而使其在最合适的岗位上充分发挥其聪明才智，同时也要对不适应者及时调迁。

其三，要不为人情所动，要赏罚分明，这样才能在用人过程中，振奋员工精神。

其四，对于公司的员工，应该一视同仁，每名员工都有可能成为人才。只要有德有才，不分种族、背景，甚至是有无犯罪前科等，只要愿意干、能干，就要大胆使用，并且在工作过程中考核评价其德能成绩，以成绩论功行赏。

其五，对于新人，只要人品好、有意愿学习，就要给出机会。不必总是对有经验者情有独钟，经验过多的人不见得就合适。

以上是公司内部员工的使用做法，对于公司间的人才竞争，松下幸之助也有自己的一套原则。他一直秉持着要以一种与道德并行不悖的人才招录办法。比如，首先，对于挖墙脚的事，松下幸之助并不认同，并且在他看来被挖来的人，可信赖的的确不少，但还是不可靠。其二，提拔年轻人时，要帮助他建立威信，给予应有的帮助，而不是单单提升他的职位。并且，绝不可有私心，应完全按照工作需求及个人适合与否来决定。唯有如此，才有利于青年的成长，才会树立正确的风气，才会带动整个公司各个方面均衡进步。松下幸之助对于选才、育才、用才，都有自己的一套方式方法。综合起来而言，松下幸之助的用人原则就是：有新观念，不墨守成规的人；有团体意识，不自私的人；有自主经营能力的人；有虚心学习，不高傲自大的人；有融为一体、热爱公司观念的人；有正确价值观念及判断的人；有能够承担公司大任的人；有热忱、有责任感的人；有能力得体地与上司配合的人。了解了松下一系列的用人观后，下面来看看松下知名的在职训练。要知道，松下电器被企业管理高度发达的美国企业界都赞为“第一流”，在很大程度上，与其在职训练有很大关系。

首先，是在职训练的五大目标：对于员工的培养要是长期的；要诱导员工的日常行为不断进步，将业务目标具体化；要启发员工意念，使员工自主制定目标；要制定强有力的综合机制，使员工向公司总目标的完成迈进；要培养员工自身的内省性。

其次，是在职训练的六大条件：公司要营造出互相信赖的风气；公司要以现实来决定训练基准；公司要尽可能放权，不过分担心委让；公司应注重沟通，而非生硬的训练；公司应当是和谐、充满活力，积极进取的集团；公司要让每位员工参与计划。

最后，是在职训练的三个阶段：拟定计划阶段，一定要适合员工的能力标准，一定要将工作条件列细，一定要明确完成工作所需要的标准知识和技能，需要时可以准备个别谈话；实施方法阶段，应给员工多留一些自主的余地，应该对员工宽容，小错过后不提，要以身作则；检查总结，主管应作出适当的评价，受训人员作出受训期间的成果评价；组织相互间的面谈。大家或许还有印象，在第一篇中讲到，松下很注重创新研发，那么松下电器是如何培养出员工自我开发能力的呢？这里有三种培训方面，值得借鉴：为了完成较高层次的目标，有目的、有规划的自我开发；为了弥补不足，有指向、有意识的自我开发；以前辈为榜样，无意识的自我开发。

“集合众智，无往不利”，能够将众才、偏才为松下所用，并通过合理的组合，发挥出无限巨大的力量。这的确是松下幸之助妙至峰巅的用人之道。

松下幸之助的用人艺术，不仅在日本，就是在世界范围内也是影响了几代企业者。在商海潮起潮落、浪推浪涌中，很多胸怀才华者为恶浪所淹没，未能实现当初的理想、抱负，其中的一个重要原因，就是企业不会用人，相信大家在读了上述这些松下用人理念、方法后，可以得到启发。

3. 产品考虑社会利益、消费者利益

企业的壮大是要靠很多条件、因素共同完成的，此中，起到举足轻重作用的就是人，就是企业中的员工。

一个企业的发展，到底是由谁决定的，公司总裁，员工，还是……？这些恐怕都不全面，应当是社会。松下电器之所以不断地成长、发展，并非是松下幸之助一人决定的，而是松下幸之助及其所有员工在尽力达成社会目标、满足社会需求中实现的。只有当企业能够忠实地负起社会所给予的责任，才能立于不败之地，否则公司就会被社会无情地淘汰。

因此，我们每一个人都应当怀着希望，应当觉得自已从事的工作是很有意义的。这一点很重要，应当铭记，这也是松下电器公司能随着社会不断成长、进步的关键。松下电器在几十年的奋斗中，也曾有过濒临倒闭，也曾遭遇过空前的不景气，也曾因第二次世界大战后被指为财阀而在政治压力下被迫关门，然而，正是因为松下始终以社会责任为己任、为目标，才使得公司没有倒下去。这也是松下电器一直贯彻共存共荣真理的结果。

企业和社会是要一起发展的，因为企业是社会的公器。因此，企业的经营活动，要带动整个社会的繁荣，而非单纯的营业范围扩张，这点对于企业来说也是重要的。企业与社会必须共存共荣，因为社会是企业生存的环境，如果只有自己的公司得到发展，社会未得到应有的成长发展，那么企业也就无法得到社会的相应配合，结果只能得到短暂的发展，不能长久。这种关系正同于人与自然，人在自然的大环境下生存发展，企业也是在社会的大环境下生存发展。

同时，企业在生存和发展中，也是处于各种形态关系之中的，对于这些关系

的处理，也要保持与对方共存共荣的态度，这样才能维持企业长久发展。企业在自身发展、扩展时，要靠和它有往来的企业或人的支持。就像是我们的消费者、买方、卖方，甚至是提供给我们资金的股东或银行，等等。莫要为了一时、一方之利，牺牲其他的关系利益，这不仅是无法容忍和原谅的事，也将最后导致自己的毁灭。比如，为了减价以满足消费者的要求，就不能只是一味地要求供应原料的厂商降价，要考虑所做的降价是否在对方承受的范围内，是否能够让供应原料者继续维持经营而且还要有适当的利润。

在这一点上，企业应该向松下借鉴。松下的产品一直是考虑社会、消费者利益的，因此降低产品价格是他们常要考虑、常要做的事。可是松下每次请供应商降价的时候，都会事先判断他们因此遭到损失甚至发生困难的情况，倘若对方确实无法达到要求，他们会去实地了解情况，并与他们一道谋求改善工程的方法，既实现了降价，又保证了适当的利益。这样一来，既满足了降价要求，也能使对方乐意接受。

此外，对于担任销售的批发商，松下也一直是秉承共荣的原则。在对经销商实行销售政策、商品政策，满足消费者得到适当价格的同时，也要使他们能够获得必要而合理的利益。当然，与经销商的关系中，还存在向经销商收回货款的关系。当经销商忽略了向顾客催款时，不要使其产生得过且过的思想，对于经销商的延期付款，不能一味地体谅，因为这样会产生一种不健全的观念。因此，松下始终执行严格的收款制度，因此经销商为如期付款，也就会确实地去收钱，这也就促成了公司良性的经营。这种做法是共存共荣理念的表现，也是健全的观念。

共存共荣的理想，就是要优先考虑对方利益，就是要充分考虑对方的立场和利益。这并非大公无私，但至少在考虑自己利益的同时，为对方着想，为对方的利益考虑，结果使双方都能得到利益。

共存共荣中，还有一点是同业之间，这点是最困难的，因为彼此难免竞争，而且竞争极为激烈，所以实现共荣共存很难。其实，竞争本身不是坏事，在竞争中，大家都会加倍努力、开动脑筋，使自己不至于输给对方，这就会促成产品的品质提高，价格更加合理，购买力也自然会提高。在缺乏竞争的地方，产品的质量、价格都不会好。

但是，恶性的竞争是绝不应该提倡，它是会带来弊端的。所谓的恶性竞争，是一种极端行为，是不求适当利益的竞争，甚至为在竞争中取得胜利，出售低于成本价格的行为。可想而知，这种无法获得适当利润的恶性竞争，最终只会使从业者大伤，甚至造成公司倒闭的结果。这种情形，可能资本较雄厚的大公司能够勉强撑过，但中小企业往往只能是关门，无论怎样都会造成资本混乱。

恶性竞争很可能将一位合格的经营者击倒。虽然，一名合格的经营者应该是在获得适当利润的竞争中，十分出色地经营，可是在恶性竞争中，资本不足是一种硬性阻碍，使从业者产生纷扰，使彼此无法确保相互的适当利益，给社会造成很大的弊害。因为，当恶性竞争发生时，税金会减收，国家社会也会蒙受多方面的损失，可以说恶性竞争百害而无一利。

因此，要绝对避免恶性竞争。特别是领导企业风尚地位的大企业，更不能倚仗雄厚的资本力量而制造恶性竞争。大企业更要毅然地贯彻公平竞争的原则，即使有时小企业被卷入恶性竞争中，也不要随波逐流。

法则二

松下精神

——匠人的发展哲学

精神的力量使生活充满希望，有希望就会有向前的动力与冲劲。松下幸之助就是这样在对市场、对企业的清醒认识中，以“松下精神”团结激励员工，不断发展自己的企业的，使松下电器从一个小厂子发展成为一家成绩斐然的大企业。

1. 关于“走出国门”的慎重思考

出口，是许多企业发展到一定程度都会走的方向和道路，但是到底该如何去走出国门呢？

松下电器公司的世界贸易进程较为漫长，虽然在第二次世界大战之前就开始规划，并于 1932 年设立了贸易部，但是直到 1955 年以后才算是真正将产品打入国际市场。当时，松下幸之助认为在满足本国的需求之后，才能将多余的产品输往国外。

1951 年松下幸之助去欧洲考察，中途在西德的汉堡市作短暂的停留。因为是战后不久，在市内街道上，战争伤痕还是随处可见的。然而，当松下幸之助参观一家汽车制造厂时，却为那里的员工午餐所惊奇，当时厂里为每名员工提供了一大份奶油和干酪！

当天晚上在旅馆吃完饭时，松下幸之助向侍者要威士忌，结果侍者竟然拿出了苏格兰的名牌——黑色尊尼（Johnnie）。这使得松下幸之助对战后的德国十分钦佩。本以为在饱受战争之苦的战败国，物资应当是很匮乏的，但没想到却如此丰富，应有尽有。

随后，松下幸之助离开西德来到了英国，可是境况却也令人出乎意料。当时，松下幸之助在伦敦饭店里吃饭，他向服务员点了黑色尊尼，但是，服务员却说：没有。要知道这种威士忌是英国自产的酒，在本土却喝不到。理由就是英国现在非常贫困。在原产国没有，在德国却能喝到，战胜国穷得连自己造的威士忌都喝不上，而战败的德国却可随意品尝。在未满足本国需要之前，首先是出口国外。松下幸之助明显地感觉到英德两国的认识基本差距，也感觉到英国政策的不妥之处。也就是在对这种情况的认识下，松下幸之助才提出在满足本国的需求之后，才能将多余的产品输往国外的贸易策略。

1955 年以后，很多国家对于日本的商品开始有所需求。当然，松下电器公司也受到这种形势的影响。1958 年松下的出口额为 32 亿元，到了 1959 年松下电器公司的出口额迅速增加，在 1960 年其出口额已经增加到了 130 亿元以上，其出口量也由原来的占总产量的 6% 升至为 12%。当时日本的整体经济也是风调雨顺，持续增长，贸易自由化、外汇市场自由化的浪潮在日本甚为奉行。松下幸之助也感受到一种力量：若不具备雄厚的竞争实力，在这样的情势发展下恐怕难以在国际舞台上立足，甚至是有一席之地。因此，在公司经营方针发布会上，他告诫大家：要看到国际竞争的激烈，不要被一时的经济繁荣所陶醉，应当不懈努力维持长久的胜利。竞争会愈演愈烈，自由贸易的时代也将悄然登场，由此产生的外汇市场自由化也会不期而至。在这种条件下，很难想象，如果日本没有真正的实力将如何面对国际市场，一定会陷入困境。当下欧洲、美国很多的优良的产品尚未能进入日本市场，那是因为日本政府实行了一系列的保护政策。但总会有日本实行自由贸易，完全打开市场的一天，到那时人们可以随心所欲地购买能够满足他们需求的优良品质的产品，而不再顾忌是出产于哪个国家。如果我们不在国际竞争中设法取胜，就只能面对日本企业的栋折榱崩。眼下我们感受到的所谓的竞争，不过是日本国内同行间而已，真正巨大的竞争是更广阔地与世界上的同行一决雌雄。我们当然不能不堪一击而轻易认输，因此我们现在将松下公司的产品源源不断地运往国外，开始与国外的厂家竞争。这种竞争并不简单，因此我们要做好准备，做好策略、规划。我们要进一步改进工厂设备，提高效率，尽一切力量实现自动化，勇敢地面对、参与国际竞争。

松下幸之助在 1961 年 1 月辞去松下公司总经理的职务，而做董事长。在 1 月 10 日的经营方针发布会上，松下幸之助对大家进行鼓励：松下电器在五年计划中取得了出乎预料的成果，本来指定的 800 亿日元的销售额，竟然达到了 1050 亿日元，并且我们的对外贸易也突破了 100 亿日元。这是十分可喜的成绩，是对日本的整个产业界都是很有意义的。成绩是最能鼓舞人心的，只要我们为建立优秀企业、美好的国家倾注全部热情，就一定可以孕育出兴旺发达的松下电器公司，同样的效应也将为日本的繁荣昌盛做出巨大贡献。我们理应为此感到骄傲和光荣。57 年前，我松下幸之助 9 岁开始到大阪当学徒，此后一直拼命工作，从事实业。如今我已过了花甲之年，从各方面来看，我的今天完全是各位协助的结果。看到今天的如此盛况，松下幸之助自然是十分高兴，同时他也表示，他会一直关注松下，全心全意地为经营好松下电器公司而奉献自己的力量。

2. 不陷入盲从性的模仿

任何时候都要认识清楚自己，都要懂得自己的价值，这就会使你不至于陷入盲从性的模仿之中。

松下幸之助认为，每个人都应当认清自己，唯有如此才能发挥自己的潜力，要不就会陷入模仿他人，落得个“自我”的名声而已。诚然，人与人之间，气质、相貌等方面是有不同的，大多数人也都不愿意让别人觉得自己没个性，可是，我们常常会选择从事与别人差不多的事。

居住在亿万人群中间的我们，依然是各具特性的自己，因为我们拥有自己的自信、自尊，这也是整个社会所必须抱持的态度；若不能认清、了解自己，而只是一味地模仿、效法他人，为学得别人的举止而自满，那就失去了自主性。我们应当时时为我们与他人的不相同而好好琢磨、思考。只有选择好自己的路，并且凭借自己的力量，才能够迈向成功，才能够使我们整个社会一同共享幸福与繁荣。

同时，松下幸之助还认为，造成社会混乱的原因就在于人们对自己没有正确的认识，不从事自己该做的事，反倒是不该做的却去做了。这样看来，对一个社会人最重要的或许就是能够正确地认识自己，这也是每个人所应负的社会义务。

个人如此，一家商店、一所公司也是一样，不要盲目地模仿，不要看到隔壁的商店改造了店容或雇用了很多人手，就觉得自己也应当如此。应当正确地认识自己的情况和能力，否则就会难免遭受失败。要找到自己的经营方法与方式，对于别家商店的经营方法我们应当学习，但要选择更适合自己的方式。

首先，要很好地评估、认识自己经营商店的能力，并采取适当的对策，这是经营者应有的认识，也是很重要的素质。

其次，不要盲目追风，盲目地一窝蜂似的跟进，看到某种生意赚钱了，就也一头扎入其中，这只会引起恶性竞争，造成倒闭的恶果。就公司的经营来说，首先是要认清自己公司的能力，以此制订合理的经营策略，取得日益兴旺的业绩，为社会奉献出自己的力量。

3. 在潜移默化中渗透“松下精神”

精神层面上的东西不在于强制，而是要循循善诱，要懂得如何在潜移默化中来渗透精神的力量。

“松下精神”，这是松下幸之助在长期的经营中，带领自己的员工、自己的公司逐步形成的，其核心就是始终以做一个堂堂正正的商人为人生准则。这种“松下精神”是松下公司的经营理念的表现，它不仅仅是形式或表面的东西，更是被数十年的松下经营实践所证实。松下精神是全体员工日常的行动、思考准则，是松下电器公司上下行动的依据，并且是衡量职工日常工作和企业经营的尺度。个人的能力有限，必须相互协作、帮助，必须遵循这些“松下精神”，才能够完成既定的目标。

松下电器的精神，也分有信条、社歌、七精神、纲领等多个层次和形式。员工每天在公司都要朗诵“松下七精神”、唱社歌，这会使得员工们更加同心协力、步伐统一，当然这也是社训、社歌熏陶的结果。接下来，我们就来认识一下松下公司里的这些内容。

其一，松下电器的信条：公司要进步和发展，是需要全体员工应本着至诚、团结一致、为社务尽力的信念，唯有全部员工和睦相处，共同协力，进步才会指日可待。

其二，著名的松下电器七精神：第一，奋斗向上的精神。要有使命感，并且要艰苦奋斗才能向目标奋进，最终达成使命。第二，知恩图报的精神。人都应当有这种情怀，因为它是使人类进步与幸福的原动力，唯有如此才能确立自身存在的意义，才能给社会带来温馨与快乐。第三，光明正大的精神。无论职位多么显赫、才学多么渊博、能力多么卓越，光明正大都是待人处世的准绳，缺乏了这个都无从成为楷模。第四，顺应同化的精神。员工必须抛弃私心，与民族同呼吸，尽力而忠诚地为国为民，包容万物。否则，固执己见，就不能适应、融入社会的大趋势，那只能是面对失败。第五，亲爱精诚的精神。在一个组织之中，如果缺乏亲爱精诚的信条、精神，组织必然是一盘散沙、乌合之众。第六，产业报国的精神。身为企业职工或者管理人员，都组织应该把产业报国作为必须而首要的精神，这也是松下公司的经营宗旨。第七，礼节谦让的精神。社会之所以能够井然有序，是因为大家都守礼节，否则社会必会陷入混乱。同理，在企业中员工之间也要讲礼貌，守礼节，这样大家才能和睦相处。

这“松下七精神”是当初松下幸之助为了鞭策自己，同时也是提醒员工在工作时应有什么样的态度而设立的。要能够使上下一心，实现松下电器公司的使命，便不可松懈，要是放任不管的话，那只会是一盘散沙了。

其三，松下电器纲领：为世界文化的发展、为社会生活的改善和向上、为个人的谋生，彻底尽到产业人的本分，做出应有的贡献。

其四，员工指导与律己须知：第一，要有寻根问底的作风，要用真诚来领导下属，做到奖罚分明。第二，事业兴隆之本即员工的指导训练，主管要以身作则，起好带头示范作用。第三，相互协作、合作，亲睦和谐，同时不能滋生出依赖他人之心，这样才能事业成功。第四，所有员工应尽己所长、适才适用，这样公司才能兴旺发达、政通人和。

其五，经营须知：第一，失败甚至是坏的经营会贻害人类，而合理的经营是造福社会的力量，因此要全力以赴地坚持好的经营。第二，不可存有私心，应以“大公”为信念经营企业，这样才是尽善经营、报效国家。第三，一定要将“顾客第一”铭记于心，并且要常怀感恩之心，回馈社会，舍己尽责。

其六，经济须知：将资金最有效地应用，制定严格合理可执行的预算；不可先停止对经营的研究，应当无论何时都要致力于经济观念的研究；尽量避免浪费，所有经费，都要量入为出。

松下公司的教条小到为人处世，大到崇高理想，可谓是面面俱到。虽然普通平凡，但却意义、作用深远。松下电器公司在1933年至1939年期间，制定、颁布、执行了上述各种条条框框。一位美国经济学家在考察完松下公司之后，曾这样说，与同一时代的美国公司相比较，松下公司最不可思议的地方在于它能够维持它原来的面目，这种当初创业的活力只有少数的美国公司能够维持。原因何在？就是松下公司的价值制度，而这种价值制度就是松下电器精神。

法则三

经营是最高层次的综合艺术

——匠人的经营哲学

经营是一个很宽泛的概念，很多领域都需要它，松下幸之助对企业、对人生、对现实社会都有自己的一套经营之道，他认为：经营是一门综合艺术，正如他在日本关西财经界讲习会的演讲上所说的："企业是复杂且多元化的综合体，而那里找不出真善美就不能获得成功。因此我认为经营是最高层次的综合艺术。我们所做的经营是非常崇高的艺术。"

1. 经营是一门综合艺术

艺术，似乎总让我们联想到一种精神层面上的存在，其实经营也是一种艺术，而且是包含有多重的综合艺术。

提起艺术，人们往往会想起雕刻、音乐、文学、绘画、戏剧等，这些是美好、高尚、满足人们精神的事物，然而，在松下幸之助看来，"经营"更是一门艺术，而且是极有价值的艺术。经营是一种创造性的活动，艺术同样也是，二者具有共性。在一张没有涂过任何东西的白色画布上，出色的画家会用各种颜料将构思的图画表现于画布上。一幅画不只是由布与颜料构成，更多的是画家的灵魂跃动，是一个艺术作品，是一项高级创造。

经营也是一样，经营者首先要对事业进行构想、思考，然后确定计划、筹集资金、开厂动工，招募员工、进行产品开发、并批量生产，从而满足社会大众使用的需求。这一过程与画家的绘画过程并无不同，也是一种创造的表现。在每一个过程中，都有经营者的精神在跃动，请不要从形态来看，否则就只是制造东西而已。当然，对于经营更具有极为复杂的内容，因为企业是由不同部门组成的，如购买原料的采购部门、研究开发部门、人事部门、财会部门、生产制造部门、销售部门等等。每一个部门也都是在进行着创造性的活动，如果将这些创造性的活动协调一致，就是经营的更伟大的创造。

经营在某种程度来说，是包含绘画、文学、雕刻，并网罗各种不同领域的综合艺术，而非一种单一的、独立的艺术。经营是一种过程性的艺术品，经营永无止境，又是活生生、追求进步的综合艺术。同时，社会情势、经济情势时时刻刻都在转变，这些也都影响着经营的变化，因此经营也要顺应而变，最好是在变化发生前先做好准备，必须有远见。

大家都有所了解，无论是文学、绘画、音乐等艺术品，都是有深深打动人心的高度艺术性。虽然，艺术不应当用金钱来衡量，但是在市场中也不乏有几百万的、几千万的，甚至于几亿的艺术作品。经营也一样，也能使人深受感动，内容丰富的经营，会价值连城，而那些成果的低劣经营，则毫无价值。在一个企业中，当生产的成品、工厂的设备、销售的方法、培养、使用人才等都非常合理良性地运转，才可称得上是经营的艺术；若是破产、倒闭，或是带来严重的社会问题，就如同一幅画得不好的画，无法打动人，还可能给人造成困扰。

从这个角度来讲，经营者要比一般的艺术家们更加辛苦，要付出更大的努力才能创造出艺术名作。经营是活生生的艺术，从业者——经营者必须深切认识到经营的高度价值，并怀有对工作的荣誉感，要尽自己最大的努力去做。

2. 经营者需要世界性的眼光

放眼世界，开阔视野，多方学习，多方开路，这是一种世界性的眼光，经营需要这种眼光。

“泛美大厦”是纽约中央车站上的一座漂亮的大厦，它是一座有 60 层楼的近代建筑物。泛美航空公司的办公室占据了此楼的第一楼到第十五楼，十六层以上是面向外部出租的。松下电器公司在前几年也受到该建筑公司的出租邀请，当时泛美想让松下租下一层楼作为办公室。

这是一种世界性的眼光，美国大厦的经营方式，邀请位居东方的松下电器去遥远的美国来租房子。泛美公司一直都是在向世界各国有能力承担的公司，宣传他们的建筑物出租。一般的企业，可能只会想到在本国范围内来进行招租，不像美国建设公司以世界性的规模来经营自己的事业。后来，松下电器还是决定承租这栋大厦中的第一层。

其实，这座大厦只因为第一至第十五层主要部分是由泛美航空公司使用的，因此才被称为“泛美大厦”，而实质上这是另一家公司建筑、经营的大厦。这让松下幸之助很有感触，若是在日本，建筑的大楼一定以建设公司的名称命名。可是，在美国则房东更加大度而合乎商业合理性，因为美国是以最大的房客之名为大楼名称的。这座泛美大厦位于纽约门户的中央车站上面，交通便利，也是繁华的热闹地段，可谓是近代建筑物的高水准建筑。然而，其月租金折合成日币不过是每平方米月租 7000 日元。要知道，在日本稍微理想的大厦，每平方米都要 5000 万日元。泛美不需要抵押金、签约金，并可以先租后付钱，只是需要双方制定、签署合同即可，若从实际的角度来说，租用美国的大楼比日本的要便宜许多。

那么高级的大厦不要先付钱，仅此一点，就比租金低廉更令人佩服。不过，这也与美国本身国家利息低、建筑物本身也便宜有关。但更大程度上，是因为在日本，地皮贵、建筑费和利息高，并且很多的建筑材料还要依托于国外进口，种种因素作用下，建筑物租金必然十分高昂。从这个角度来说，日本还是不如美国的经营事业的环境好。虽然，日本在战后是经由美国的指导，并且也吸纳了新的经营方法，但却并没有消化吸收为日本化的经营管理，只是引进而已。

松下电器公司几年前开始，在纽约设立门市部开始销售电机用品时，只派了十四五人在那里经销，可是需要交易的经销店却有两千七八百家之多，从数量上讲，这显然是无法应对的，那么，松下的这些人员是如何应付的呢？仅仅十四五个工作人员，不可能挨家挨户地去两千七八百家店里收钱，于是他们对美国的收费公司进行了信用调查，对于可以确信的就交给该收费公司去做；如果出现商店不付钱的情况，收费公司也会负责，这样一来，收费工作就非常容易做了。相同地，送货可以委托运输公司，宣传可以交由广告公司，在美国这样一个分工非常精细的国家里，运转两千七八百家客户的销售公司，对于十几人的松下员工来说并非不可行，而且是绰绰有余。

如果是在日本国内，这样的经营费用会高得多。松下公司曾经计算过，在收钱方面，美国的费用仅为日本的1/3。即使从时间方面而言，美国的效率也要比日本高出很多，尤其不必为是否收得到钱操心。从表面上看，在美国市场中日本商品很受欢迎，这应当是一种进步，起码说明了技术水准可以和美国竞争了。从另一个观点来看日本技术进步的结果，使得大量的商品输入了美国，或许有人会说，美国产业界因日本商品的大量进口而头疼。实际上，美国早已不需要这种产业，他们愿意交给日本人从事，这样对他们比较有利，同时日本方面也高兴。这并不是说日本的技术已经进步到美国做不出同样水平的东西。其实，需要研发生产的是日本人做不出的东西。

因此，对于世界市场应当有清楚而准确的认识，不要盲目自大，要用世界的眼光去经营自己的事业，只有这样才能豁然开朗，才能不断前进。

法则四

把大众需要的东西，变得像自来水一样便宜

——匠人的产品哲学

顾客至上，这是很多企业打出的口号，可是如何使这句话不再是一个口号，而是将它落在实处，让它发挥效应，让它给企业带来发展？在松下幸之助的“自来水哲学”中，我们会找到一定的答案。

1. 自来水哲学——由水衍生的经营理念

水我们习以为常，正是这习以为常的事物中蕴涵着深厚的经营奥义，那么，什么才是真正神圣的经营法呢？这就是“自来水”。今天偷取有价值的加工过的自来水，并不会遭受到处罚，这是人人都知道的常识。就像是一个乞丐打开水龙头，痛痛快快地畅饮一番，大家不会因为自来水是有价值的东西，而去指责、处罚他。这是为何？

自来水很丰富，就因其丰富，所以偷取少许并不会遭到追究。这就是说，一个产业者的使命，就是要把人们的物质所需品，生产得如自来水一般无限丰富。当一种物品产量增多，无限丰富时，价格便会低到几乎等于是免费。到了这一步，

才可以消除贫穷，因为贫穷而产生的各种问题，也会消失得无影无踪。以物质作为中心的乐园，获得精神的寄托，人生逍遥自在、无忧无虑了。作为一个企业在经营时，不要完全依照商业习惯，更应该按照真正的使命去经营。

2. 让产品说服顾客

懂得汲取，更懂得反馈，懂得回报，这才是顾客至上的真正含义；懂得尊重，更懂得满足，这才是顾客至上的真谛。

企业和顾客的关系始终是企业的生命线，如果失去了顾客，企业就断送了生路；相反，如果企业获得了顾客，那就能兴旺。企业和顾客会发生、产生各种方式的联系，但不管采取何种方式，均需遵循基本的伦理准则：现代企业所形成的顾客观，即“用户就是上帝”“顾客至上”，更有人将此称之为顾客第一原理。这个第一原理实际上就是，了解顾客的需要、了解顾客对产品的意见，要有以顾客为中心的观念，提供优质产品和完善的服务，从而建立起良好的顾客关系。在当前激烈的竞争中，重视顾客，关心顾客，才能给经营者带来成功的机会。

自然松下也是如此，松下幸之助就具有强烈的顾客至上的观念，并且要求手下的业务经理、工作人员对自己顾客都要像生产单位统计数字一样精确。他常说：“在松下，我们每天都要测量顾客的体温。”要随时了解消费者的需要和改进意见，松下电器的系列产品销往多个国家、地区，而这些产品就是一枚枚探针，使松下公司始终具有很高的市场占有率。只要顾客络绎不绝地购买和信赖企业的产品，资产就能增值、企业生产就能扩大，生产经营活动就会有良性循环。

其实，有着不同阶层、职业、生活习惯和消费兴趣等特点的公众，是一个非常复杂的群体，同时他们又是相互关联、相互影响的。顾客在使用某一物品后，就会将自身的使用感受作为促进或抑制其他人的购买行为，进而在更大程度和范围内影响企业的产品销售和收入。好的产品或是良好的服务，会因为顾客的满意度、信誉度提升，从而不断地扩大市场；低劣的产品或服务则会产生相反的效果，如果品牌、企业在顾客那儿名声扫地，最终可能导致关门倒闭。

因此，建立良好的顾客关系就显得十分重要，下面有几点关于这方面的建议，可能会给您带来一些启示。

第一，“顾客总是正确”的消费原则。企业尤其是商业企业必须要与顾客建立起良好的关系，要注重服务质量、服务态度。“独此一家，别无他店”的现象，在市场经济中已经很罕见了。顾客购买到称心如意的产品，是理所当然的事。这种“称心”不仅来自于产品本身，还与服务态度、销售者的服务质量息息相关，正如美国“旅馆大王”希尔顿，他就要求员工：“无论旅馆遭遇多少困难，万万不可把心里的愁云摆到脸上。”希尔顿在视察时，最关心的问题就是：你今天对客人微笑了吗？

第二，建立企业和顾客良好关系是提高产品质量的基础。市场竞争中最主要的因素就是产品质量的竞争。如果顾客不能满意放心地使用产品，就不可能建立起良好的物质基础，也就不会在市场竞争中获得主动。

第三，建立良好顾客关系的重要环节之一，就是利用宣传媒介，从而赢得顾客信赖。宣传者在生产者和消费者之间建立起了信息往来、沟通的桥梁，因此宣传者的威信对改变消费者的心理倾向起着重大作用。利用信誉好的宣传影响，企业不必说服顾客购买其产品，也会获得消费者对生产者的信誉。产品的优劣是消费者购买与否的前提，而宣传则是诱导购买的关键。因此，二者要相辅相成才能有效地增加购买力。

第四，售后服务要周到。绝大多数顾客在挑选产品时，在购买产品时，都会把售后服务的完备与否视为重要条件。其实，当顾客购买了企业的产品，就是建立起来了一种关系，而这种关系的维持，主要是通过企业的售后服务来实现的。企业能主动关心顾客在使用产品中出现的问题，尽心维修、保养，并推介产品新功能的开发等等。只有提供了尽可能周到的售后服务，才会使关系更加紧密和良好。

下面，我们来看看经营者自身。从企业原始状态来看，经营者可分为继承祖业的经营者、白手起家的经营者、被雇用的经营者。不论您是哪一类型的经营者，都应当具有自己的思想与原则。这种原则、思想多是经营者在自己的经营体验中产生。当然，其隶属的公司往往也已经有代代相传的传统经营理念。松下幸之助认为，提升大众的生活水准，为社会多做贡献，这是企业应当奉献的力量。

人生活在这个世界上，一面贡献自己的力量，同时也接受别人的服务。如果每个人都能以各种方式回报社会，而不是乐于接受而吝于付出，那整个社会将趋于繁荣，大众的生活水准就会提升。因此，每个人都应当对别人服务的总分高于接受服务的总分，作为公司也是一样，要琢磨自己应当尽什么责任，应当做什么、该怎么做。

经营亏损、处于困境时，应把日常锻炼的聪明才智奉献出来，完善经营，扭转局面；经营景气、顺利无阻时，不需别人的扶持，那就要为社会提供更多的服务。公司经营者只有时刻将此作为理念、信条提示自己，引领着公司不断前进，才能真正实现顾客至上，更好地服务于用户，满足社会需求，为社会做出应有的贡献。

自古以来，消费者都是质量相当时，择廉而取，价格相同时，择优而购。但是，被顾客认识之前，有些品质优良的新产品，常常遭受冷遇，甚至无人问津，那么，如何使他的产品赢得顾客，最好的办法就是：让产品说服顾客。

法则五

造物之前先造就人才

——匠人的管理哲学

人才，是当今市场竞争中的重要领域。我们往往忙于在市场中寻觅、邀请人才，但是却忽略了培养人才。能够在自己企业中，按照自己企业和社会的发展需求培养人才，才更有效率，才是更有价值、更应当做的事。松下幸之助就是这样做的。

1. 松下幸之助的人才观

任何事物的发展都有一条生命线，那企业的生命线是什么呢？没错，就是企业中的员工，就是一个个的人。

日常生活中，我们会遇到各式各样的人，出于不同的目的，人们会采取不同的方式进行交往。千人千面，千人千心，与自己脾性、作风相投的人可谓凤毛麟角。因此，在与这些人的交往中，不如意者常十之六七，当然从在别人眼中你可能也是这六七中之一。在企业中，经营者和其属下、雇员间也是这种关系。

正如松下幸之助所说：“人们常常会因为得到和自己心意相投人的帮助而感到欣慰，而为遇见与自己观念、作风格格不入者而感到懊恼。其实，人们遇到非常投缘的概率很低，一般也就 20%；大多数则是顺从大势的顺风转舵者，大约占

80%；还有难免抱着反对态度的人，会占 20%。很多人认为这最后的反对者会影响到业务的发展。其实是多虑，适度地容纳不同的观点，说不定在促进工作顺利进行方面会起到推波助澜的效果。

“若企业中有十个部属，其中有六七个能和自己心意相投，同志同愿，共同努力，那工作就能很顺利地推动，自然是求之不得的好事。但实际上这种愿望很难达到。当然，在一个企业中，除非是经营者自身经营方式、处世态度不太得体，否则，要让六七个人共同反对自己也是很少见的，如果发生一定要很好地深切反省自己了。其实，在正常情况下，有两三个人配合工作，就可以使业务运转起来。”

而今，人才也具有市场性，这也是人才之于企业重要性的更高表现。如果人才市场“紧俏”，就会发生人才紧缺、人才难求的现象，就会使得企业必须想各种各样的办法发现人才、网罗人才。这种现象最容易出现在市场激烈竞争时的一些中小企业中。当然，像松下电器这样的世界性大企业，虽然在求才方面有优势，但是人才的总量是有限的，况且还有很多其他大的企业。通过前文所述，我们也了解，很多才华出众的人才都坐镇在松下电器之下，可见松下一定有其求才的诀窍，这个诀窍就是人的本性。

一般的经营者会把薪资、福利待遇等作为吸引人才的重中之重。这些物质条件，虽说重要，但是松下幸之助认为大多数人才已经解决了这些基本要求，物质条件在吸引人才中的作用也已大大降低。让员工感到自豪的企业经营形象，所在的企业拥有很好的社会口碑，这些都已然成为最具魅力的亮点，因此，要想雇用到合适的人才，关键在于企业形象，在于对自身企业重要性的认识，要将自己的企业做得具有吸引人的魅力。

在松下幸之助看来，真正的人才是可遇而不可求的，就像曹操欲得关云长，终究无果。对于人才，绝不是经营者求才、爱才就能够达成心意办到的。拥有强烈的求才之心，还得加上些许“运气”。这并不是让大家都消极等待的守株待兔，这也要主观努力去争取。正如刘备，三顾茅庐才求得孔明出山，经营者要以最诚恳的态度不断访求，并细心用才、爱才，才能使这种运气来到你的身边。同时，我们在求才的时候也不要以“优秀”为目标，而看不到其他，就如得到 70 分人，他们身上也同样具备很多优点、优势。

1910 年在松下创业伊始时，松下雇用的职员，多为普通小学毕业者，初中生都很少，更不用说高中毕业了。但是，松下的公司并不缺乏人才，反倒是有很多合适的人才维护着公司的运转。这主要是因为，在当时的教育状况下，高学历人才很少，在松下幸之助看来，人才必须“适合”，人才的水准只要能够符合公司所从事的业务就行，学历并不能说明一切问题。直到 1934 年，松下才第一次雇用了两名专科毕业生。但是，随着社会的不断进步，松下公司的不断发展，现在公司内的高级人才也是比比皆是。

松下幸之助却始终秉持着 70 分原则的用人秘诀。在大家都追求拥有某些领域的顶尖人才的时候，松下幸之助却并不这么认为。在他看来，问题正出在这顶尖一流上。这种一流人物，往往有较强的自负感，一旦工作不顺心，就抱怨连连，这样也必然导致缺乏责任心和工作热忱，因此他的工作也未必出色。而那些得了 70 分人才，却懂得珍惜，重视公司和公司给予的职位，容易满足，不自视清高，并会很努力地把自己的工作干得漂亮。因此，对于公司发展来说，这种 70 分人更值得培养与吸纳。正如松下幸之助所说：“完满的事情并不存在，要是公司能雇用到 70 分的中等人才，也是一种福气，又何必苦苦追寻这 100 分者呢？”

另外，松下幸之助在选用人才时，十分注重爱国主义感情。在前文中，我们已经可以深深地感受到，松下幸之助自己对祖国满怀的感情，因此在他的经营理念中“国家理念”是十分重要的。在他看来，员工与公司、企业与社会、国民与国家，这三者的关系是相同的。公司要对社会有服务观念，要将服务社会作为自己的经营理念，制造更有品质、价值的产品来改善社会生活。同时，公司的经营者有义务将这种理念传达给员工。只有在员工与企业达成一致时，公司才会达到既定的目标，实现对社会的回报。公司的生存以服务社会为基础，而公司中的员工也要与公司的目标一致，否则，员工无法受惠，公司也达不成目标。

国民对国家应有爱国赤诚，员工对公司也要热爱。当一名员工把公司当成“过日子的地方”，就会主动地盘算自己的利益，就会产生种种问题，那公司还如何发展呢？对于刚进公司的新职员，首先要尊重公司的传统，热爱自己的岗位，试着从工作中去贡献社会。不断进修、默默耕耘的员工，是松下幸之助最为赏识的。

松下幸之助用人的另一条原则是，朋友不被聘用。在人生的旅途中，朋友是无法忽视的关系，他们鼓励、扶持、帮助着我们。正是认识到朋友的重要性，松下幸之助才绝不雇用自己的朋友。有这样一个事例：

当时，有一位会长想让自己的朋友去松下担任要职。松下幸之助首先讲明：如果到松下公司来，就要有一种做员工的意识；倘若是帮忙，那我们彼此是朋友关系，非雇主与员工的关系，那还是不来公司为好。

在松下幸之助看来，对于朋友很多事情无法严正警告，如果是意见相左、如果是决断的关键时刻，那这种朋友关系就会成为一种牵制。同时，也会破坏掉原有的情谊。处理与朋友的对立矛盾问题，其负面影响会更严重，心情、士气也会遭到更大的破坏。

对于请自己的家人到公司任高职，松下幸之助倒是不坚决反对。因为家人在利益上比朋友要多些一致性，但也要学好本事，能够胜任职位才行。要是能够在别的优秀公司实习锻炼，然后再回到本公司任职，那是更好的做法。

用人方面的另一个主要问题就是劳资关系。这是一种激烈、难以化解的矛盾，而实际上是一个如何用好人才的问题。松下在发展初期，雇佣者多为小学毕业生，不用通过什么招聘考试，只要适合岗位需要，通知一声就可上任。当下，随着公司的不断发展，松下作为国际型的大公司，吸引着众多应征者。企业一大，有时就不免会有一种高高在上的感觉，为此，松下幸之助曾严厉地指出，要善待所有应征者，无论最后是选择录取还是不录取。特别是对那些条件不够，未能达到录用标准的人，一定不能有不理不睬的神情，不能显出一副鄙夷轻视的样子，必须秉承良好的心态和态度来处理。以感激的态度善待应征者，其实，每位应征者来公司应征，必然是抱有对公司的关心、了解和信任而前来应征的，从这个意义上讲，公司经营者怎么能够对一个关心本公司的人，持之以高傲、蔑视的态度呢？当一个企业花成百上千万的广告想要让公众去了解我们，而一批大众对我们了解如此之深的时候，难道不该心存感激，甚至是感激涕零吗？

对于未录用者，松下幸之助向来是很善待的。这主要是因为，松下幸之助认为有意来松下电器就职者，尽管不被录用，也许会一如既往地关心公司，甚至成为松下的顾客，因此，这种善待也就是在善待顾客了。

在录用人才前要有这种善意理念，在录用后，员工进入公司正式成为其中一员时，更是要让他们不失望，继续保有这种良好印象，这才能减少，甚至是化解劳资双方的矛盾。

此外，松下幸之助还很注重对人才的储备和训练，这主要是受一位旅店老板的启发。这位老板在开业以前已经做好周详的准备工作，像建筑设备、餐具、摆设等用具是下了一番工夫准备。而且，他是早在两年以前就开始对店员进行训练了，因为在这位老板看来，员工的培训是最关键的，所以，他的店在开业后，每名员工都能胜任工作。

在松下创业的那个年代，虽然还不具备这样的条件，但是这并非表示这种做法没有必要做。因此，松下幸之助不仅注重员工的在职教育，而且也十分重视岗前教育。这一点可以从松下幸之助建立的松下政经塾看出。创办这所学校主要是培养未来政治家，是松下为未来政治储备和训练人才。如今，诸多机构都具有岗前培训，比如航空公司未开张，就要培训高素质的飞行员、空中小姐；工厂开工前，就训练娴熟的技术工人而非仅是对高级管理人才进行培训；饭店在开业前也要培训优秀的厨师和服务员。唯其如此，在开张伊始才能使企业在有准备之中运转起来。

任何一个公司的发展，都要有更多的人来加盟。因此，新员工的加入，是松下幸之助十分关注的事。在迎接新人时，松下幸之助都会为大家演讲，向员工传达一种热忱、一种温暖，也是一种鼓励。新员工的加入有积极的一面，他们总会因为自身的朝气而带来新鲜的气息，这也会感染老员工，从而产生一种冲劲。当然，新员工多无经验，需要前辈的指导，同时人员的增加必然也会使人际关系变得比以前复杂。那么，作为经营者，应该认识到新进员工对公司效率的影响，要向新员工伸出温暖的手，也要进行严格的的管理，要认识到员工新进对原有人际关系产生的影响；否则，原有的平衡打乱，可能会偏离轨道。

人事调剂是很关键的。曾经有三位无论在能力还是智力上，都是出类拔萃的优秀人才，在合资办厂时，他们分别担任会长、社长和常务经事，没料到这家公司竟然一路亏损，当工厂上属集团得悉此情后，立刻研讨对策，结果是请社长退出，而留下来的会长和常务经事在此项人事任免决定后，开始通力合作，二人充分发挥各方面的优势，迅速扭转了局面，不仅转亏为盈，而且获得高额利润。那位离开的社长，也在新的岗位上取得了不凡的业绩。

这就是“人事经调剂”的效果。这三个人由于个性、作风不能很好地配合，所以即便是都优秀，也未做出优秀的成绩。优秀的人往往个性较强，所以人多反而会互相牵制，这样的人在一个人埋头苦干时，往往更加踏实，反倒是能做出有益的成绩。

下面我们来看看，松下是如何调动员工积极性的。首先，是充分的信任和肯定。不要总是看阴影，每个人都是有优点的，松下幸之助就认为他的部属和员工最起码都具有七分优点、三分缺点。其次，经营者或其他经营干部，不可炫耀才能和智慧，而要欣赏员工的才能和智慧；否则，就会办错事情、导致失败，反倒是懂得欣赏，才能激发才智，提高效率。松下幸之助曾说：“身为经营者，用鸡蛋里挑骨头的心态来看待下属，就会导致无人可用的局面，就会不放心而犹豫不决。而当一个人总是挨骂，信心也在不知不觉中消耗殆尽，就会精神萎靡不振，那即便是有高超的智慧、才能，也无法展示。”

我们都知道，在日本讲究论资排辈的传统习惯。虽然，松下幸之助对此并不赞同，但也会把按年资考绩提升作为一种要素，并按照年资70%，才干30%的比例执行。对于年长者，年资和经验这两项，容易受到年轻者拥护，对公司的业务发展也是有积极作用的。

在奖赏问题上，松下幸之助吸取了种种经验教训，也有其独到的认识。在他看来，有功者在公司的任职，要非常注意，他自己也是在年事尚不算高的时候，便急流勇退，让那些卓有才干、精力充沛的人走上高位。高职应与高能力配合，而非有功者就要坐上高位。正如日本政治家西乡隆盛所讲：“对国家有功者应给以俸禄，但不能因为有功劳而给予职位。该给予职位者，必定是具有与职位相匹配的能力与见识者。若将职位给予有功劳而无识见者，国家必致衰败。”因此，松下幸之助主张“让年轻人任高职”“实力胜于资力”。

松下幸之助的这种理念也是有其生理的、社会的理论依据。一个人，在30岁时，是体力的顶峰时期，而在40岁时，则是智商的最高时期。此后，智力、体力就会下降，当然也有例外，但大体情况如此，同样，职位、责任也应当与此相适应，做出调整以符合规律。一个人的实力，不仅要能知，而且要能行。年长者往往会有力不从心，因此未必能行。不过，公司是由各种各样的职位组成，必然也有适合年长者，适合年轻者。就比如在困难时的攻坚、冲刺，那自是年轻人更适合些。人们常说，向前看的是青年人，向周围看的是中年人，向后看的是老年人。可是，根深蒂固的东方文化传统，还是讲究论资排辈的，松下幸之助也深知此点，因此，他在决定一件事的时候，常常喜欢听听年轻人的意见，这样也不失为一种缓冲的方法。因为，如果是年轻人直接把自己的意见说出来，恐怕会因人微言轻而不被采纳；如果是公司首领征求意见，那讲出来的意见则分量不同，这也就是领导艺术的巧妙之处。

从上述这些可以看出，松下幸之助在用人方面很有见地，也有研究者把他的用人之道归结为7个方面，相信对大家通往成功之门有所帮助。

其一，要有明确的经营理念和使命感。在1932年的创业纪念日上，松下幸之助就将“自来水经营理念”和除贫造富的使命感作为公司宪法而确定下来。正是因为有了这种明确的理念，员工才会知道学习什么，从而明确了方向，企业也才会有好的绩效。

其二，要以正确的人生观作为基础。企业的领导、员工都要有正确的人生观。这种人生观的核心是：尊重人类的个性，善用众人的智慧，承认人类是伟大的王者，要用理智的态度，处理和利用宇宙万物。

其三，要认识到人才的重要性。松下幸之助曾讲：“拥有优秀的人才，事业就能繁荣，反之就会衰微。”松下电器公司有今天的成绩，正是懂得科学管理和用人的体现。

其四，强调企业必须获利，要教导员工必须将赢利作为目标。松下幸之助认为：“使用天下资源，网罗天下英才，赚不了钱，就是犯罪，就是愧对社会。并且这样做，既满足了个人获取、公司希求，也是为了贡献国家。因为，公司获利才能拿出部分利润作为税金上交国家，而国家才能有资金进行各项公众事业，创造全体国民的福祉。”

其五，提高福利待遇，改善劳动条件。松下幸之助很注重人的特性，首先就是生理的需求，只有温饱问题解决了，才能踏踏实实工作。因此，他始终以“高效率→高薪津”为方针，以此来刺激员工提高生产率的意愿。

其六，尊重人的基本精神。要为人的前途着想，将其才能尽可能地发挥出来，并给予相应的报酬。在松下公司基本没有裁员的历史，员工都是终身制。员工备受公司尊重，也就会与公司融为一体，热爱自己的公司。

其七，要让员工拥有梦想。有梦想，就有前进的动力。松下公司为员工提供实现梦想的基础和机会，让员工对未来怀有无限的憧憬，只有这样，员工才有希望，公司也才有希望。

2. 员工有不同类型，如何做到人尽其才

人们常说最好的并非是最适合的，人才对于企业来说也是如此，能够真正用得上的人才，才是企业所要拥有的。

人的类型不同，管理也不同。首先，我们来看看松下幸之助是如何管理知识分子这个重要群体的。大家都知道，80% 的物质增长靠科学技术取得，而科学技术的推动在很大程度上是靠知识分子，因此发达的国家和地区，对于知识分子都特别重视，并将轻视知识分子视为一种愚昧的表现，但是要想让知识分子充分发挥才能，就要采取十分科学的管理方法。

知识分子往往习惯于自由劳动，其产生的成果大小很难衡量，要是对他们安排不当，可能起的作用还不如一名普通的工人；若安排妥当，则会产生巨大的成果。对于他们的管理，最重要的就是适才适用，要让其从事专长的工作。对于肩

负重任的高层领导者，不要用命令式或指令式的语气与知识分子交谈，指挥其该做什么，而要采用带有征询意见式的探索方式。

世界上没有全才，更多的知识分子都趋向于高度专业化。对于知识分子应当有全面的认识，不要先入为主地认为知识分子有文化，应当什么都能干，而后又觉得他一钱不值，什么也做不了。这是很片面的看法。要多考虑，这个知识分子在什么情况、什么职位中能够发挥出自己最大的才能。多思考他们才能的差异性，以便适才适用。

说完了知识分子，现在来看看职工的问题。重复性的生产劳动，比如春去秋来地开车床，确实对社会建设是不可或缺、完全必要的，但这种重复容易使人产生厌倦，进而产生消极怠工行为。作为领导就要重视职工劳动的丰富化，不断地为这种习惯性工作增加挑战，使员工产生成就感，为工作注入新的活力。

其一，鼓励职工和下属加入讨论上层决策。这会给职工们机会，以施展出其管理、决策方面的才能。同时，也有利于使他们明白本职工作与全局工作的关系和意义。

其二，职工应在一定的范围内有对工作步骤、方法、手续的合理安排权。

其三，扩展相互关系。鼓励员工多参加同行的学会、竞赛、表演。一来有助于拓展与社会同行之间的联系，二来有助于开阔眼界，启迪和激发他们不断地改进本职工作。

其四，使职工了解、分析工作环境的优劣，促使其努力改变现状。要知道，许许多多的伟大发现、伟大发明都来自于平凡的岗位。但需要在这些岗位中注入丰富化的内容，从而开拓广阔的天地。

其五，要使每名职工都了解企业的总体战略目标，知道组织的奋斗方向。要让他们懂得自己的劳动、成绩对国家和集体的贡献，使其产生对本职工作的责任感。

其六，要使职工及时了解工作中的反馈信息。比如，生产各种螺丝钉的工人，当他们知道自己生产的螺丝钉，已被安装在轮船、飞机、各种机床上，并且销往很多国家，自然会感到安慰和骄傲，使其认识到自己的劳动是有价值的。

同时，也要注意丰富化的尺度，要避免以下问题的出现。

第一，“丰富化”并非是对无理要求的满足。对于职工不愿意接受必要的监督、不满意合理的规章制度、对保障条件要求过高等，不能迁就，适当时要采取一定的措施。

第二，对于专业生产自动线这样的技术问题，不能因某个职工的丰富化而改乱。因为，这是一种大工程，是一种组织、集体行为。

第三，要避免丰富化成本过高，对于价值低、见效太慢的行为要不使其发生。

接下来，谈一谈企业中的另一个特殊群体——女性职工。在长期社会原因的影响下，对于女性能力也造成了一些认识不足。比如，低估了自己的才能，这主要是因为女性很少有参加决策的机会，认为高层领导就应当是男性；少有在社会中锻炼成长的机会，女性更多为家庭问题所占据，少有社会活动的机会；社会惯性的偏见，在很多情况下，人们总是认为女性的管理能力较弱。不过，随着时代的进步，由于社会因素所导致的偏见、传统惯式束缚慢慢地被淡化，女性也越来越成为社会生产的重要元素。

接下来，我们先来看看女性职工与男性的差异主要有那些：女性多愿意定型化、标准化的工作，男性多善于推理、判断和思考；女性工作细致、重细节，男性往往考虑全局较多；女性稳定性强，男性有较强的创造、革新欲望；女性耐力强，男性在忍耐能力方面较差；女性注重物质环境、自由时间的优势，男性多关心机遇；女性不喜欢工作环境的变动，男性对变化的适应性较强。

了解了这些普遍存在的差异性，有利于我们合理、科学地安排工作。正如在现实中所见到，医院、表厂、纺织厂等的生产，有助于女性职工发挥其优势；而建筑、重工业部门则男性较多。

最后，来看看如何对企业中的年长者进行科学管理。

年长者是社会的宝贵财富，各行各业的老员工，几乎都有他们的特殊用途，因此要很好地让他们在合适的舞台上发挥余热和余辉。

经验、成熟、老练、沉着、稳重这是年长者的绝对优势，在复杂局势面前，他们往往能看得深远，能觉察关键，能兼顾全局。对于年长的科技人员，通过著书立说、总结经验而将宝贵的知识财富留给后人；对于体力劳动的年长者，很多是有丰富技能的高手，被新的企业聘用之后，能很快发挥出效力。同时，用年长者的耐心、吃苦耐劳、默默无闻、兢兢业业的工作作风来潜移默化地影响年轻人也会有不错的效应的。同时，让年长者参与技术攻关，在遇到难题时，请他们出谋划策；或是由他们负责某些特殊使命的工作；或是让他们传授历史知识、鼓舞士气的工作；或是让他们现身说法地示范等等，这些都可以使年长者发挥余热。在一个组织或企业中，起用经过挑选的少量老年人工作，是很有必要的，也是很有优势的，只在于要恰当、合理地使用。

懂得知人善用，还不太够，还得了解如何使员工更加卖力工作，下面就着重谈谈这个问题。

对于小规模的公司或商店，经营者要是能以身作则，就可以指挥调度员工，发挥出很好的效果。对于庞大的公司，如果拥有成百上千名员工的商店，那就得制定出一系列的管理制度，并应抱有“请你这样做”的诚恳态度勤勉员工；如果是一两万名员工的企业，那就要抱有“请你帮我这样做”的态度；如果是五万或十万名员工，则要以最虔诚的态度面对员工。

松下幸之助认为，经营者并非是万能的人，但一定要品格高尚的人，这才能吸引人才。这一点在下边提到的这位野村吉三郎身上，表现得淋漓尽致。

战后，松下电器公司接管了一家唱片和音响的企业——美克德公司。为了使它从战败的挫折中复兴起来，松下幸之助想将这个企业托付给野村吉三郎先生。

当松下幸之助把自己的想法告诉给野村先生时，出乎意料，野村先生非常爽快地答应了，并对松下幸之助说：“我没有经营经验，但却了解用人。美克德公司拥有许多一流的人才，要尽快促使那批优秀人才，发挥潜力，好好工作。”野村先生的想法与松下幸之助不谋而合。可是，当时很多人都觉得以美克德这样的小型公司，请一位如此有名望的人担任社长，未免大材小用了。

野村却先生认为，战后，社会最需要安定和繁荣，以个人的工作来贡献社会，能通过工作，把力量贡献给国家和社会是值得去做的事。

很快，美克德就从战后的废墟中建立起来，凭着野村先生的人格修养、正义的立场、公正无私的生活方式，使各种人才为他所用。他总是考虑何者当为，何者不当为，并且不存私心，让员工们能尽量发挥出自己的潜力和能量，迈向理想境界。

松下幸之助认为，对每一个人的拼命努力，都要用感激的心去理解，应该彼此享受、彼此欣赏，以此为荣，懂得珍惜。作为员工，自己的努力能被同事、上司其他部门了解，就会品尝到其中的喜悦、快乐、美好。人们拼命努力是一件非常重要的事，而对这种努力加以评价，互相有效利用，则会产生重要影响。

经营者要把员工看得比自己伟大，才会使员工更加努力地工作。松下幸之助就是这样，他总把部属都看得比自己伟大。因此，他的那些部属都拥护他，大家自动加班，勤奋工作，才使公司有了今天的规模。当你把部属看得比自己伟大时，就能发掘每一个人的优点，而当员工理解公司的理想时，就会士气高涨地工作，使企业顺利成长。

在 1955 年时，松下发表了一份五年计划，从经营者的角度来讲这并非是最好的做法，因为存在外泄的危险。但由于谈到五年后，公司会达到什么生产程度、拥有多少员工、需要什么心理去应对……使得大部分员工对公司未来有了彻底的了解，使员工有坚定的目标或期待，结果产生了非常好的积极效果。从此以后，松下陆续向员工宣布要实行每周五天工作制，将工资提高到欧洲水准等的目标，并请大家为实现这一目标而努力奋斗。在松下幸之助看来，经营者的主要任务之一，就是不断提高目标，让员工心里有一种憧憬。

除此以外，公司是社会的公众机关，要有一种服务大众的使命。正如松下幸之助在决定辞退社长时的讲话：“松下公司是一个社会的公众机关，各位肩上的责任重大。因此，要团结一致，以共同的行动，创造更巩固、发展的松下电器公司。”

3. 设立员工职训所

对于员工的成长，企业应该有一个规划，并且要设置出能够执行的切实计划，这样才能拥有企业所需要的人。

1930 年，松下开始筹备职训所，当时松下幸之助设想是在 3000 平方米的土地上盖一幢建筑物，并把买土地的工作交付给石井君去办。石井君本来是看中了西淀川区姬岛地方的一块地，但因一些细节谈不拢而作罢。后来，因为门真村有人要出售土地，石井君觉得这里在京阪沿线门真车站附近，交通非常方便，便劝松下幸之助买下来。可是，松下幸之助到实地看后，觉得距离大阪遥远，开始有些犹豫，但因为一时也没有合适的土地，又是职训所不会影响经营，于是以 17.50 元 / 平方米买下了总平数是 3500 平方米的地。

松下幸之助打算从全国各小学毕业生里，选出优秀的人，来培养中坚店员。职训所每天用时 8 小时，其中读书 4 小时，实习 4 小时，除星期日以外不休假。同时，在 5 年以内修完中等学校的课程，这样就可以提早两年就职。因为，少年时期是人一生中可塑性最大的时期，学技术、学做生意、学经营都是再恰当不过了，而且提早的两年也可以培养他们的实力，做一名真正有用的从业人员。

就这样，松下幸之助用 15 万元（这在当时对于松下也是一笔巨款和很大的负担），开始营造工程和土地。不久，松下幸之助的校园梦总算成真，规模虽然不算大，教学安排、行政安排方面也还不能十分满意，但是对松下电器来说，是很有价值而意义深远的建设。

从职训所的构想，我们可以看出，松下幸之助对于企业中的员工是有一个十分周密、十分实际、十分贴切的计划的。他为职员考虑得很多，为他们做了一定的职业规划，又不失其个体的独立选择，这自然是很难得的事情。从另一方面来讲，松下幸之助的这一职训所计划也绝非徒劳。从企业而言，更希望拥有的员工都能够十分适应、满足、胜任岗位的职责，都能够很好地应对、贡献于企业的事业、需求。而这种恰如其分的满足，在市场中一一找寻应对，是很困难的事情，所以，采取自己量体裁衣的训练、培训人才是很好的方法与方式。

这种一举两得的方法，很是高明与智慧，是值得很多企业，特别是大型、上升型发展的企业借鉴的。因为，如果员工的素养、职业技能提高了，企业的发展也就是水到渠成之事了。

4. 建立“政经塾”

时代赋予我们的重要使命，应当重视人才的培养，特别是社会重要领域，如政治、经济等方面的人才。

前文提到，松下幸之助很注重培养人才和建设松下公司企业文化，说到这一点就不得不说影响最大、最重要的松下政经塾。松下公司，不仅设立各种名目、不同期限、脱产和不脱产的进修班、研修班，松下幸之助也常挤出时间亲自参加这样的活动并担任讲师，并且，以“为全日本培养清廉政治家”为目标，以“为国举才”为初衷，建立了政经塾。

日本经济在20世纪70年代末得到快速发展，然而，随着国际化浪潮的奔涌而至，政治诟病丛生，培养等各种体制几近崩溃，在日本的政治舞台上少见有抱负、有见识的政治家。正因为看到了这样的时局，看到了日本未来的社会危机，为避免未来困境，松下幸之助才高瞻远瞩地出资70亿日元，在1979年建立了松下政经塾，在1980年开始正式招生。

原本松下政经塾是五年制寄宿式教育，后因经费问题改为3年。3年期间，大家共同学习、同吃同住、共同研修。研修的基本方针是：学员自己设置理想国家模式，并在实践过程中不断积累经验，同时定期进行学员间交流、探讨，以求在此过程中不断进步。因此，学校并不设专职的教师。为此，松下幸之助还设立了塾规：为人类的幸福、繁荣、世界和平做出贡献，在新的人生观之上建立政治、经济理念，要热爱国家，热爱人民。同时，政经塾还有自己的塾训：探求本质、虚心学习、不断进步潜心钻研。在政经塾学习的学员还要遵循守则：团结协作、自主研修、开拓进取、持之以恒、事事钻研。

松下幸之助的政经塾不仅着眼于政治、经济等专业知识，而且注意文化道德、坚韧意志、修养的锻炼。其中的专业课以自我研修为主，强调理论与实践的密切结合。比如，专业课中会涉及水稻与国计民生，社会发展与家庭的变革，日本会维持多久的经济高速增长，对巨大的中国市场如何看待，儒教对企业的影响等等。

由此可见，这所政经塾是非常有理念、有思想和有目标的学校，因此在招生方面也是秉持着宁缺毋滥的原则。政经塾招收年龄在22 ~ 35岁之间的大学本科毕业生，要参加面试、笔试，并提交一篇1600字左右的小论文。合格的学员，不但不用缴纳学费，还可在第一年领取20万日元零用金，学员可以根据自己的兴趣制订研修计划；在第二、第三年时，学员需根据自己的研修计划利用25万日元的资金开展各种实践活动。并且，学员每年还有100 ~ 150万日元的活动资金补助费。

第一学年以培养人性为主。学习日本传统精神，通过实践活动来磨炼自己。在政经塾读过书的人，都觉得入学相较于读完是较为简单的事，要想完成三年的课程，必须下非常大的功夫。学员要打扫庭园、跑步、学习剑道、茶道、书道，要修习坐禅，还要在24小时内步行全程约一百公里的三浦半岛一周，这主要是挑战人类体能与精神的极限，从而培养学员在未来的工作领域上能不畏困难的意志，从而做到无往不利。

另外，政经塾内还设有各种讲座，引导学员形成正确的国家观、人生观、历史观。第二学年的4月对新学员进行指导，5 ~ 6月集中到各界去实习，学习如何做一名领袖人物；7 月以后，以各自的课题进行研修；9 月末校方进行研修成果及活动规划的审查。

第二学年后半期至第三学期，学员以周、月、季为单位，定出自己的活动计划、报告书，通过论坛、媒体投稿等形式进行社会进言活动。在 4 月要对一、二年级学员指导，通报研修计划进展情况，同时，校方履行审查。

松下政经塾的研修方针是：

第一，“德智体三位一体”。培育一个能够引领时代的人才，要有强健的体魄，要有哲理性、深邃的洞察力、优秀的语言能力以及历史性和世界性眼光。当然，最重要的就是人性。所以，在德智体中，将德放在首位，在政经塾内，也是十分看重德育教育，同时也主张德智体全面发展。

第二，“现地现场”。在松下政经塾学员要学习课本知识，更要有真实信息的现场感，要主动地积极置身于问题之中。寻找、解决问题的关键和方法。并且，鼓励学员学习某一专业就应向世界最权威的地方学习，取其精华，从而造福于日本社会。

第三，“自修自得”。在新时代成长起来的领导者，应当不断开拓自己未来的道路，应当充分发挥自主性。因此，在松下政经塾里，学员们自己确定研究课题，制订、实施活动计划，同时对所产生的结果负责。

第四，“个性发展”。在政经塾里，承认每个人的特点和优点，允许人的个性发展，并鼓励大家将身上的特点和优点发挥出来，并加以引导，从而实现个人目标并获得成功。因此，政经塾没有固定模式的研修计划、没有固定的老师。

第五，“团体式学习”。在政经塾不提倡一个人埋头苦学，而是更注重同学或有识之士之间的交流和探讨。这也是学校采取寄宿制的根本出发点，这样有助于促进大家共同进步。

政经塾有一整套办学的理念，松下设立的 100 亿日元的教育基金，是由松下幸之助与公司双方的投资各占 50%。尽管如此，松下幸之助并不要求学成结业的毕业生一定要留在松下公司，而是鼓励他们投入更广阔的世界经济大市场，或是独立创办公司，只要是能积极参与社会活动，为社会服务即可。

松下政经塾并非单纯的私塾式教育机构和普通大学，其具有很浓厚的政治色彩，旨在培养日本领导者，改造日本社会。有统计显示，截至 2009 年，毕业于松下政经塾的有 237 人，其中 101 人，即 42.6% 的毕业生从事政治领域的工作，有 69 名政治家，包括 27 名议员、3 名参议院议员，还有其他地方议员等 39 人。

正是在松下幸之助的苦心培育下，在实现时代赋予自己的重要使命中，日本拥有了一批高级政治经济人才。这足见松下幸之助的高瞻远瞩、仁慈之心，他造福于众生而毫无利己之心可见一斑。

法则六 推崇率直的心

——匠人的心性哲学

一位伟大的企业家，之所以能成就伟大的事业，必然有其过人之处，必然有其人格魅力，也必然有其深刻的人生感悟。松下幸之助就是如此，在经历了几十年风风雨雨、灿烂辉煌之后，他对心性的修行有着十分深刻而独到的认识和领悟。

1. 经营者必须有所信仰

生活中的很多事情都会给我们带来启示，要切实地去感受、去体悟。松下幸之助的经营之道就是很值得我们去体悟的。

到了1931年年底，松下在逐年增加业务部门的基础上，除了一般电器配线器具以外，已经拥有电池灯部门、干电池部门、电热部门、收音机部门等诸多部门，其制品总数也已超过两百多种，在不景气的大环境下，能够持续、顺利地继续扩大经营范围，这是令人称奇的事。这种奇迹的创造，主要来自于全体员工也在这不景气当中，努力地配合公司，不断增加生产，从而形成一种奋斗不懈的松下精神。对这一点，松下幸之助感到非常欣慰。

对于自己的亲身经历以及获得的经验，松下幸之助从来都毫无保留地告诉给自己的员工，以便指导、勉励他们，在这种精神的感召下，外界都嘉许松下电器的店员具有很好的敬业精神。

松下幸之助也有一些独到的经验能够将店员训练成有胆识、有魄力、能够独挑大梁、敢于担当责任的人。关键的一点就是，在逆境中，够勇往直前克服困难冲破逆境，获得刻苦奋斗的体验。当然，这并不是鼓励把公司经营得困难重重。如果公司遇到困境，也该算是经营者的失败，并不是一件好事情。经营在任何情况之下，还是以尽量顺利为原则。经营者应该既能利用困境训育店员，也能在顺利环境中，训练店员克服困难，使其独当一面。1932年年底，财经界人士个个面露喜色，因为新内阁的成立，公布了黄金输出禁令。在不景气的情况下，由于政友会内阁的积极政策，无疑给时局带来了一定的好转。在内阁改组下，业界出现了一线曙光，这也使得松下幸之助下定决心，更要努力经营。

信仰是每个人都需要具备的，特别是对于经营者。曾有一位经销商U氏这样对松下幸之助说："前些年不幸的事情连续发生，样样不顺利，于是有朋友让我去信仰宗教，慢慢地我认识到以前很多事情的看法、做法都是错误的，所以有很多不顺利。现在心胸突然变得开朗，不安的心情也消失了。后来，对自己能够信仰宗教感到非常愉快，店里的生意也顺利很多，这使我深刻地感受到信仰的力量。现在我感到很幸福，并愿意将快乐分享给别人。作为经营者，能够对企业界真正地贡献自己的心力，使企业获得更大的发展，我感到非常欣慰。"

通过U氏的这番话，松下幸之助觉得有信仰是件很好的事，它使人恳切、平静、虔诚。虽然，松下幸之助对任何宗教都不感兴趣，但是，在U君的说服下，还是在3月的上旬，从大阪出发去参拜某教本部。

在整个参观过程中，最让松下幸之助深有感触的当属制材所。这个制材所是制造木材的地方。像兴建中的教主殿、本部所属的教会等，所需木材都是靠这个制材所直接供应。制材所有很完备的机械设备，大约会有100个义务工人每天来这里工作，他们将从全国各地方的信徒所捐献的木材，制造成栋梁、柱子、天井……寺院有自己经营制材所的必要吗？而且，还要100人来此工作，这确实很难想象。但是，寺院里每年都有建筑物要盖，而且不断在扩大，正是这种需求，使制材所得以成立。这个制材所拥有广大的场地和多处工厂，原木堆积如山，厂内马达声、电锯锯断木材的声音震耳欲聋，工人们都兢兢业业、挥汗如雨地从事于制材工作。而且，制造厂内充满着一种独特、严肃的味道。这么大规模的义工制作场面，确实让人感受到宗教的力量是伟大的。所需要的木材，全部都是捐赠的，木材的加工制造又是依靠义务服务的信徒来进行，这确实是说明一种强大的凝聚力。

现在，各地方都有很多纠缠不清的劳资纠纷，并且这种事件屡有发生，而此间却还有这么多人甘愿义务劳动，从某种角度来说，使精神有所寄托、有所信仰是很重要的。

2. 怀有悲天悯人的情怀

德行总是很重要的东西，无论什么时候都不要轻视它，因为它看似无关紧要，实际却发挥着重大效应。

不要为了伸张自己的权利，而无视、忽视其他人的权利。有这样一个故事：故事发生在美国。某人在A君门前的路上丢了一块香蕉皮。结果，一个行人刚好踩到香蕉皮上摔了一跤，并且胳膊、头部都被擦伤，伤者便前往法院申告，要求A支付相应的医疗费用。最终，被告败诉，伤者得到了应有的医疗费。这样的事例发生在日本，可能就会觉得是相当荒谬的事情。在美国，每个人都有责任将自己的房子前面清扫干净。如果是邻家的孩子在庭院里玩耍，结果被院中坠落的苹果砸伤，那屋主也是要负担损害赔偿的。因为，苹果树的主人，应当事先摘下苹果，以避免这种危险的发生。这就是美国人在日常生活中，必须严格遵守的事情。然而，只有当人们感觉不到法律的严格性时，才会实现真正的民主，也只有习惯了这种严格性，民主主义的真实价值才能体现出来。凡是跟自己有关的事物，都应懂得承担相应的后果，负起相应的责任。有一年，日本的物价指数上涨7% ~ 8%，而且还有不断上升的趋势，这是很令人忧虑的现象。因为国家安定的重要保证之一就是物价的平稳。面对这种情况，政府自然是要全力以赴。当然，在此时国民因为生活困苦，也会大声呼吁自己的权利，要求当局提出合理有效的解决之道。事实上，造成这种局面的重要原因是每个国民的生活方式，因此自觉地负起责任，才能寻求对策。作为国民，如果只是期盼别人替我们下拉物价，既不切合实际，也不会真正解决问题。

如果个人、组织、政府能够合理支配资源，避免无谓的浪费，尽管消费增加，也不会感到物质缺乏。也就是说，快速地创造繁荣，并不等于促使物价上涨，反倒是可以保持安稳。如果国民相互间采取各种无谓的举动，则会促使物价节节上涨。物价和经济，均非自然现象，全然是人为因素所造成，而这其中很大的因素就在于人的心态。一个国家、每一位国民都是处于道德观念之中的，拥有高度的道德观念，是避免摩擦、矛盾产生的重要因素，同时也是产生互相帮助、互相爱护、彼此尊重的重要条件，进而创造繁荣的景象。

当你具备高尚的情操和磊落的胸怀时，才能够重视、关心别人，才能用诚挚的心灵去温暖、愉悦、感受对方所给予的一切。这样你才会拥有许多许多的朋友，并获得最终的成功。

同时，人格的魅力也是不容忽视的方面，特别是作为一个经营管理者。作为企业或公司的经营管理者，在调节人际关系时（如吸引、运用人才等），若是拥有较高的人格魅力，那就会很顺利，因为人们往往乐于同那些人格比较高尚的人交往。同时，领导者的人格魅力也可以调动、调节本公司职员的内聚力，使大家乐于付出，愿意把公司的事当作自己的事。一名优秀的组织者，不但凭借自己的知识和技能去应对技能问题，还要把全部职员协调好、统一好，增加集体的凝聚力、内聚力，形成巨大的工作热情和创造力。

纵观历史，成就伟大事业的人无不与其人格魅力有关，正是以此赢得了众人的扶持、帮助，造就了一番伟业。在松下幸之助看来，领导者应怀有悲天悯人的情怀。悲天悯人是一种道德要求，主要是让人怀有同情之心。有一次，松下和立花大龟法师讨论这个问题。大师说:“如将政治比作一串念珠，那么这悲天悯人的情怀就是串联念珠的丝带。因此，要是少了这条丝带，珠子就会散落凌乱。那么，在政治的运作过程中，没有悲天悯人的情怀自然无法给人民带来真正的幸福。”

松下幸之助认为，经营企业也是同样的道理。企业的责任是生产物品，并且是生产出最优秀的产品，从而使人们的生活更加富足、充盈、快乐，这也才是企业的目的与使命。

企业和宗教有物质与精神之分，然而，从改善人类生活水平的角度来讲，二者是相通的，因此都应当秉持、发扬悲天悯人的心胸，来造福大众、因此，作为企业的经营者和领导者就应当具备悲天悯人的胸怀和志向。

这种悲天悯人并非是温和柔弱，那只是其中的一种表现形式，另一种方式则是肃穆庄严。具有悲天悯人胸怀的领导者和经营者，不能为了私情或为了悲天悯人而过于温柔，要一旦发现不法举动，就要断然地给予纠正；否则，既是误解了悲天悯人的真谛，又伤害了部属，从而造成一种滥施爱心的结果。

懂得悲天悯人的领导者自然能竭尽心力去爱护下属，那么下属也就会欣然接受因为自己的错误而受到惩罚，并在惩罚中改过自新。古人云:“以铜为镜，可以正衣冠。”现实中，周围的人、事、物也都是我们的镜子，也正是通过这种最公正、无私的镜子，才能不断让我们认识自己，不断纠正、改进、进步。人应该时时为自己的言行找一面镜子，一个人的仪表可以从镜子里一目了然地看到，但是对于内心、想法、观念等的是非曲直则是要树立一面心镜才行，才能发觉自己的问题所在。又该如何树立这面心镜呢？概言之，就是时时保持一颗谦虚而上进的心。那么，我们周围的人和物，也就都是我们的镜子了。

我们要向父母、教师、同学、朋友等不断学习，这就是在建立一种借鉴、积累他人经验的过程。智慧也正是在积累中慢慢形成的。谦虚地向万物求教，并不断地以心镜检验自己，才会不断地获得智慧。古代的圣贤告诉我们，除去自身的眼障，才能把周围的事物看得更清楚。唯有当我们以谦虚、坦诚的心胸去面对世界，才能把自己的想法和行为的正误，原原本本地反映出来。

经营公司也是这样，对于别人的优良做法，要善于吸取并且为己所用，从而发展自己的公司，这也就相当于借用别人的智慧。无论什么事，虚心总是非常重要的，要虚心接受别人的意见，当然，这并不是说要让人牵着鼻子走，主要虚心地接受别人的意见即可。能虚心接受人家的意见，主动向他人请教，其实是一个集思广益的过程。这样做会比一个人独自探索，省很多劲、少犯很多错，这样也就离成功不远了。

当然，谦虚也是要有尺度的，过分的谦虚可能会使我们失去自信。自信是非常重要的，没有信心的人，恐怕很难做好事情。同样地，自信也是有度的，绝对的自信心是不存在的，我们也不应该有；否则，就会演变成了自以为是，就会变得虚伪。杜绝为一点点成就或成功沾沾自喜，自以为是。松下幸之助认为，工作有时会做得很好，有时却差强人意。好的时候懂得感激，不顺的时候知道自我重新考虑做法。只有这样，才能进步，才能避免重大过失的发生。连续失败固然不可忍受，但是在连续的成功面前，也要提高警惕。一个人一旦自以为是，在观念上则很难修正，对事情就无法正确认识。当自信变成一种可怕的自负时，则会滋生出“只有自己而无他人”的心情，也就会切断了自己的道路。

要知道，在现实的世界中，人类实际了解的比不了解的要多得多。宇宙的奥妙、深广与宏大，是无法预测的，因此对于抓到的那么一点凤毛麟角，就确实不值得骄傲、自负了。盲目的自以为是的观念，是人类探索真理和前进的绊脚石。

为了人类社会的繁荣与发展，我们都应该放弃自以为是的狭隘的观念。一个国家如果自以为是，就会促发战争；一个公司如果自以为是，就会搅乱同业；一个人如果自以为是，就会目中无人、无法无天。因此，我们要正视人生旅途上的重要课题，要坦诚地自我认识与自我批评。

良好的习性是一种无形的资产。习性是可塑性的，是会让人终生受用无穷的。在人的一生中，年轻时期培养良好习性是最重要的。它会在以后的日子里给予我们强大的力量，并对我们的生存产生不容忽视的影响。

首要要养成的是勤勉努力的心性。勤勉是一种驱动力，会推动着我们不断前进。对此，松下幸之助深有体会。在他 7 年学徒的生涯中，在老板的教导之下，他不得不勤勉努力地学艺，也就是在这种潜移默化之下他养成了良好习性。在日后的工作中，即便是别人看来十分辛苦的工作，他却能乐在其中。后来，当他退居董事长乃至最高顾问职位以后，松下幸之助也依然勤勉工作，只是工作的性质起了一些变化而已。还有就是他的艰苦朴素、严谨忠实、坦荡无私等品性，给人留下了深刻的印象。

3. 不偏听偏信，不搞折中和放弃

中庸，这是一种传统的认识论，首先要正确理解它的含义、它的价值，其次要在生活中很好地运用，这会给你带来意想不到的好效果。

松下认为，提倡中庸之道，就是不偏听偏信，不搞折中和放弃，而是要提倡以诚、以宽、以礼待人；要全面地观察、高瞻远瞩以社会的利益为重。松下幸之助在《关于中庸之道》一文中说，中庸并非模棱两可，是中正之道，是不偏激、不拘泥，寻求适度、适当。宋代大儒朱熹曾这样论述中庸之道："中者，无过无不及之名也；庸，平常也。"也就是说，中庸要控制好合适的程度，要不偏不倚，要无过无不及。中庸之道，之所以自古就受人推崇，关键在于它反映了一种合情合理的精神，也就是儒家所讲的"致中和"，即达到中正和平，"使无事不达于和谐的境界"。

在处理一般人际关系中，讲中庸之道的人往往很厚道，他们注意与人为善，以诚、以宽、以礼待人，在很多方面能够包容、团结，把共同的事情办好。讲中庸之道的人，在处理问题时，会听取各方面的意见，不偏不倚，然后仔细分析研究，作出正确的处理。讲中庸，并非放弃原则而折中，而是讲原则、讲正道、讲定理，就是要辨黑白，明是非，而"折中"则是超然于是非之外，混迹于黑白之间。

可曾想过，我们为什么需要中庸之道呢？因为人性容易偏离正轨，过犹不及，所以，制定正确的生存目标，是很困难的事情。传统思想让我们要以家、社会、国家的大义为重，而如今的思潮则是要先考虑自已的事。其实，自爱与大爱是相通的，任何一方都不可以偏颇。人与人之间的相互关系就是要互相尊重、共同繁荣，而非伤害、否定。“中庸”是一面正确追求事物的本质，一面探寻前进的方法，并非两者相加除以二。

当今社会，总有偏向一方的倾向，因此一提中庸之道就会觉得模棱两可。其实，我们在处理问题时，不要拘泥或偏执于一种事物，应当找寻适当的路才好。倘若太过拘泥，则会产生弊害。寻求适度、适当的境界，不为拘泥不为偏执，这才是中庸之道的真谛。

4. 尽人事而听天命

成功与失败，我们面对它们时，可能会想出很多造成这种结果的条件、因素，但是自我的努力还是重要的。

“尽人事而听天命”，这句话包含有两层含义的：一方面要尽人事，就是要全身心投入、发挥自己最大的主动性，尽自己最大的努力去专心工作；另一方面是要听天命，也就是要遵循、遵守大自然万事万物的客观规律，不要任意妄为，很多时候虽然自己尽了努力可是违背自然法则，也不会成功，必须两者结合起来。这句话在松下幸之助的身上得到了很好的验证，他本身也十分推崇这句话。

在松下幸之助看来，一个人事业的成功，有90%是老天的安排，有10%是个人的努力。这种看法似乎有些宿命色彩，10%的人为努力，其他的绝大多数是掌控在天命之中。其实是要人们在主观努力的基础上，保持乐观的心态、情绪，老天是公正的，只要自己努力就能够成功。与此同时，松下幸之助的观点实际也是想说明，人们不要欲望炽烈，不要做不切实际的事情，不要让野心过于膨胀。上天给我们安排90%，只要相信在自己的10%努力之下，好运必定降临。在松下幸之助的自传中，他曾这样写道：不论遭逢何种困难，在经营事业中都要如人们常说的那样:“忍耐吧！忍耐吧！”只要能够忍耐到底，哪怕你的计划不成功，也会因为周围情势的变化而出现转机。无论是身体有了重病，还是事业上遭逢重大困难，在遇到这些情况时，我们必须坦然地面对逆境，不要悲观。每当此时，松下幸之助都会认为命当如此，只是需要多加考虑——这是命运安排，同时也需要我尽最大努力去千方百计地争取到最好的结果——也就是要尽人事。只要能够这样，就可心安理得。只有当我们有意无意间都能拥有这种思想，时时刻刻提示自己该这样做，才能遇事特别是遇到大事时而不慌乱。

松下幸之助之所以对此“情有独钟”，是因为他从小的学徒经历。在松下幸之助还是一个 9 岁孩子时，他就开始了外出学徒的经历，这使松下幸之助学到了一般人很难得到的经验。在其他小朋友玩耍的时候，松下幸之助在打扫，在招呼店面生意，在学习谋生的技艺，其实，在这种种事物当中包含着许许多多的人生经验，松下幸之助也从中受益良多。虽然，当时松下幸之助不一定会有今天的感悟，但是这种潜移默化的人生经验，确实使他获益良多。

也正是在这一点一滴的努力下，松下幸之助不断进步、不断积累、不断地尽着自己的努力，当然最终他也得到了自己事业上的收获。

5. 拥有率直的心性

松下幸之助十分推崇率直的心，何谓率直的心，这种心理具备什么样的特性呢？我们一起来看看吧。

率直在松下幸之助看来是十分重要的为人之道。一个人唯有有率直之心，才能看清事物的真相，站在真理一边，找出正确的处世方法。生活中，人们往往不能在行为上旷达无私。造成这种境况的原因很多，而在松下幸之助看来，最重要的就是缺少率直的心胸，而是被自己的欲望、利益、立场等所蒙蔽，使得所看到的是事物扭曲、远非真实的面目。这有可能会造成对立冲突，甚至导致不幸的结局。由此看来，我们每个人都应当培养率直的心胸，以一种更加健康的方式生活。

率直的心胸，并非意味着一味地迎合或盲从，它是一种更积极、更健康的内容。率直是指天真而不受物欲、主观所支配，是指没有私心，遵照事物真相的态度去探索。有了率直的心胸，方可看清正义与邪恶的分界，方可明辨是非，找到使生活充满光明且是自己应该走的道路。以整个社会而言，人人都有率直的心胸，则社会将变得正常、理性而更有活力。

我们应该不断鞭策自己，彻底思考并了解人生的价值与真谛，这样才能朝向人类的福祉迈进，而要实现这些，我们就必须要以无私、天真的胸襟，充分发挥人类休戚与共的率直心，从而实现人生的真义。松下幸之助曾经这样告诫员工：知识容易遮蔽我们率直的心，因此我们需要时时反省，以便将率直的心表明出来。要知道，失去与生俱来的率直心胸，就会陷入感情用事、不思进取、目光短浅、不知悔改、钻牛角尖、效率降低、自以为是、无法集思广益、沟通障碍等的不利境界，甚至会引发社会问题，比如治安恶化等。因此，要是每个人都能用率直的心胸来处世待人、经营事业，我们的物质及精神生活就会更加丰富，社会就会更趋和谐，人们的身心也就会更加健康，生活品质也就会更高。

对于这个重要的率直的心，松下幸之助也是倍加推崇，并提出了率直心的几大要素：灵活处世、洞察真理、分辨是非、摒弃私欲、学会宽容、认清事物真貌、处变不惊、具有博爱之心、敢于听取不同声音、辨别真伪、谦虚学习。

人们往往会受知识或学问的拘束，少有这种率直态度，从而产生各种问题，因此，松下幸之助认为，人们应当以率直心为基础，处理政治、经济及教育上的种种问题。

总而言之，以光明磊落的态度处理事物，以率直的心胸面对事物，坚定的信心，采取正确的行动，向着正确的方向前进。

此外，对于率直心胸松下幸之助还总结出了 10 个方面的内容，当然这只是其中的一部分，但对于我们了解率直心胸的重要性、在生活中更好地运用也是具备很好的积极作用的。下面我们就一起了解一下吧。

第一，看清真相。要想看清一切事物的真貌，作出正确的判断，就要有率直的心胸。唯有如此，才能够排除使真貌变形的各种因素。当一个人通过无色透明而雪亮的眼镜时所看到的事物，所得出的判断，所走的路一定不走样。以此类推，透过率直心胸所看到的事物，也就不会是扭曲的。那么，我们也就会因此对事物根据实际情况来判断事物的真实属性；若是戴着有色眼镜，那就会透过一种固定的颜色来看事物，这样的话，又如何能够和实际吻合？所以，只有用率直的心胸来观察事物，才是透过无色透明的眼镜观看，才能看清事物的真貌。

然而在生活中，很多人都会用自己的利益、主义、知识、学问、欲望、思想等这些有色眼镜来观看世界，从而产生出各种偏差。我们往往会感情用事、以为自己总是对的，却不知自己已犯了自以为是、偏激的错误。

在社会生活中，人与人之间常常会发生龃龉冲突，甚至是发展成为人民的生命财产颇受威胁的事件，这其中最主要的原因就是大部分人缺乏率直的心胸。若是不能用一种合理的态度做出判断和采取行动，那只能是导致冲突、治安混乱。由此可见，引导大家培养率直的心胸，建立正确观察事物的观念，作出正确、适当的判断，这是多么重要的事情。率直心胸所以重要的原因就在于，它能使我们作出正确的判断，然后采取适当的行动，如果这样做，无论处于社会什么阶层，每一个人都一定能够安居乐业。

同时，每一个人都有率直的心胸，看清一切事物的真貌，避免作出错误判断，世界才会更加美好，这也是率直的心胸成为最基本要素的原因所在。

第二，不可有私心。松下幸之助认为，不图私利、摒除私欲是培养率直的心胸的前提。率直心胸的第一项内容，就是对私利的排斥。为了求生存，为了更大限度地满足需求，人们难免有私心或私欲。我们无法要求，也没必要要求大家像圣人那样完全没有私心。在处理日常生活的各种活动时，怀有些许私心是人之常情，但是，千万不可使自己成为私心、私利或私欲的奴隶。要知道，很多不良的后果甚至是恶果，都是有私心的想法或行动造成的。如果商人有私心或唯利是图，完全不关心顾客，那也就会失去人心、失去信用，在市场竞争中关门大吉。因为，市场中，大众顾客的眼睛是雪亮的，若是仅存私心、私欲何来稳定的顾客呢？如果政治家有私心，毫不顾忌国民的利益利害，而是一意孤行地推行对自己有利的政策，他自己就将因失去国民的支持而垮台。

事实上，私心过重的人往往最后总是自食恶果，愈是有权有势或有武力的人，私心越强其所受到的伤害也就愈大。其实，大家都需要有率直的心胸，这样即使有私心，也会在率直心胸的影响下，不会因只顾自己而牺牲别人。就比如，商人考虑消费者的权益，而非仅仅是自己的利益，就会自觉地提高服务质量，就会被社会所肯定。如果政治家考虑自己所属党派、团体、国家以及人民的利益，就会在这种率直心胸的作用下，使国家政治廉明，人民生活得更加幸福，自己也更能得到国民的支持与拥护。换句话说，无论做什么事都要考虑到社会大众的利益，保持一份率直的心胸，那社会就一定会充满光明。

第三，博爱。充分发挥人类天生的爱心与恻隐之心，就要有率直的心胸。生活中，很少有不关心别人的人，每个人都有助人为乐的天性。很多表面上看似冷漠的人，其实内心也希望自己或他人能给予需要者一些帮助的，至于那些幸灾乐祸的人毕竟是少数。大家都希望平安快乐地生活，人人都希望困难尽可能减少。因此，当看到别人有困难时，就不自觉地提供协助，伸出援手。也就是说，人们生来就有恻隐之心，就有互相照顾、帮助的美德。

我们的四周或社会上，不断发生纠纷，这就是人们失去这种本性的表现。彼此猜忌、怀恨、忌妒、指责，使得我们不能把天生的爱心和恻隐心发挥出来，而是被私欲、私心占据了内心。如果我们在遇到利害冲突时，能够更多为他人想，少顾自己的利益；如果我们在碰到不如意时，少一些怨天尤人，多一些自我检讨，就会发挥出我们的爱心来。

第四，懂得倾听。要有谦虚的态度，懂得倾听他人，注意听取别人的意见或经验。相传在日本的战国时期，一位名叫黑田长政的武将，他会召开一种有意思的会议——“不可以生气”的意见发表会，每个月召开两到三次。除了元老家臣之外，参加这种会议的大部分是当时国策顾问、足智多谋的人，总计不过7人。黑田长政总是在会议开始前，对参加者发表例行致辞：“这是一个自由发表自己意见的地方，任何人都不可把在会议中听到的话放在心上，不要在会议中生气，更不可以将会议内容传扬出去。”待参加者都宣誓服从以上训示后，就开始热议的讨论会。在会场中，时常有人指出黑田长政赏罚不公或某项政策不对，或是有人批评他本人，或是有人为开除的家臣鸣冤。大家真可谓是畅所欲言，将平时很难听到的真心话都说了出来。有时，黑田长政也会因为听了家臣们的话后很生气，此时家臣们就会问他："是不是生气？您怎么了？"黑田长政一定回答说："不，不，一点也不生气。"这种意见发表会很有意义，就是在黑田长政的遗书中还记道："依照我创立的原则，今后也要按照每个月至少召开一次的频率，举行这样的意见发表会。"

其实，在当时那个时代，武将的职责是指挥三军作战，这些人的性情大多非常刚烈，又加上手中握有生杀大权，很是让人生畏。对于直言劝谏、违抗命令者很有可能会被处死，因此很多忠臣都是抱着视死如归的心态而直言不讳的。可是，如果每一位君主都这样听不得别人的意见，只听好听的，或是被甜言蜜语所蒙蔽，那只能是落得个误国误民的结果。像黑田长政这样有率直心胸的领袖，为了听取有益邦国的直言，特意召开这种"不可以生气"的意见发表会并非易事。但他也是凡人，对于家臣提出的当面指责，也难免有时会生气。只是他采取了自我约束的方法，采取开会之前，事先声明"不可以生气"以避免冲突发生，避免因为一时冲动而加罪忠良之士，这实在是个明智之举。

黑田长政正是意识到自己不是万能的，所以才召开这种会议，在他看来，自己不可能知道一切事物，因此需要用别人的忠告来弥补自己的不足。也就是说，他明白谦虚地接受别人的意见，才能使自己的国家绵延强盛，从而成为更加理想和希望的繁盛国度。因此，他能够把家臣的指责，当作鞭策自己的良言。这也正说明，黑田长政已然有了率直的心胸，才能做到如此的谦虚。每个人无论处在哪一个时代，都能够听取别人的意见，用谦虚的心胸来面对世界。唯有有了率直的心胸，才能培养出谦虚的态度，有了谦虚的态度，就不难听取、真正接受别人的意见。黑田长政之所以能够长久维持爵位，无不与其能够用谦虚的心胸，接受家臣们的意见有关。

第五，宽容。宽容就是接纳所有的人和事物的心胸，这也是率直心胸的表现与内容。人类不能离群索居，我们每天都会接触各式各样的人、事、物，我们生活在一个共同的社会中。因此，每个人一定要有"宽容"的心胸，这样大家才能更好地生活。有的人高，有的人矮，有的人细声细气，有的人声音洪亮，应当说世界上没有完全相同的两个人，我们都秉持着自己的个性、思想，每个人也都有独立的人格以及生存的权利，因此排斥别人，排斥"个人的差异"是很愚蠢的想法。不幸的是，如今的社会中，正是缺乏"宽容"，正是因为思想、信仰、种族的不同，而产生种种的纠纷，造成各种各样的恶果。其实，我们每个人的个性、特质虽然不同，却都有改善人类生活的能力，都有其存在的价值。倘若我们每个人都能充分发挥自己的特质，都能包容彼此的不足之处，那人类生活的品质一定可以提升。所以，不应该以自己的标准衡量一切，要尊重他人存在的价值，懂得忍让，懂得为他人着想，彼此和睦相处。这样，个人的智慧、潜能，才能得到充分的发挥，生活也才会愈来愈好。要有容纳别人、原谅别人的过错的心胸，也就是要有宽容、开阔的心胸。在很多时候，我们会对他人的小小过失不肯原谅，大声指责，而对自己所造成的错误却不自觉，其实，这都是不够宽容的表现。要想取得劝人改过的效果，事实上，不要一味地揭发、指责他人的过错，而是要增加彼此的沟通，这样才会少受挫折。因此，彼此容纳、谅解，不固执己见，培养宽容的心胸，这是我们每个人都应当去做的事。试想，人人能做到这一点，那我们生活的世界会更加融洽、愉快，人们之间的情感也会更加深厚，事业与生活都更称心如意，我们每个人的特质也都得到了充分的发挥。当然，培养率直的心胸是培养宽容之心的重要前提。因为，有了率直的心胸，人们才会产生宽容的态度。要想正确观察每一个人和每一件事物，就要拥有率直的心胸，就要使其能发挥应有的价值。我们之所以会明白每一个人和每一件事物的优点、存在的意义和价值，在很大程度上就是因为我们有了率直的心胸。

总而言之，松下幸之助认为，要产生宽容每一个人和每一件事物的心胸，就必须先有率直的心胸。

第六，洞察真理。松下幸之助指出，洞察事物真理的心胸其实就是一种以率直的心胸来看待事情的眼光。

在日本德川幕府时代，有一位名叫康胜的财政首长，他因为体恤农民与商人而在当时很有名气。当年，买卖卫生纸属于私人独资经营的行为，因此经营者每年要向幕府缴纳一千两税金。当时有一位富商，想以每年多缴一千两税金为条件而垄断这项买卖，于是以请求将卫生纸的经营权让给他。对于这样一个事件，大部分人都赞成，可是幕府中的阁员却因此商量了很久，主要是因为康胜认为不可，于是事情被搁置下来。但是，这位富商并不放弃而且一再恳求，终于在三年后核准了他的申请。可是，在核准的当时，康胜也还是不无担心地警告说：“谁敢保证今后不会有盗贼呢？这些年来，像卫生纸这种生活必需品，物价相对稳定，价格也较为便宜，对社会经济做出了很大贡献。但是，富商会用什么方法来获取多缴给政府的一千两税金呢？我虽不敢肯定，但是如果猜得不错的话，他一定会提高售价。”后来根据史实记载，康胜一直坚决反对这件事，担心垄断会造成物价上涨的事实，果然得到了应验。康胜明白，一旦物价的波动加剧，社会问题也会随之形成，为了生活，很多穷苦的人们只好铤而走险，从而出现小偷、强盗……导致社会治安的破坏，就是为了多收一千两税金，难道值得？其实，对于康胜的分析大家也都很理解、佩服，但是，幕府中的阁员们却又割舍不下近利，贪图多出来的一千两税金，还是为富商垄断性的卫生纸经营大开绿灯。

其实，很多人都有这样的通病——只看眼前，不顾将来。只是，像康胜这样有远见的先知先觉者，能够洞悉事物真貌的人实在很少。而康胜之所以可以这样，就是因为他的眼光宽阔、远大，能够看到一切事物的精髓与真貌，而非仅仅是观察事物的表面。因此，我们需要有敏锐、细腻的观察力和相当的热忱，这样才能有宽阔的眼光。要想深入了解社会各层面及各阶层人的生活情况，就要以这种热忱，全身心投入到事件当中，并通过这种了解，培养出宽阔的眼光。康胜也正是由于他对社会的了解，才拥有宽阔的眼光，进而再热忱地推动自己去观察社会的，这份热忱，其实又来自率直的心胸。由此可见，促使他注意民生疾苦、掌握事物真貌的基本因素，其实就是这种率直的心胸。如果我们也想有洞察世事的能力，就要培养出远大的眼光，就必须先有率直的心胸。

我们每个人都会因物价上涨而伤脑筋，却很少有人去研究其中道理，像康胜那样探寻缘由。如果想做康胜这样的智者，请先从培养率直的心胸开始吧。

第七，随机应变。反应敏捷，能积极地处理一切例行或突发事件，这是我们对随机应变的理解。松下幸之助认为，能够随机应变，灵活而积极这也是率直的心胸所拥有的内容。换句话说，即使遇到偶发的重大事故，也能够做到镇定自若，这是拥有率直心胸的人能够做到的。

我们都会失败，生活中难免失败，可是要能做到失败而不灰心，失败而不悲观，不致使真正的悲剧发生，就要有率直的心胸。因为，有了率直心胸，就不会固执于一件事情而不知变通，就不会使人不受任何事情拘束。换句话说，无论失败的打击多大，都要能临危不乱，能随机应变，随时调整、及时改正自己的看法及做法，这才是把失败看作成功之母，才是能够从头做起，重新生活的做法。其实，当我们拥有率直的心胸时，就能化悲观为乐观，改消极为积极，勇往向前，无论遇到什么困难，都能克服。

第八，处之泰然。日本的“剑圣”宫本武藏，在其著述的兵书《五轮书》中曾经讲道:“兵法家应该随时保持平常心。”在这一点上，松下幸之助与其颇有共识，松下幸之助也认为无论遇到什么事情都能够保持冷静，都要以率直的心胸，泰然应对。即便是在战场上，冷静应对，以一颗平常的心泰然处之也是最佳的选择。

战场是决定生死的地方，是决斗的地方，是彼此使用武器的地方，所以，每一个人当其处于战场上时，都会紧张，这时你就更要保持平常心，虽然这并不容易。但是，紧张反而不能使自己作出冷静的判断，或是因此失去敏捷的反应与身手而导致失败。所以要尽量保持冷静，否则在战场上的失败，就意味着会失去生命。这也是为什么，宫本武藏之所以主张兵法家应该随时保持平常心、冷静处世的重要原因。

在当今社会中，国家与国家间的战争愈来愈少，几乎也没有需要一决生死的场合，但是，每一个人都应随时保持冷静的心情，无论在战时或平时，因为，如果失去冷静的态度，无论是在日常生活或事业中，都一定会遭到意想不到的失败。就比方说，为了赶时间而不注意交通标志，可能会因此导致一场交通事故，甚至丧失生命。或是司机因为超车而不注意前后的来车，则会造成很多人伤亡的惨剧。虽然，不再有比武决斗，但在我们的社会中，车祸的发生还是会导致死亡，因此我们应该随时保持冷静的平常心。除了上面所说的交通问题外，参加考试或各种运动竞赛时，或是在与其他的人与人交往中，我们也都应该保持冷静。松下幸之助认为，培养出冷静的头脑的前提是，每一个人都有率直的心胸，这样才能够进而用冷静的态度，去判断和观察一切的事物。当一个人心中有杂念时，很容易失去冷静，例如，车祸发生的主要原因，往往是有各种杂念，像是心中在想“非赶时间不可”等，如果没有这种杂念，就可用冷静的头脑去开车。无论在什么情况之下，率直的心胸没有杂念，因此，以率直的心胸去对待一切事物，就能保持冷静、安然应付。

第九，谦虚学习。用谦虚的态度，随时随地学习新知，这是松下幸之助认为率直的心胸应当具有的方面。不论个人或团体的生活，如果大家都能以谦虚的态度来学习，知识和经验就会与日俱增地积累起来，也就会因此而更进步。生活中，如果只是聊些空泛的应酬话，那并不会使我们在每天与别人交谈中得到什么；如果换一种思路，用研讨或学习的心情来交谈，有一种求知的欲望，就可以从对方的谈话中得到知识或经验。其实，每个人都愿意不断学习，都愿意随时从交谈或工作中学到更多。当然，一个人要以心情与态度来决定，是否能随时随地学习。要想从日常生活、学校或社会中学到什么，首先要有上进的心，要有谦虚的心。比方说，有时我们会因为无意中说了得罪别人的话，造成双方的感情出现了裂痕，此时，如果你肯学习，肯谦虚地反省自己的言语行为，并向对方道歉，那么一场误会也就因此化解，以后你也不会再重蹈覆辙；如果你从来没有想过要随时随地学习、要谦虚，就不会反省自己，自然也就不会发现自己的过失，一错再错的事情就很可能会发生在你的身上。因此，别人的长处和良好的设想，如果没有谦虚学习的态度，是很难汲取到的，也不会增长经验教训，要想进步，又怎么可能呢？

随时随地学习任何人、事与物，只要有谦虚的态度，很多的事物都可以成为自己的榜样。社会进步的原动力之一就是这种态度，因此每个人都应该培养这种态度。松下幸之助认为，有率直心胸的人，犹如一张白纸，而这种状态是培养谦虚态度的前提。因此，需要先培养这种能接纳一切的率直心胸，才能以谦虚、学习的态度，吸收知识与经验，接受任何人、事、物。

总而言之，要能产生谦虚、求新、积极的态度，就首先要有率直的心胸。这样不仅从观察人、事与宇宙万物中，还可以从与人交谈中得到启示，并能得到新的发现。

第十，认清价值。松下幸之助指出，能够辨别好坏，判断事物的价值，这是率直的心胸的重要方面。假如有人向你提供意见，他的意见很好，你会用什么心情去听？你又会用什么态度去处理呢？你有多种态度可供选择。其一，持相反意见，不予接受；其二，用感谢的心情接受，并且身体力行地加以实行；其三，怀疑别人的好意，绝不接受。我们之所以会有这么多的猜忌，是因为缺乏正确的心态。松下幸之助认为，能分辨意见的好坏，有率直心胸的人，就会以第二种态度，以感谢的心情，去看待、接受、采纳别人的好意见。在现实中，许多人会采取怀疑和不信任的态度，难以区别事物的好坏和价值，甚至固执地拒绝别人的好意。人们往往因为不能有效地采纳有价值的意见，而造成个人的损失，有时也会是社会、国家的损失。所以，为共同改善人类生活而努力，我们每个人都应该培养辨别好坏和判断价值的心胸。能够看清事物的真貌，我们每个人都应当拥有率直的心胸，因为这是看清事物真貌的先决条件，也是辨别好坏和判断价值的能力的必备因素。从这个角度来讲，率直的心胸也就是能辨别事物好坏与判断价值的心胸。

此外，好胜和憎恨会妨碍爱心的发挥，也容易造成怨恨或排挤；过分坚持己见，也容易造成冲突的发生。试想，若是大家都固执己见，只顾自己的利益，又怎么能发挥互助精神与爱心呢？要能使我们发挥人类天生的爱心与恻隐之心该如何去做呢？松下幸之助给出了答案，就是要有率直的心胸。不再坚持自己的利益、主张、看法或立场，用这种心胸消除私心，而处处为大家着想，相互帮助、相互尊重、相互安慰。换句话说，使人类天生的爱心、恻隐心，像泉水般涌流出来的方式之一就是要有率直的心胸，这样一来，大家的生活也就会更幸福、快乐。

松下幸之助对于自己提出的“率直心胸”概念，有着无比的珍爱和自信。率直心胸的好处实在太多，松下幸之助也会觉得难以全面地罗列起来，因此，寄希望于人们能够举一反三，多想、多做。要克服主观行事，感情用事，随时随地都能够保持率直心胸，要善于用公正、客观的态度辨别是非，用宽容的气度、负责的精神工作。社会秩序能够得到改善，生活品质大大提高，是需要大家都能恪尽职守，不做非分违法的事情，可以让人免除外界的负面影响，就是率直的心胸。外界的负面影响不过是冬天呵在玻璃上的热气，对于有这种心胸的人来说，非但不能久存，而且也毫无作用。

使人时有所得、日益精进的方式之一就是以率直的心胸，谦虚待人，同时，率直的心胸还能使人迈向未来，赶上潮流。松下幸之助说：“能够不满足于现状，而看出潮流趋势，是在拥有率直心胸的前提下实现的。只有这样，才能做出正确的判断，认清前行的目标。”

率直心胸首先使人心平气和，客观地、不怨天、不尤人地认识困难和危机，因此它是“转祸为福”的原动力。败亦不惊，成亦不喜，这是率直心胸的表现，也只有这样，才能在不计成败的基础上，从困难和危机中找出转身的路来，经过彻底的反省，从而有所突破，转祸为福。